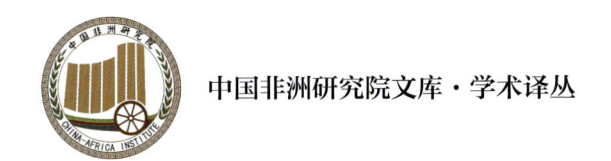

中国非洲研究院文库·学术译丛

非洲普惠贸易
比较视域下的非洲大陆自贸区

Inclusive Trade in Africa
The African Continental Free Trade Area
in Comparative Perspective

［英］大卫·卢克
（David Luke）
［英］杰米·麦克林德 /主编
（Jamie MacLeod）

曹大松 /译

中国社会科学出版社

图字：01-2020-6497号

图书在版编目（CIP）数据

非洲普惠贸易：比较视域下的非洲大陆自贸区/（英）大卫·卢克，（英）杰米·麦克林德主编；曹大松译.—北京：中国社会科学出版社，2023.5
（中国非洲研究院文库．学术译丛）
书名原文：Inclusive trade in Africa：The African continental free trade area in comparative perspective
ISBN 978-7-5203-9305-8

Ⅰ.①非⋯　Ⅱ.①大⋯②杰⋯③曹⋯　Ⅲ.①自由贸易区—研究—非洲　Ⅳ.①F734

中国版本图书馆 CIP 数据核字（2021）第 222071 号

出 版 人	赵剑英
责任编辑	陈雅慧
责任校对	王　斐
责任印制	戴　宽

出　　版	中国社会科学出版社
社　　址	北京鼓楼西大街甲 158 号
邮　　编	100720
网　　址	http://www.csspw.cn
发 行 部	010-84083685
门 市 部	010-84029450
经　　销	新华书店及其他书店
印　　刷	北京君升印刷有限公司
装　　订	廊坊市广阳区广增装订厂
版　　次	2023 年 5 月第 1 版
印　　次	2023 年 5 月第 1 次印刷
开　　本	710×1000　1/16
印　　张	16.5
插　　页	2
字　　数	248 千字
定　　价	88.00 元

凡购买中国社会科学出版社图书，如有质量问题请与本社营销中心联系调换
电话：010-84083683
版权所有　侵权必究

Inclusive Trade in Africa: the African Continental Free Trade Area in Comparative Perspective/edited by David Luke and Jamie MacLeod/ ISBN: 978 – 1 – 03 – 209340 – 6

Copyright© 2019 by Routledge

Authorized translation from English language edition published by Routledge, part of Taylor & Francis Group LLC; All Rights Reserved.

本书原版由 Taylor & Francis 出版集团旗下，Routledge 出版公司出版，并经其授权翻译出版。 版权所有，侵权必究。

China Social Science Press is authorized to publish and distribute exclusively the **Chinese** (**Simplified Characters**) language edition. This edition is authorized for sale throughout **Mainland of China**. No part of the publication may be reproduced or distributed by any means, or stored in a database or retrieval system, without the prior written permission of the publisher.

本书中文简体翻译版授权由中国社会科学出版社独家出版并仅限在中国大陆地区销售，未经出版者书面许可，不得以任何方式复制或发行本书的任何部分。

Copies of this book sold without a Taylor & Francis sticker on the cover are unauthorized and illegal.

本书贴有 Taylor & Francis 公司防伪标签，无标签者不得销售。

《中国非洲研究院文库》编委会名单

主　任　蔡　昉

编委会（按姓氏笔画排序）

　　　　　王　凤　　王利民　　王启龙　　王林聪　　邢广程

　　　　　毕健康　　朱伟东　　安春英　　李安山　　李新烽

　　　　　杨宝荣　　吴传华　　余国庆　　张永宏　　张宇燕

　　　　　张忠祥　　张振克　　林毅夫　　罗建波　　周　弘

　　　　　赵剑英　　姚桂梅　　党争胜　　唐志超

充分发挥智库作用　助力中非友好合作
——"中国非洲研究院文库"总序言

当今世界正面临百年未有之大变局。世界多极化、经济全球化、社会信息化、文化多样化深入发展，和平、发展、合作、共赢成为人类社会共同的诉求，构建人类命运共同体成为各国人民的共同愿望。与此同时，大国博弈加剧，地区冲突不断，恐怖主义难除，发展失衡严重，气候变化问题凸显，单边主义和贸易保护主义抬头，人类面临诸多共同挑战。中国是世界上最大的发展中国家，是人类和平与发展事业的建设者、贡献者和维护者。2017年10月中国共产党第十九次全国代表大会胜利召开，引领中国发展踏上新的伟大征程。在习近平新时代中国特色社会主义思想指引下，中国人民已经实现了第一个百年奋斗目标，正在意气风发地向着全面建成社会主义现代化强国的第二个百年奋斗目标迈进，同时继续努力为人类作出新的更大贡献。

非洲是发展中国家最集中的大陆，是维护世界和平、促进全球发展的重要力量之一。近年来，非洲在自主可持续发展、联合自强道路上取得了可喜进展，从西方眼中"没有希望的大陆"变成了"充满希望的大陆"，成为"奔跑的雄狮"。非洲各国正在积极探索适合自身国情的发展道路，非洲人民正在为实现《2063年议程》与和平繁荣的"非洲梦"而努力奋斗。

中国与非洲传统友谊源远流长，中非历来是命运共同体。中国高度重视发展中非关系，2013年3月习近平担任国家主席后首次出访就选择了非洲；2018年7月习近平连任国家主席后首次出访仍然选择了非洲；6年间，习近平主席先后4次踏上非洲大陆，访问坦桑尼亚、南非、塞内加尔等8国,向世界表明中国对中非传统友谊倍加珍惜,对非洲和中非关系高度重视。在2018年中非合作论坛北京峰会上,习近平主席指出:"中非早已结成休戚与共的命运共同体。我们愿同非洲人民心往一处想、劲往一处使,共筑更加紧密的中非命运共同体,为推动构建人类命运共同体树立典范。"在2021年中非合作论坛第八届部长级会议上,习近平主席首次提出了"中非友好合作精神",即"真诚友好、平等相待,互利共赢、共同发展,主持公道、捍卫正义,顺应时势、开放包容"。这是对中非友好合作丰富内涵的高度概括,是中非双方在争取民族独立和国家解放的历史进程中积累的宝贵财富,是中非双方在发展振兴和团结协作的伟大征程上形成的重要风范,体现了友好、平等、共赢、正义的鲜明特征,是新型国际关系的时代标杆。

随着中非合作蓬勃发展,国际社会对中非关系的关注度不断提高,出于对中国在非洲影响力不断上升的担忧,西方国家不时泛起一些肆意抹黑、诋毁中非关系的奇谈怪论,诸如"新殖民主义论""资源争夺论""中国债务陷阱论"等,给中非关系发展带来一定程度的干扰。在此背景下,学术界加强对非洲和中非关系的研究,及时推出相关研究成果,提升中非国际话语权,展示中非务实合作的丰硕成果,客观积极地反映中非关系良好发展的局面,向世界发出中国声音,显得日益紧迫和重要。

以习近平新时代中国特色社会主义思想为指导,中国社会科学院努力建设马克思主义理论阵地,发挥为党和国家决策服务的思想库作用,努力为构建中国特色哲学社会科学学科体系、学术体系、话语体系作出新的更大贡献,不断增强我国哲学社会科学的国际影响力。中国社会科学院西亚非洲研究所是遵照毛泽东主席指示成立的区域性研究机构,长期致力于非洲问题和中非关系研究,基础研究和应用研究并重。

以西亚非洲研究所为主体于2019年4月成立的中国非洲研究院,是习近平主席在中非合作论坛北京峰会上宣布的加强中非人文交流行动的重要举措。自西亚非洲研究所及至中国非洲研究院成立以来,出版和发表了大量论文、专著和研究报告,为国家决策部门提供了大量咨询报告，在国内外的影响力不断扩大。按照习近平主席致中国非洲研究院成立贺信精神，中国非洲研究院的宗旨是：汇聚中非学术智库资源，深化中非文明互鉴，加强治国理政和发展经验交流，为中非和中非同其他各方的合作集思广益、建言献策，为中非携手推进"一带一路"合作、共同建设面向未来的中非全面战略合作伙伴关系、构筑更加紧密的中非命运共同体提供智力支持和人才支撑。中国非洲研究院有四大功能：一是发挥交流平台作用，密切中非学术交往。办好"非洲讲坛""中国讲坛""大使讲坛"，创办"中非文明对话大会""非洲留学生论坛""中国非洲研究年会"，运行好"中非治国理政交流机制""中非可持续发展交流机制""中非共建'一带一路'交流机制"。二是发挥研究基地作用，聚焦共建"一带一路"。开展中非合作研究，对中非共同关注的重大问题和热点问题进行跟踪研究，定期发布研究课题及其成果。三是发挥人才高地作用，培养高端专业人才。开展学历学位教育，实施中非学者互访项目，扶持青年学者和培养高端专业人才。四是发挥传播窗口作用，讲好中非友好故事。办好中国非洲研究院微信公众号，办好中英文中国非洲研究院网站，创办多语种《中国非洲学刊》。

为贯彻落实习近平主席的贺信精神，更好汇聚中非学术智库资源，团结非洲学者，引领中国非洲研究队伍提高学术水平和创新能力，推动相关非洲学科融合发展，推出精品力作，同时重视加强学术道德建设，中国非洲研究院面向全国非洲研究学界，坚持立足中国，放眼世界，特设"中国非洲研究院文库"。"中国非洲研究院文库"坚持精品导向，由相关部门领导与专家学者组成的编辑委员会遴选非洲研究及中非关系研究的相关成果，并统一组织出版。文库下设五大系列丛书："学术著作"系列重在推动学科建设和学科发展，反映非洲发展问题、发展道路及中非合作等某一学科领域的系统性专题研究或国别研究成果；"学术译丛"系列主要把非洲学者以及其他方学者有关非洲问题研究的学术著作翻译成中文出版，特别注重全面反映非洲本土学者的学术水平、学术观点和对自身发展问题的见识；"智库报告"系列以中非关系为研究主线，中非各领域合作、国别双边关系及中国与其他国际角色在非洲的互动关系为支撑，客观、准确、翔实地反映中非合作的现状，为新时代中非关系顺利发展提供对策建议；"研究论丛"系列基于国际格局新变化、中国特色社会主义进入新时代，集结中国专家学者研究非洲政治、经济、安全、社会发展等方面的重大问题和非洲国际关系的创新性学术论文，具有基础性、系统性和标志性研究成果的特点；"年鉴"系列是连续出版的资料性文献，分中英文两种版本，设有"重要文献""热点聚焦""专题特稿""研究综述""新书选介""学刊简介""学术机构""学术动态""数据统计""年度大事"等栏目，系统汇集每年度非洲研究的新观点、新动态、新成果。

期待中国的非洲研究和非洲的中国研究在中国非洲研究院成立新的历史起点上，凝聚国内研究力量，联合非洲各国专家学者，开拓进取，勇于创新，不断推进我国的非洲研究和非洲的中国研究以及中非关系研究，从而更好地服务于中非共建"一带一路"，助力新时代中非友好合作全面深入发展，推动构建更加紧密的中非命运共同体。

中国非洲研究院

目 录

导　言　非洲大陆自贸区为非洲带来普惠贸易 ……………………（1）
第一章　非洲大陆自由贸易区（AfCFTA）的概况 ………………（6）

第一编　从非洲内外区域一体化中吸取的经验教训

第二章　非洲大陆自由贸易区协议：迈向非洲一体化的又一次实践
　　　　——回顾与展望 ………………………………………（17）
第三章　美洲自由贸易区的失败对非洲大陆自由贸易区的
　　　　警示 ………………………………………………………（45）
第四章　东盟50载及展望 ……………………………………（62）

第二编　双赢的非洲大陆自由贸易区

第五章　特殊与差别待遇对普惠包容非洲大陆自贸区的
　　　　重要性 ……………………………………………………（87）
第六章　非洲大陆自贸区、价值链以及重叠的原产地制度
　　　　对非洲铜价值链领域的兼容性评估 …………………（109）
第七章　促使非洲大陆自贸区奏效的治理措施 ………………（149）
第八章　变革中的非洲大陆自贸区贸易格局
　　　　——新兴市场经济体的崛起和非洲对出口市场的
　　　　　　持续依赖 ……………………………………………（164）
第九章　非洲贸易区域援助、经济一体化和发展的催化剂 ……（180）

第三编 为非洲大陆自由贸易区第二阶段谈判作准备

第十章 在非洲大陆自贸区实施竞争政策 …………………………（203）
第十一章 非洲大陆自由贸易协议中知识产权和创新的
　　　　　原则性方略 …………………………………………（216）

缩略词 ……………………………………………………………（244）

导 言

非洲大陆自贸区为非洲带来普惠贸易[1]

戴维·卢奇（David Luke）
杰米·麦克劳德（Jamie Macleod）

非洲大陆自贸区背景下的普惠贸易

2018年3月21日，非洲联盟在卢旺达首都基加利举行特别首脑会议，44个非洲国家签署了非洲大陆自由贸易区（AfCFTA）协议，这一事件成为非洲经济一体化进程的重要里程碑。截至2018年11月，又有5个国家签署了非洲大陆自由贸易区协议，而另外3个国家则签署了基加利协议——该协议是非约束性政治宣言，重申对非洲大陆自贸区的承诺。

此项进展的重要性不容小觑。非洲自贸区作为非洲大陆一体化的愿景已经有50多年的历史了。当时的非洲领导人就意识到，如果不能取得经济独立，即便通过去殖民化获得政治独立，也难以让非洲人民过上更美好的生活。（Mkrumah，1957）就政治独立而言，这种"经济去殖民化"最好是通过区域化方式来实现（Adedeji，1984）。此后，经济一体化愿景在非洲深入人心。虽然对一体化的表达方式与时俱进，实现过程中的方式方法有所变化，但是它作为非洲经济繁荣发展的工具一直坚定不移。本书第一章阐述了非洲大陆自贸区的经济理论基础，第二章回顾了非洲大陆经济一体化愿景的演变，描述了50多年来的进程，以及最终达成的谈判成果。

非洲并非唯一认识到经济一体化潜力的区域，欧盟或许是全球最全面最深入一体化的区域典范，而且欧盟成员国比非洲国家更为发达。在第三章里，作者讨论了更具可比性的经济一体化参照地区。美洲经济一体化的艰难尝试与美洲自由贸易协定项目的失败是这一章的主题。该项目通过十年的谈判努力，还是没有摆脱失败的命运，它忽略了美洲大陆国家的多样性，过分激进地推行复杂的监管议题，而且被认为主要是为最发达国家美国谋求利益。而其失败的最核心原因就是项目不能确保让所有国家普遍受惠，从而最终瓦解。

成功的一体化经验也能为非洲提供借鉴，东南亚国家联盟（东盟）的经验就是如此。同样，东盟涉及发展中国家和最不发达国家的多样化群体，但是又通过渐进和互动方式，展示了一体化的成功。"东盟方式"是一种加强区域一体化的方式，而不是筑造对抗外部世界的堡垒，因此更深入的全球化加强了区域一体化，从而提升了成员经济体的竞争力。本书第四章对东盟的发展做了概述，从中汲取了可以为非洲一体化道路扫清障碍的成功经验。特别值得一提的是，东盟方式为欠发达CLMV国家（柬埔寨、老挝、马来西亚、越南）提供了更大的灵活性和支持。不过，这一区域的挑战仍然存在，未来，致力于普惠包容、可持续发展的负责任贸易和投资政策仍然是东盟的重点议题。

非洲大陆自贸区的谈判代表们所取得的快速进展超出了人们的预期。2015年6月15日非盟第25届首脑会议宣布启动"非洲大陆自由贸易区"谈判，不到三年时间里，就完成了非洲大陆自由贸易区协议文本及货物贸易协定、服务贸易协定、争端解决规则程序协定。截至2018年6月非盟首脑峰会，又有多项谈判成果补充到协议中，包括海关合作及管理互助、贸易便利化、非关税壁垒、技术性贸易壁垒、卫生及植物检疫措施、过境贸易、贸易救济等。这些成果意味着非洲大陆自由贸易区进入全面深化阶段。

对于以谈判内容漫长而费时著称的主题领域来说，在这么短时间内得以达成协议的确非同凡响。欧盟与美国之间的自由贸易区谈判耗时5年都没有结果，亚洲国家关于区域全面经济伙伴关系协定的谈判也已经持续了7年多。在国际多边层面上，世界贸易组织多哈发展议程回合谈判更是历经17载尚无定论。即便在非洲，非洲国家各区域共同体与欧盟之间的谈判也是经过了16年多才刚刚在南部非洲落地实施。

令人更加称奇的是，非洲大陆自贸区汇聚了众多非洲国家，包括各种规模的经济体，从2018年国内生产总值（GDP）不足10亿美元的圣多美普林西比，到GDP超过3500亿美元的尼日利亚和南非；从人均GDP不足250美元的南苏丹到超过2万美元的赤道几内亚。自贸区包括15个内陆国家和6个小岛屿发展中国家（ECA，AUC，AfDB，2017），其中只有几个国家拥有规模型制造产业，大多数国家的经济结构没有形成多样化，只以小规模农业、矿业或石油类大宗商品为主（ECA，AUC，AfDB，2017）。绝大多数非洲国家和世界其他国家相比，属于贫穷国家。全球最不发达国家几乎70%都分布在非洲大陆。然而，尽管能力有限，非洲大陆自贸区的谈判代表们却在短期内取得了丰硕成果。

非洲国家的多样性要求必须采取明智措施，只有提供特殊与差别待遇方能确保非洲大陆自贸区的普惠包容。采用这种特殊与差别待遇机制为协议成员国提供了灵活性和更长的实施期限，尤其能为欠发达国家提供帮助。虽然非洲国家的经济结构和经济规模有差异，但绝大多数非洲国家都面临各种各样的经济挑战；虽然非洲国家发展水平不一致，但都属于发展中国家。因此，非洲大陆自贸区内的特殊与差别待遇的方式也须有所不同。本书第五章对非洲大陆自贸区的特殊与差别待遇进行了评估，并对其中一些具体规定做了点评。

确保非洲大陆自贸区包容普惠的另外一个关键因素是"原产地规则"。良好的原产地规则可以确保一些必要资源从贸易区外进口，纳入到产品中从而得以在自贸区内销售。最好的情况下，良好的原产地规则可以便于商家，海关也很容易评估。不过，非洲的贸易商目前面临的是一套非常复杂而重叠的原产地规则，在非洲的不同次区域自由贸易区之间通行。本书第六章采用一种新的方法论来对非洲目前通行的重叠性原产地规则进行评估。

要想让非洲大陆自贸区成为一个有效的自由贸易区，良好的非洲大陆自贸区协议必须与善政机构相辅相成。本书第七章对非洲大陆自贸区的总体机制做了概述点评，包括在这些机构制度中区域经济体的作用，这些机构制度与非盟制度体系的一致性，并解释了这些机构制度的设计理念，在谈判过程中的替代方案，以及启动后应该如何运行。

非洲大陆自贸区协议的谈判并不是在一成不变的全球背景下进行的。非洲大陆市场上销售的产品在过去十年里发生了相当大的变化，反映了来自新兴市场，特别是中国的进口消费品与日俱增的趋势。与此同时，非洲传统的出口模式也发生了巨变，大宗商品出口目的地不再只是发达的欧洲经济体和美国。本书第八章讨论了非洲大陆自贸区谈判中不断变化的贸易格局，特别侧重于非洲对出口的持续性依赖。

区域性贸易援助为非洲大陆自贸区提供了催化剂，也有助于实施非洲大陆自贸协定，如通过支持区域性基础设施或机制确认并移除非关税壁垒，以及通过国家直接提供创造生产能力所需的前提条件。非洲最不发达国家调集大量国内资源的余地较小，但可以从贸易援助中获益。本书第九章对非洲的区域化贸易援助做了评述，指出该援助对确保非洲大陆一体化实现包容普惠的重要性。

2015年，非盟首脑会议宣布启动非洲大陆自贸区谈判，并且设想在第二阶段的谈判中加入竞争、投资和知识产权等议题。在撰写本书时，有关这些议题的谈判预计将于2019年初开始。本书的最后两章对这些议题进行了探讨，包括围绕这些拓展议题应采取的合适方法，以及如何使非洲大陆获益。

只有在22个非盟成员国向非盟委员会主席递交非洲大陆自贸区协议批准书后，非洲大陆自贸区协议才能正式生效。截至2018年11月，有11个国家已经递交或正在递交协议批准书，这些国家包括卢旺达、尼日尔、加纳、肯尼亚、乍得、几内亚、科特迪瓦、斯瓦蒂尼（斯威士兰）、塞拉利昂、乌干达、南非。在2018年7月的非盟首脑峰会上，预计非洲大陆自贸区协议将于2019年7月正式生效。[2]在编写本书时，这一目标看起来是可以实现的（译注：非洲大陆自由贸易区协议于2019年5月30日正式生效）。随着协议的正式生效，非洲大陆自由贸易区将使非洲大陆的经济一体化向前迈出巨大的一步。

注　释

1. 本书中所述见解仅代表作者意见，并不代表联合国非洲经济委员会的观点。
2. Assembly Decision，Assembly/Au/Dec.，692（XXXI）。

参考文献

Adedeji, A. (1984, November 2 – 4). *The Monrovia Strategy and the Lagos Plan of Action for African Development: Five Years After.* Halifax, Nova Scotia, Canada.

ECA, AUC & AfDB. (2017). *Assessing Regional Integration in Africa VIII: Bringing the AfCFTA About.* Addis Ababa, Ethiopia: United Nations Economic Commission for Africa, African Union and African Development.

Nkrumah, K. (1957). *Ghana: The Autobiography of Kwame Nkrumah.* Edinburgh: Thomas Nelson.

第一章

非洲大陆自由贸易区（AfCFTA）的概况

戴维·卢奇（David Luke）

非洲大陆自由贸易区的概况

为什么要建立非洲大陆自由贸易区？这一点无须思考就可作答。人们关注非洲的人口、市场潜力以及有活力的规模经济和范围经济等问题。这些都是以贸易为主导的多样化的强大推动力，使其摆脱对非洲商品的依赖，转向工业发展和解构性经济变革。事实就是：非洲大陆自由贸易区是一个所有非洲国家共赢的体系，对非洲女性和实现可持续发展目标（SDGs）都是有利的。这一切都说明：非洲大陆自由贸易区的重要性是毋庸置疑的。

非洲大陆自由贸易区将覆盖非盟55个成员国，拥有囊括13亿人口的市场和2.5万亿美元的国内生产总值（GDP）[1]。如果以成员国的数量来看，这也是世贸组织建立以来，全世界最大的贸易协定。表1.1为我们展示了这一协定覆盖的范围。

非洲市场也极具活力。预计到2050年，非洲人口将会达到25亿，届时将占据全世界适龄劳动人口总数的26%。经济增长速度预计是发达国家的两倍[2]。

由于平均关税为6.1%，目前商家面临对非洲境内国家出口关税高于对非洲境外出口关税的问题。而非洲大陆自由贸易区的建立，将会在15年内逐步实现非洲内部贸易免关税，这意味着非洲商家在非洲大陆开展业务将更加便利。这也将加速非洲市场增长，并让人们从中获益。

将非洲大陆合并为一个贸易区,为整个非洲的贸易企业、公司以及消费者提供了巨大的机会,也是世界最不发达地区可持续发展的契机。联合国非洲经济委员会(ECA,简称经委会)的评估显示:通过消除进口税,非洲大陆自由贸易区将拉动非洲内部贸易增长52.3%;如果能削减非关税壁垒,贸易还可能翻番(Karingi and Mevel,2012)。经委会的经济模型显示,对于所有非洲国家而言,非洲大陆自由贸易区将促进非洲内部出口增长、全面福祉和GDP的共赢(ECA,2018)。

表1.1　　　　　　　　　非洲大陆自由贸易区:关键要素

建立非洲大陆自由贸易区协定	商品贸易协定	消除进口关税以及数量限制 对待进口产品应当和本国产品一样无差别 消除非关税壁垒 原产地规则 海关管理合作 贸易过境便利化 对新生企业的贸易救济、保护,以及一般性例外 产品标准、管理规章的合作 技术援助、能力构建以及合作
	服务贸易协定	服务管理透明化 服务供应商标准、许可、认证的相互认可 服务领域的进一步自由化 自由贸易领域本国服务商和外国服务商的无差别对待 提供常规及安全保障
	解决争议协定	在非洲大陆自由贸易区内部解决争议的规章和程序
	二阶段谈判	知识产权 投资 竞争政策 电子商务(电子商务已经被纳入二阶段的考虑当中)

资料来源:建立非洲大陆自由贸易区的协定。

多元化及产业开发

预计非洲的工业出口将从非洲大陆自由贸易区的建设中获益最多。这对于非洲贸易多样化,鼓励从主要出口石油和矿物等采掘商品向出口工业商品平衡,实现可持续发展来说非常重要。2014—2016年,非洲70%的出口都和采掘业有关;同一时期,非洲内部国家间贸易中,采掘业类商品占比不到40%。参照图1.1和图1.2。

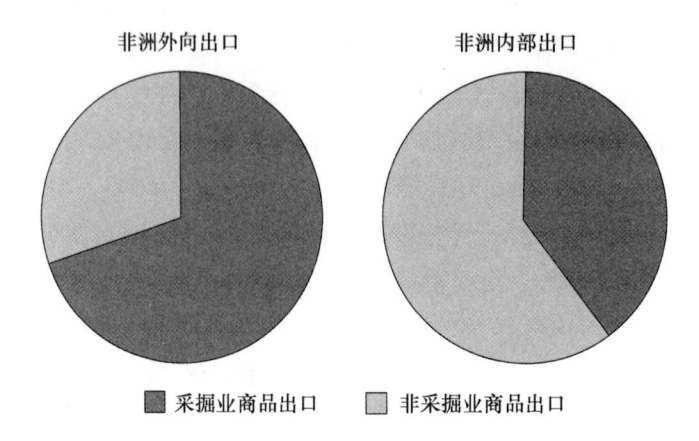

图1.1 非洲外向以及内部出口组成

资料来源：CEPⅡ-BACI 国际贸易数据库[3]。

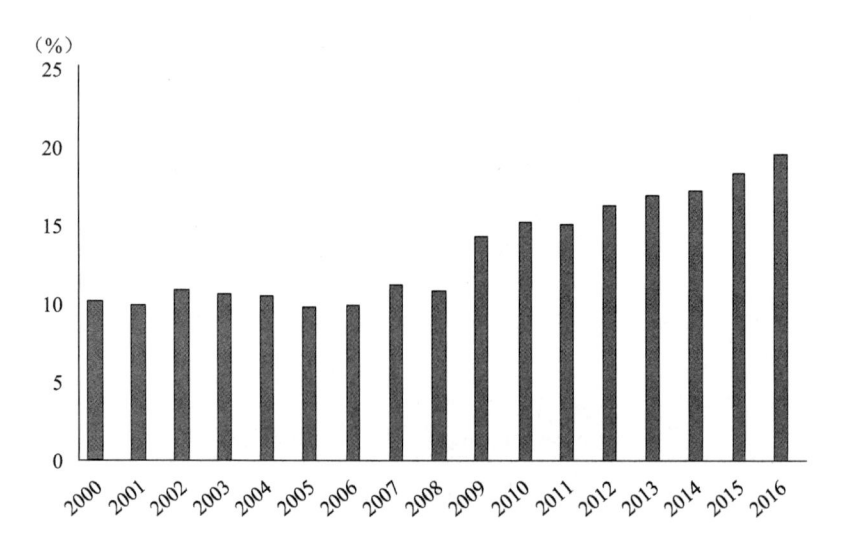

图1.2 非洲国家间出口所占比例

资料来源：国际货币基金组织贸易统计指向。

原油和矿物等产品的巨大风险在于它们价格的波动性，太多非洲国家的财政和经济命运取决于这些产品价格的变动。非洲大陆自由贸易区的建立，将引导非洲国家摆脱过于单一化的出口，这将有助于更加全

第一章 非洲大陆自由贸易区（AfCFTA）的概况

面、可持续贸易的形成，使非洲国家摆脱对采掘业商品的过度依赖。

也许，更为关键的一点在于，非洲大陆自由贸易区还将为非洲不断增长的青年人口提供更多的就业机会。与将从非洲大陆自贸协定中获益最多的制造业和农业相比，采掘业出口（非洲目前的贸易基础）的劳动密集度较低。通过促进劳动密集型产业的贸易，非洲大陆自由贸易区就能创造更多就业机会。（详情可参照图1.3的a、b、c三部分）。

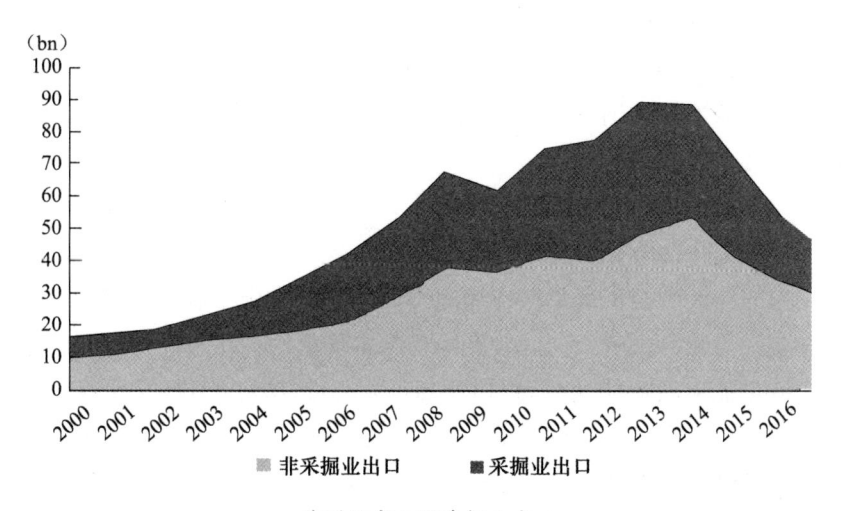

a 非洲国家之间采掘业出口

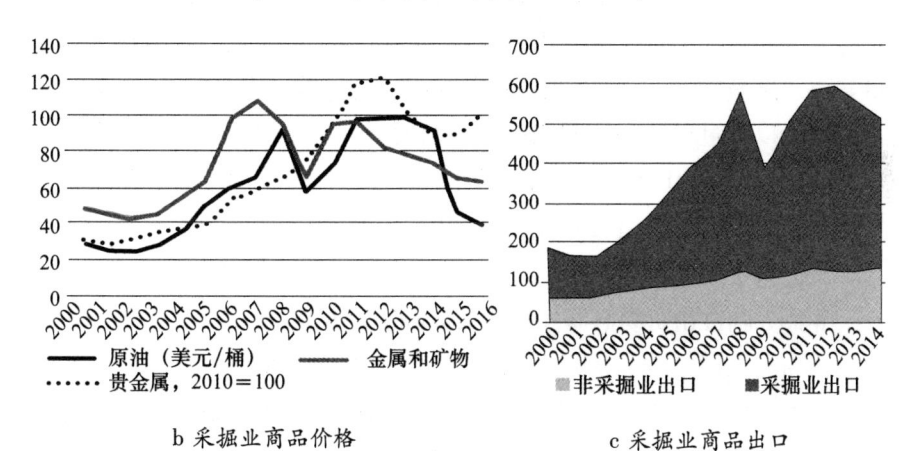

b 采掘业商品价格

c 采掘业商品出口

图1.3 非洲国家间贸易采掘业类商品占比较小

资料来源：CEPⅡ-BACI国际贸易数据库和世界银行大宗商品市场数据。

规模经济和范围经济

非洲公司中80%左右是中小型企业,这些企业是非洲经济增长的关键,却通常很难打入更先进的海外市场。但是如果非洲有统一的市场,它们就可以更好地开拓大规模的市场,面向非洲其他国家把握出口机会,并通过非洲供应链以及全球供应链的交会,把非洲市场作为向海外市场扩展的跳板。例如,南非有不少面向海外的大型汽车制造商,它们的很多供应链都在非洲内部。通过南部非洲关税联盟贸易区优惠待遇,它们从博茨瓦纳采购座椅用的皮革,从莱索托采购纺织品,等等,再把最终产品出口海外。

非洲大陆自由贸易区对非洲女性有益

对非洲大陆自由贸易区在家庭层面上的影响分析显示,对于男性当家和女性当家的家庭来说,该影响是基本均衡的;在不同的国家,这两种家庭都能不同程度地受益(Chauvin et., 2016)。不过,女性作为非正式跨境贸易商,当她们面对的困难得到改善时,可能会受益更多。

据估计,在非洲非正式跨境贸易商中,女性约占70%。然而在进行跨境贸易的过程中,女性特别容易遇到骚扰、暴力、被没收货物,甚至监禁等问题。但是,非洲大陆自由贸易区将减免关税,这会让之前从事非正式贸易的商人可以通过正规渠道进行贸易,从而得到更多的保护。这可以通过简化小贸易商的贸易制度进一步加强。如东部和南部非洲共同市场(COMESA)简化贸易体制,通过简化清关手续、降低关税等方式,为小型贸易者提供了特别帮助。

非洲大陆自由贸易区将实现所有非洲国家共赢

因为非洲国家的经济多元化,非洲大陆自由贸易区对各国产生的影响也各不相同。然而,非洲大陆自由贸易区带来的利益仍然是广泛的。

工业化程度较高的国家可以抓住机会发展制造业,工业化程度较低的国家则能融入区域价值链并从中受益。在区域价值链当中,大型生产商可以跨国从小型生产商那里采购。通过削减贸易成本、推动投资,非洲大陆自由贸易区让区域价值链的形成更加便利。

非洲国家增长的食品安全需求将让农业国家从中受益。农业制品具有易于变质的属性，而非洲大陆自由贸易区缩短清关时间和改善物流运输的举措，非常有助于农产品贸易。在整个非洲大陆，《非洲农业一体化发展规划》（CAADP）为提高农业生产力、推动绿色革命提供了一个基本框架。

多数非洲国家自然资源丰富。现在，原材料的关税本身已经很低，非洲大陆自由贸易区也很难在这方面做出更大幅度的改善。但是，通过降低非洲国家之间半成品和最终产品的关税，非洲大陆自由贸易区可以在自然资源基础上提升产品附加值，在新的商业领域实现多元化，并创造更多机会。

非洲内陆国家需应对运输成本过高以及过境运输时间无法估测等问题。在解决这些问题上，非洲大陆自由贸易区提供了更多便利：除了削减关税之外，还有贸易便利化、过境运输以及海关合作的举措。

而至关重要的是，非洲大陆自由贸易区出台了许多相应的措施和政策。

工业化程度较低的国家，将会受益于非洲工业化加速开发（Accelerated Industrial Development of Africa）项目，通过在国内教育培训领域的投资，确保劳动力拥有必要的技能。

贯彻非洲矿业愿景（Africa Mining Vision），有助于为那些立足于矿业资源的国家实现面向其他非洲国家的战略出口多元化，这是对非洲大陆自由贸易区的有力辅助。

"促进非洲内贸行动计划"（BIAT）是非盟的项目之一，也是非洲大陆自由贸易区的主要辅助措施。这一计划指出了需要投资的领域，如贸易信息以及金融支持，以确保所有非洲国家都可以从非洲大陆自由贸易区获益。

这些非洲大陆政策框架，需要在连贯性的非洲大陆自由贸易区战略基础上，展开国家层面的量身定制。

非洲大陆自由贸易区有益于可持续发展目标

非洲大陆自由贸易区是《2063年议程》的旗舰项目，非盟峰会已经将其作为优先项目予以批准，立即贯彻将快速带来成果，并在社会经济发展、增强信心方面，为"2063年议程"的所有者、推动者——非洲人民带来积极影响。

非洲大陆自贸区的累积效应也将有利于2063年愿景的达成，尤其是对目标8的正式就业和经济增长、目标9的促进工业增长、目标2的食品安全、目标3的可负担医疗服务，更是如此。

通过支持非洲工业化和经济发展，非洲大陆自贸易区也有助于减少非洲对外部资源的依赖，让非洲可以更好地为自己的发展提供资金，这也是上述愿景的目标17。

最为重要的是目标1（消除贫困）兑现"不让任何人掉队……最先解决最贫困人口贫困问题"的承诺。为了实现这一点，全非洲的各国政府都应当贯彻支持非洲大陆自贸易区的措施，如《促进非洲内贸行动计划》；此外，私营领域也应当加紧投资，抓住非洲大陆自由贸易区带来的机遇。

结语：非洲大陆自由贸易区协定及其广泛的影响

这就是非洲大陆自由贸易区存在的理由。所以无怪乎2018年3月，非盟的55个成员国会有44个在基加利通过谈判签署了非洲大陆自由贸易区协定。在那之后，又有4个成员国签约，现在签约的国家总数已经达到49个。在协定背后，有着巨大的动力：为了让协定生效，需要22个国家批准；到2018年12月，14个国家已经批准；另外16个国家的批准程序也已经进入最后阶段。

借此东风，在非洲各国贸易部长、非盟委员会以及包括联合国非洲经济委员会在内的技术型合作伙伴的推动下，非洲大陆自贸易区的第二轮谈判目前正在积极筹备中。谈判将包括投资、知识产权、竞争政策，还可能包括电商政策。考虑到服务贸易自由化已经成为非洲大陆自易区协定的一部分，这些"边界内"的安排将会让非洲大陆自由贸易区超越传统自贸区商品贸易的概念。按照第二轮的议题，非洲实际上正在转变为一个执行共同管理条款和政策框架、商品和服务贸易一体化的市场。此外，自贸区还将通过贸易政策，让非洲整个大洲作为一个市场与外部贸易伙伴打交道。事实上，非洲作为一个大陆整体与第三方的贸易协议也正在筹划当中。

非洲大陆自由贸易区效仿世贸组织建立争议解决机制，政府间贸易治理体系亦从世贸组织秘书处支援和监督的制度安排中汲取灵感。自贸区将会引领一个明确、可预见、依法管理非洲贸易的时代。在非洲大陆自由贸易区的推动下，非洲的贸易管理已经进入21世纪。

注　释

1. United Nations, Department of Economic and Social Affairs, Population Division (2017), IMF GDP estimate for Africa 2019 (IMF, 2018)。

2. United Nations, Department of Economic and Social Affairs, Population Division, 2017.

3. 采掘业出口特指包括石油、天然气、有色金属、金属矿石、废金属、天然肥料、矿石、煤炭、焦炭、HS71贵金属、铀、HS7201－HS7206基本铁制品的出口。

参考文献

Chauvin, D., N. Ramos, and G. Porto 2016. "Trade, Growth, and Welfare Impacts of the CFTA in Africa". https：//editorialexpress. com/cgi-bin/conference/download. cgi? db_ name = CSAE2017&paper_ id = 749.

ECA (United Nations Economic Commission for Africa). 2018. "An Empirical Assessment of the African Continental Free Trade Area Modalities on Goods". Accessed 26 December 2018. www. uncca. org/publications/

empirical-assessment-afcfta-modalities-goods.

IMF 2018. World Economic Outlook, October. https://www.imf.org/external/datamapper/datasets/WEO.

Karingi, S., and S. Mevel 2012. "Deepening Regional Integration in Africa: A Computable General Equilibrium Assessment of the Establishment of a Continental Free Trade Area Followed by a Continental Customs Union". Paper for presentation at the 15th Global Trade Analysis Project Conference, Geneva, 27 – 29 June.

United Nations, Department of Economic and Social Affairs, Population Division 2017. World Population Prospects: The 2017 Revision, DVD Edition. https://population.un.org/wpp/Download/Standard/Population/.

第一编
从非洲内外区域一体化中吸取的经验教训

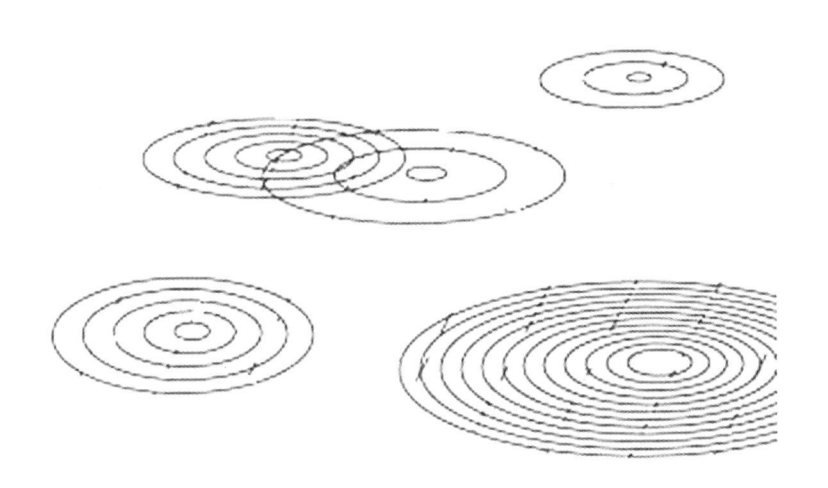

第二章

非洲大陆自由贸易区协议:迈向非洲一体化的又一次实践
——回顾与展望

纪尧姆·格鲁特(Guillaume Gérout)
杰米·麦克劳德(Jamie MacLeod)
梅拉库·德斯塔(Melaku Desta)

简　介

本章介绍了非洲经济一体化发展的五个时期尝试的不同一体化方式,从历时的视角描绘非洲一体化不断完善的过程。

非洲经济一体化最初的实践,规模小,在次区域层面,而且也是主导泛非洲运动的政治议程中出现的偶然事件。1963年非洲统一组织的成立,为在大陆层面上展开这一实践提供了机构平台。在早期形态中,非洲经济一体化的尝试包括政治宣言和决议,但一直缺乏有约束力的法律条约基础。在早期阶段,经济合作往往被当作达成政治目标的手段,而非实现经济目标。

1979年的蒙罗维亚峰会以及1980年《拉各斯行动计划》的签署,标志着非洲经济一体化进入第二阶段。这也是在此过程中首次出现系统的一体化政治方案,以及带有约束性、用于实现这一目标的大陆协议。这一进展体现了非洲一体化进程的新特征:(1)突出政治而非法律。(2)人们日益清晰地意识到,应当以次区域一体化作为整个大陆一体化的先导。非洲经济自力更生、自我持续的理念成了经济一体化的核心思想。然而，伴随着非洲20世纪80年代的经济危机，该时期的一体化也最终崩溃。

1991年6月3日通过《阿布贾条约》，标志着非洲经济一体化第三阶段的开始，这也是非洲一体化进程中的里程碑。这一条约以一反常态的强制性和法律用语，阐述了长达34年的一体化方案，建立了包括一个法庭在内的机制，以监督各国履行承诺。这一时期一体化的两大明显特征包括：（1）在确保协议规划贯彻的手段中，法律优先于政治；（2）明确了在次级区域内进行更紧密的一体化，作为大陆一体化的先决条件，在此基础上以模块整合的方式实现非洲一体化。然而，撇开法律主义不谈，《阿布贾条约》基于次级区域的大陆经济一体化承诺未能兑现。各国并没有履行条约的承诺，而是建立了不必要的多个区域经济共同体；一些国家同时加入不止一个区域经济共同体，这导致《阿布贾条约》中精心设计的一体化进程偏离轨道。

在第四阶段，出于对之前事态发展的沮丧感以及进一步加速一体化进程的愿望，2012年的《促进非洲内贸行动计划》（BIAT）试图通过将现有的区域经济共同体合并为两个大型区域经济共同体，分别囊括大陆的东部和西部，然后将这些主要区域经济共同体和其他没有被囊括的国家合并为一个大陆自由贸易区。按照规划，大陆东半部的区域经济共同体是以东非共同体（EAC）、东部和南部非洲共同市场（COMESA）以及南部非洲发展共同体（SADC）三方自由贸易协定的形式达成的，而西部的区域经济共同体将由所有非三方区域经济共同体通过类似于三方倡议的平行构架组成。该时期的两个明确特征是：（1）重申对之前交叉重叠的区域经济共同体进一步合理化的关注；（2）重新设计了一体化进程的第一步：不仅将之前零散的次区域关税同盟整合为一个大陆关税同盟，并且准备将几个区域经济共同体的自贸区整合为自由贸易区。

非洲大陆经济一体化的最后阶段，始于2015年就《非洲大陆自由贸易区协议》进行的谈判。《非洲大陆自由贸易区协议》成为实践《促进非洲内贸行动计划》设想的法律体现，不是合并区域经济共同体或者大型区域经济共同体自由贸易区，而是试图在非洲大陆上建立单一的自由贸易区。最后阶段保留并加强了法律的地位,并采取了并不完善却大胆的措施,推动非洲现存的、交叉重叠的区域经济共同体合理化。在后一种规划中,一体化的概念已从以自力更生、自我维持和经济独立为中心的观念,进化为将经济一体化视为经济发展的工具。非洲发展不再是简单地取代非洲大宗商品对外部市场的依赖,而是要从摆脱对大宗商品的经济依赖转向非洲工业化。

虽然一体化进程的变革反映了经济理论的发展,但非洲仍坚持一体化的愿景。其核心思想仍然是通过一体化增强非洲大陆内部的竞争力,从而提高效率以及在非洲内部和全球市场内的竞争力。另一个得到贯彻的理念是:如果非洲"发出一个共同的声音并采取集体行动,从而促进我们在国际舞台上的共同利益和立场",非洲就能取得更大的成就(AUC, 2015, p. 10)。

因此,非洲大陆一体化是一个持续了50多年之久的愿景。尽管一体化的表现形式不断演变,实现它的方法也不断变化,但是它作为实现非洲经济繁荣的手段从未改变。

1889—1979年:完善愿景——建设次级区域贸易区的尝试

早在大洲水平上的非洲经济一体化之前,双边或者次级区域范围内小规模、区域性质的政治和经济一体化进程已经有很长的历史。追溯到1889年,英属好望角殖民地和奥兰治自由邦布尔共和国已经通过关税同盟协议的方式展开合作,并在1910年扩展为南非联邦和英国特使辖区[1]在南部非洲关税同盟协议旗号下的合作(SACU, 2018)[2]。1917年,肯尼亚和乌干达建立关税同盟,并在1927年吸纳坦噶尼喀[3]加入其中(EAC, 2017)。在西非,1958年,两个独立的西非国家决定通过组建加纳—几内亚联盟的方式强化政治合作,1961年马里也加入其中。1959年,加纳、几内亚和利比里亚签署航海和贸易方面的友好协议;1962年,加纳还和上沃尔特(今天的布基纳法索)缔结了加纳—上沃尔特贸易协议(Yansane, 1977, pp. 44 - 45)(UNECA, 2004)。在中部非洲地区，作为中部非洲国家关税同盟前身的赤道关税同盟，也在1962年将喀麦隆、中非共和国、乍得、刚果以及加蓬聚拢在一起（UNECA，2004）。

这些合作与一体化行动，多数是在1963年非洲统一组织成立之前，由政治而不是经济驱动的。20世纪60年代初期，很多之前的法属殖民地——布拉柴维尔集团——签署协议，支持非洲以调停的方式应对大陆因解放运动而引发的危机，同时和法国保持良好关系（Boukari-Yabara，2014，pp. 215-216）。另外有一个由阿尔及利亚、埃及、利比亚三国组成的名为卡萨布兰卡集团的非正式集团，它们的愿景更为激进，希望深度的一体化并最终促成非洲国家的单一政治联邦。该国家集团与另一个持不同看法的非洲国家非正式集团（蒙罗维亚集团）围绕非洲合作进行讨论，也促使了非洲大陆一体化愿景的形成。

非洲统一组织在成立之初，提出的目标以政治为主，主旨在于根除殖民主义残余，维护成员国的领土和主权完整。[4]不过，其中也包括促进非洲国家团结协作，并以此来为非洲人民带来更好的生活一类更广泛的概念。[5]经济合作则仅仅是实现这些目标的手段之一。[6]

尽管如此，为了扩大"经济合作"的理念，在非洲统一组织开幕仪式上，"特别任命了经济筹备委员会……研究的问题包括：（1）在非洲各国之间建立自贸区的可能性；（2）建立共同的对外关税以保护新兴产业，并设立原材料价格稳定基金；（3）对国际贸易进行重构"。[7]

这些想法随后就被一系列阐明非洲经济一体化愿景的决定和决议所取代。比较引人注目的是1966年的第三届非洲统一组织首脑会议决议中的社会经济合作内容，该决议在序言部分中写道："充分意识到非洲各国的多国经济社会合作实践对宪章呼吁的大陆一体化带来的建设性贡献。"[8]因此，到1966年，次级区域合作的理念可能对已经设立的泛非洲一体化项目带来积极影响。因此，非洲大陆自贸区乃至关税同盟的思路，从非洲统一组织建立之初就已经埋下种子。

在这一趋势下，区域集团继续推进一体化倡议，并以此推动泛非洲合作。例如，在西非，1973年利比里亚和塞拉利昂缔结了马诺河联盟，希望"通过消除相互贸易的一切障碍来拓展贸易"[9]。"通过消除关税和非关税壁垒，促成当地产品相互贸易自由化"。[10]1975年诞生的西非国家经济共同体（ECOWAS）重申了非洲统一组织的原则，强调次级区域一体化不应当阻滞更广泛的大陆合作议程，[11]而且也采纳了一系列成立经济联盟的阶段性目标。

非洲中部的情况也类似。1976年，布隆迪、卢旺达以及刚果（金）[12]成立了大湖国家经济共同体，其目标之一就是"推动和增强贸易，促进人员和物资流动"[13]。创始者相信"建立区域经济集团是非洲团结的客观方法和现实基础"。

在南部非洲，20世纪70年代末的政治斗争导致1980年《卢萨卡宣言》——"迈向经济自由"的签署以及南部非洲发展协调会议组织（SADCC）的成立。这一组织在1992年8月17日通过在纳米比亚温得和克签署《南部非洲发展共同体宣言及协议》，最终转变为南部非洲发展共同体（SADC, 2018）。[14]

不过，这一时期风起云涌的次级区域层面上的一体化行动，并没有对大陆一体化的思路产生太大影响。1966—1976年，在非洲大陆层面上经济一体化的举措寥寥无几，其中包括：（1）1968年9月阿尔及尔的大会决议和宣言，1970年8月和1973年5月亚的斯亚贝巴的决议；[15]（2）1977年7月在利伯维尔的部长级决策，批准了部长理事会于1976年12月通过的关于建立非洲经济共同体的《金沙萨宣言》[16]。到目前为止，大陆经济一体化的思想只体现在数量有限的政治声明和决议当中，缺乏具有法律约束力的条款。《利伯维尔决议》为1979年关于非洲经济共同体的《蒙罗维亚宣言》铺平了道路，进而为依法推动一体化进程奠定了基础。至此，值得注意的是，整个非洲范围内开展的次级区域经济一体化实践越来越多，其中一些将在其后重构职能，以此来适应非洲经济共同体的架构。

1979—1991年：迈向有法律约束力的大陆经济一体化协议

对于非洲统一组织决定加速大陆经济一体化的进程，1979年的蒙罗维亚首脑会议具有分水岭的意义。这次的非洲统一组织首脑会议宣布通过"非洲经济一体化"[18]建设一个"非洲自力更生、自我维持的发展和经济增长的内在基础"[17]，以此"铺平最终建设非洲共同市场并形成非洲经济共同体的道路"。[19]

一年后，在尼日利亚拉各斯举行的第二次非洲统一组织特别首脑会议上，通过《拉各斯行动计划：1980—2000年非洲经济发展》（简称《拉各斯行动计划》，LPA），该二十年计划的目标是在2000年建成非洲经济共同体。《拉各斯行动计划》的附件包括《拉各斯最终法案》和两项关于采纳《拉各斯行动计划》的决议，旨在执行《蒙罗维亚宣言》[20]包含的战略；此外，还呼吁非洲国家在参与国际谈判的过程中，尤其应当保持团结。[21]

在这一点上，一体化的经济原理集中在"自力更生"和"自我维持"的理念上。通过区域主义，非洲可以用内部的相互依存代替基本大宗商品对外部资源和市场的依赖（Currie-Alder，2014）。有人认为，尽管非洲蕴藏着丰富的资源和人口潜力，但其市场基础薄弱、规模小且支离破碎，非洲国家的合作可以更好地推动"自力更生"和"自我维持"（Adedeji，1984，p. 17）。

《拉各斯行动计划》的第一步涉及制定建立非洲经济共同体的条约，该条约旨在将"非洲的经济、社会和文化一体化"（OAU，1980，p. 99）纳入具有约束力的法律文书中。此外，《拉各斯行动计划》界定了实施阶段，随后在这些阶段，确定了落实建立非洲经济共同体条约的基本架构（AUC，2009，p. 9）。由于所有这些原因，拉各斯特别首脑会议的召开成为非洲一体化第二阶段的里程碑。从1980年开始，非洲统一组织首脑会议定期通过各项决定，以监督各国对《拉各斯行动计划》的执行情况。

《拉各斯行动计划》的一个重要方面，是在其最初的十年中制定的模式。这些模式规定"加强现有的区域经济共同体并在非洲其他区域建立其他经济集团，从而覆盖整个非洲大陆（中部非洲、东部非洲、南部非洲、北部非洲）"（OAU，1980，p. 99）。值得注意的是，它认为这样的区域经济集团，是在联合国非洲经济委员会多国方案编制和业务中心（MULPOCs）的框架内，通过谈判发展起来的（OAU，1980，p. 65）。

第二章　非洲大陆自由贸易区协议：迈向非洲一体化的又一次实践

《拉各斯行动计划》还规定，之后就区域间优惠协议进行谈判，"以期逐步减少并最终消除次级区域间贸易壁垒"（OAU，1980，p. 65）。《拉各斯行动计划》还为进一步深化"已经超过优惠贸易区协议水平的现有经济一体化集团"提供了更广的范围（OAU，1980，p. 65）。

在随后的几年中，正如《拉各斯行动计划》所设想的，建立了许多区域经济共同体。特别是在中部非洲，中部非洲国家经济共同体（ECCAS）于1983年成立，其目标是为"作为非洲经济共同体的前奏，逐步建立一个非洲共同市场"提供必要的次级区域结构。[22] 按照东部和南部非洲多国方案编制和业务中心的设计，1981年成立了东南部非洲优惠贸易区（PTA）（GIGA，1989；COMESA，2018）。1989年，建立了阿拉伯马格里布联盟（AMU），涵盖了北非多国方案编制和业务中心的大多数国家（AMU，1989）。

还有一些《拉各斯行动计划》之外的地区集团也纷纷建立。1984年，马达加斯加、毛里求斯和塞舌尔决定加强合作，强调有必要适当考虑西南印度洋区域国家之间的现有联系，尤其是加强贸易和经济的合作，并成立了印度洋委员会[23]。1986年成立了政府间干旱和发展管理局（IGADD），以应对该地区反复干旱造成的严重环境问题（IGAD，2018）。

为响应在区域层次做出的此类努力，1983年举行的第19届非洲统一组织首脑会议上，特别欢迎了东南部非洲优惠贸易区[24]的成立，并对中部非洲建立自己的区域经济共同体的成就表示满意[25]。

但是，在1987年第23届非洲统一组织首脑会议上，与会者已开始认识到多个、重叠的次级区域组织带来了一些问题。与会者在呼吁区域经济共同体（RECs）践行《拉各斯行动计划》的同时，呼吁"次级区域和区域集团，特别是西非经济共同体、东南部非洲优惠贸易区、南部非洲发展协调会议和中部非洲国家经济共同体采取必要步骤，以确保各自区域内所有非洲政府间合作与一体化组织的活动、项目和方案的协调统一和落实，以避免重复、权力冲突以及工作和资源的浪费"[26]。1989年的第25届非洲统一组织首脑会议再次发出警告[27]。

到1990年，《拉各斯行动计划》在通过十年后，大部分方案仍未付诸实施。《拉各斯行动计划》希望各国政府将其目标纳入发展计划，但各国政府并未这样做（ECA，1991）。这里的一个主要技术性问题是缺乏有效的监控和跟进机制，也没有任何法律依据要求政府对自己的承诺负责。同样重要的是，到目前为止，《拉各斯行动计划》尚未被纳入具有约束力的法律文书中，而仅仅是一项政治认可的计划。

但是，可以说，在此期间实施该计划面临的最大障碍就是20世纪80年代非洲经济危机的蔓延。当时的情况已经不是非洲领袖所能控制的，大宗商品价格的下跌重创非洲国家单一化的经济，导致经济萧条和债务的螺旋式上升[28]。冷战进一步导致非洲国家在外交问题上的对立。在经济危机的重压下，非洲国家更关注眼前的生存，已经无暇兼顾长期改革（Adedeji，1985）。或者，正像阿德德吉（Adedeji，2002）痛感20世纪80年代非洲经济合作崩溃时所言："一个国家发现自己陷入危机，自然会目光短浅。"

1991—2006年：通过次级区域建设非洲经济共同体

20世纪90年代，大陆经济一体化重新获得动力。非洲统一组织第27届首脑会议于1991年在尼日利亚阿布贾通过了《建立非洲经济共同体条约》，（简称《阿布贾条约》），是这一时期的重要里程碑。《阿布贾条约》完善了对非洲大陆经济一体化的设想，其内容如下[29]：

为促进实现条约所规定的共同体目标，共同体应分阶段确保[尤其是]：

（a）加强现有的区域经济共同体，并在没有区域经济共同体的地方建立其他经济共同体；[…]

（d）通过在成员国之间取消进出口关税、取消非关税壁垒实现成员国之间的贸易自由化，以便在每个区域经济共同体层面建立自由贸易区；[…]

（f）对第三国采取共同的贸易政策；

（g）建立和维持共同的对外关税；

（h）建立共同市场；

第二章 非洲大陆自由贸易区协议:迈向非洲一体化的又一次实践

(i) 在成员国中逐步消除对人员、货物、服务和资本自由流动,以及获得居住权和设立权的限制。

《阿布贾条约》的主要意义在于将经常提出的大陆经济一体化的政治愿景和计划转变为具有法律约束力的条约。《阿布贾条约》建立了基于规则的一体化方案。它保留了之前在《拉各斯行动计划》中设想的、通过"拼搭构建块"实现一体化的设计,首先将区域经济集团"加强"为关税同盟,然后再合并为大陆的关税同盟。值得注意的是,这种做法实际上并未考虑到通过大陆自由贸易区和共同外部关税联合,形成非洲关税同盟;而是准备将次级区域层面的关税同盟合并为大陆层面的关税同盟。它也被认为是最深刻、最雄心勃勃的一体化形式,涵盖了经济、政治和货币一体化,以及协调一致的对外政策要素。

1991年之后,每届非洲统一组织首脑会议(1999年第35届首脑会议[30]和2002年第38届首脑会议除外)都专门通过了一项决议,以监督《阿布贾条约》的执行情况。令人印象深刻的是,非洲统一组织第30届首脑会议承认该条约于1994年生效。此外,自第33届非洲统一组织首脑会议起,该组织也开始自称为非洲经济共同体并举行了首次非洲经济共同体首脑会议。这样一来,第34届非洲统一组织首脑会议也就成了第2届非洲经济共同体首脑会议。这种情况一直持续到2001年的第37届非洲统一组织首脑会议/第5届非洲经济共同体首脑会议。到了2002年,在第38届非洲统一组织首脑会议上产生了非洲联盟(非盟),才没有继续沿用非洲经济共同体的名称。非盟《基本法》重申了非洲经济共同体的原则以及加快实施的必要性,但《基本法》的执行部分仅在非洲经济共同体与非盟之间的制度关系方面提及了非洲经济共同体[31]。

非洲大陆经济一体化历史的第3个时期,涉及次级区域层面的重大发展。在此期间,6个先前存在的次级区域组织出现了重大变化,同时又创建了两个新的次级区域组织。如前所述,南部非洲发展协调会议这一政治组织于1992年转变成了一个经济共同体,其目标之一是"通过区域一体化提高南部非洲的生活水平和质量并支持弱势群体"[32]。这些措辞使人回忆起非洲统一组织"在集体自力更生和成员国相互依存的基础上促进自我维持的发展"的最初愿望[33]。该条约于1996年根据贸易议定书完成。该议定书谈到了《阿布贾条约》当中建立区域和次级区域经济集团的呼吁,这是非洲经济共同体的基础,[34]并致力在南部非洲发展区域共同体建立自由贸易协定[35]。

1993年,对1975年《西非国家经济共同体条约》进行了修订,并在《阿布贾条约》的基础上[37]阐明了一体化的各个阶段以及建立共同市场的条件[36]。因此,为确保遵循《阿布贾条约》的目标[37],经济共同体被赋予了超国家权力(Chambas,2007)。同年,东南部非洲优惠贸易区国家签署了建立东部和南部非洲共同市场(COMESA)的条约,以取代东南部非洲优惠贸易区。新的东部和南部非洲共同市场条约的目标之一是"为非洲经济共同体建立、进步和目标的实现做出贡献"[38]。

1994年,中部非洲经济与发展联盟(UDEAC)成员国决定将联盟转变为货币共同体——中部非洲经济和货币共同体(CEMAC)。本着非洲一体化的精神,中部非洲经济和货币共同体精心安排其组织结构,使得任何非洲国家都有资格加入。2008年,中部非洲经济和货币共同体的条约进行了修正,重申了任何非洲国家都有加入资格的原则,同时增加了可变模式的原则,还加入了允许中部非洲经济和货币共同体与任何其他希望合作的非洲国家进行部门合作的条款[40]。

1996年,政府间干旱与发展管理局(IGADD)进行自我改革,发展成为政府间发展管理局(IGAD),其目标是"推动并实现东部和南部非洲共同市场(COMESA)及非洲经济共同体的目标"[41]。

1998年,萨赫勒—撒哈拉国家共同体(CEN-SAD)成立,以期"建立一个全面的经济联盟"(UNECA,2018年),并雄心勃勃地实现《阿布贾条约》的目标[42]。

1999年,《东非共同体条约》规定成员国"将共同体视为迈向实现《建立非洲经济共同体条约》目标的一步"[43]。

2000年,作为第二个货币一体化区域,西非货币区(WAMZ)创立并覆盖了西非国家经济共同体(ECOWAS)当中的英语国家,与之前存在的法语国家的西非经济货币联盟(UEMOA)并驾齐驱(WAMZ,

2000)。

区域经济共同体领域的上述变化表明,各区域共同体正在朝着实现非洲经济共同体的目标迈进,并接受《阿布贾条约》对区域经济共同体职能的影响。然而,在此期间,人们越来越认识到,需要根据非洲经济共同体的目标更好地精简区域经济共同体的活动。为此,非洲统一组织通过了由该组织主席和区域经济共同体主席们代表各自成员国[44]签署的、关于非洲经济共同体和区域经济共同体关系的议定书,强调了"与《阿布贾条约》第六条款第二段(a)到(d)相吻合的、非洲经济共同体和区域经济共同体的责任"[45],"区域经济共同体在政策、措施、计划和行动方面的合作与协调"[46]。该议定书赋予非洲统一组织所辖机构如下的监督权力:

> 如果任何区域经济共同体的政策、措施和计划与《阿布贾条约》的目标不符,或者政策、措施、计划以及行动的贯彻落后于《阿布贾条约》第六条款的时限,大会和理事会应向所涉及的区域经济共同体给予指令。[47]

但是,在2002年之后,无论是在大陆层面还是在区域经济共同体层面,这些规划在贸易方面的贯彻步调并不一致。实际上,自非盟成立以来,经济一体化项目在非盟大会议程中并未占有突出地位。显而易见,自2002年以来,非洲经济共同体尚未成为任何非盟大会决定的主题,而非洲自由贸易协定仅在2012年第18届非盟首脑会议上引起注意。

到非洲经济一体化历史的第三阶段结束前,交叉重叠的区域经济结构的问题已经显现。2004年,非洲共有14个区域经济共同体,其中7个被认为是非洲经济共同体的基础[48],而其他7个只是前者的"子集"[49]。此外,其中11个[50]旨在建立关税同盟或更深层次的经济一体化,而其余3个区域经济共同体中有两个旨在建立一些优惠贸易计划(UNECA,2004,pp. 27-30)[51]。而且,"集团数量太多,协调与合作的工作量大增,区域经济共同体最终融入非盟的工作也更加复杂"。这促使人们呼吁"使一体化合理化"（UNECA，2004，p.34）。成员国资格的重叠导致成本增加、管理规章更加烦琐，贸易商面临的状况更加复杂。2012年南部非洲发展共同体针对重叠的成员国展开的审计显示，根本问题是"各国不能实施两组规则"（Southern Africa Trade Hub，2012）。

2006—2015年：试图通过《促进非洲内贸行动计划》使非洲经济一体化格局合理化

意识到区域经济共同体职能重叠带来的执行中的挑战，非盟委员会以及联合国非洲经济委员会在2006年专门编著发布了区域经济共同体"合理化"问题联合报告（AUC & UNECA，2006）。该报告旨在提请人们注意："非洲国家重叠的成员国身份正在减缓一体化进程，降低区域经济共同体的效力，有限的财政资源更为分散"，并建议接纳"区域经济共同体与非盟一致的愿景"（AUC & UNECA，2006，pp. xv - xvi）。该报告向非洲负责一体化部长会议（COMAI）通报了情况，该会议在审查了非洲各区域的一体化状况之后，建议停止对新区域经济共同体的认可。

2006年下半年，非盟首脑会议做出重大决定，其中一部分是基于第一次非洲一体化部长会议（COMAI I）建议，这些决定包括：(1) 将非盟认可的区域经济共同体数量限制为八个（AU，2006a）[52]；(2) 使非洲一体化部长会议制度化（AU，2006b）；(3) 加强非盟大会—联合国非洲经济委员会—非洲开发银行的技术合作伙伴关系（AU，2006c）。2007年，通过关于非盟与区域经济共同体之间关系的协议书（AU，2007a，2007b），合理化进程也从逻辑上迈向了下一步。特别是"考虑到辅助性原则，对非盟角色、区域经济共同体定义，从而使区域经济共同体能够推进一体化进程"。[53]在此范围内，该议定书旨在建立贯彻规划和行动的协调和统一机制[54]，建立区域经济共同体实现《阿布贾条约》行动的协调框架[55]，以及监督建立非洲共同市场的一般和特定基准[56]。

在此期间，形成了建立一个新的、非洲东部和南部合并自由贸易区的想法。这可以追溯到21世纪初成立的一个特别工作组的工作，东部和南部非洲共同市场—东非共同体—南部非洲发展共同体国家元首和政府首脑三方首脑会议于 2008 年决定通过"以建立单一的关税同盟为最终目标,迅速建立一个包含三个区域经济共同体成员国/伙伴的自由贸易区"[57]。三方首脑会议进一步指出,自由贸易区将构成"实现《阿布贾条约》所概括的非洲经济共同体的关键基础"[58]。

2010 年非盟国家第六届贸易部长会议建议,在东部和南部非洲共同市场—东非共同体—南部非洲发展共同体结成三方自由贸易区的区域间一体化项目的基础上,力争快速跟进非洲大陆自由贸易区(AUC,UNECA & AfDB,2012,p.1)。该部长级会议的建议可能对 2011 年主题为"促进非洲内部贸易"(AU,2011)的第 18 届例行首脑会议最终做出重大决议、采纳 2012 年《促进非洲内贸行动计划》(BIAT)(AU & ECA,2012)发挥了作用。

《促进非洲内贸行动计划》试图通过一方面巩固三方自由贸易区,另一方面在非洲其他地区实行"平行安排",来解决非洲区域共同体重叠的问题(AU & ECA,2012)。这些国家,以及地区自由贸易区以外的其他国家,都将全部合并到非洲大陆自由贸易区当中(AU,2012)(COMESA-EAC-SADC,2011)(图 2.1)。

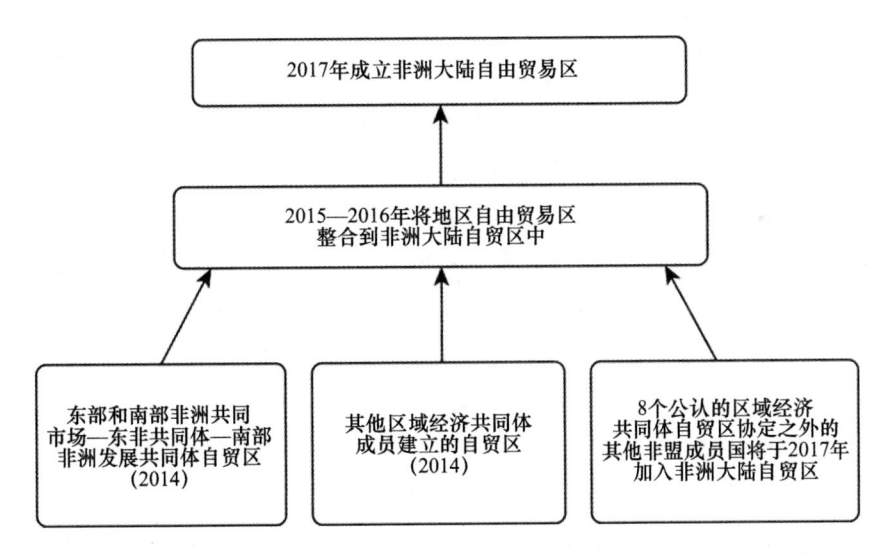

图 2.1 2012 年《促进非洲内贸行动计划》设想的非洲一体化组织结构

资料来源:AU & ECA,2012.

2012年1月，这一做法在非盟大会关于《促进非洲内贸行动计划》规定的关于快速跟进建设非洲大陆自由贸易区（当时被称为大陆自由贸易区）的框架、路线图和体系结构的决议中得到正式认可。（AU，2012）。值得注意的是，该决定特别提到了一个目标：解决成员国过度交叉重叠的问题，并加快区域和大陆一体化进程。（AU & ECA，2012，p. 64）

在此阶段特别需要强调两点。首先，"交叉和重叠"的区域经济共同体成员国身份被明确认为是非洲大陆自由贸易区目前要应对的一项基本挑战。其次，在详细说明如何实现这些目标的"路线图"当中指出，由于非洲大陆自由贸易区协议此时此刻旨在——尤其是在三方自由贸易区基础上进行建设，因此非洲大陆自由贸易区协议应让包括三方自由贸易区在内的区域经济共同体自由贸易区"保留已有的共同成果"。协议明确表示，"这意味着非洲大陆自由贸易区应该以目前区域经济共同体关税自由化水平为起点，因此，它将以区域经济共同体取得的进展为基础，并再接再厉"（AU & ECA，2012，p. 49）。

2011年的三方自由贸易区当中包含了区域经济共同体已有成果的理念，在2012年对三方自由贸易区谈判原则中做了略微不同的澄清，声称"将在之前没有任何优惠协议的三方自由贸易区成员/伙伴国之间进行关税谈判和相互的关税减让"（Erasmus，2013）。[59]这构成了明显的目标重新定位，并最终削弱三方自由贸易区将其三个基础区域经济共同体整合的能力。三方自由贸易区只会在之前没有优惠协议的国家之间实现新的优惠，这样做会完全保留现有的区域经济体自由贸易区，不会再将它们整合到一个共同的制度体系中。（Erasmus，2013）

这种转向也明显表现在三方自由贸易区的目标变动当中。经历了2008年发端、2011年启动谈判到2015年推出三方自由贸易区之后，三方自由贸易区已经放弃了最初目标之一"应对成员国身份交叉重叠的挑战"[60]。不仅仅放弃了这个目标（只在序言中轻描淡写地提及了这个目标），也没有实质性地解决三方自由贸易区与次级区域自由贸易区的关系问题，这意味着三方自由贸易区生效后将和这些原有的区域自由贸易区共存（Desta & Gérout，2018）。观察家指出，"只有在将来，东部和南部非洲共同市场、东非共同体和南部非洲发展共同体合并为一个新的自由贸易区,情况才会有所改变"(Erasmus, 2015, p. 7)。在现有情况下,"三方自由贸易区协议生效并得到实施,只会让成员国身份重叠的现象更加严重"(Erasmus, 2015, p. 7)。这一过程的结果让人们发现"三方自由贸易区没有达到预期,没有实现其建立单一的整合自由贸易区的目标"(Fundira, 2016, p. 3)。

2015—2018年:向着非洲大陆自由贸易区前进

2015年,非盟首脑会议启动了非洲大陆自由贸易区的谈判。2018年3月在卢旺达基加利召开的非盟特别首脑会议上,这些谈判达到了高潮,通过并启动了《非洲大陆自由贸易区协议》。在此盛会上,非盟44个成员国签署了该协议,同时47个国家在政治宣言中重申了对推进该进程的承诺。

《非洲大陆自由贸易区协议》的签署代表着非洲大陆经济一体化迈出重要一步。它使非洲大陆国家在极短时间内依据详细的、经过严格谈判的法律条款聚集在一起,为非洲大陆一体化项目注入了巨大动力,并"提高了整个非洲大陆的期望"[61]。

从历史的角度看,《非洲大陆自由贸易区协议》为解决《阿布贾条约》的缺陷创造了重要的机会。《阿布贾条约》要求非洲的区域经济共同体必须先发展成为区域关税同盟,之后再合并为大陆层面的关税同盟。但是,因为在区域层面建立关税同盟的最初目标并未在所有地区实现,或并未在可预期的时间里实现[62],所以建立大陆层面的关税同盟也无法实现。

有鉴于此,《非洲大陆自由贸易区协议》推出了实现非洲一体化的新方式。非洲大陆自由贸易区并非无限期地等待区域关税同盟的合并,而是在整个非洲建立了一个自由贸易区,谋求将所有区域共同体合并为一个自由贸易区。然而,非洲大陆自由贸易区的有效组成部分是加入该协议的国家,而不是聚集起来的区域经济共同体。与《阿布贾条约》关于建立一个大陆关税同盟的想法相似的思路也得以保留,并在《非洲大陆自由贸易区协议》的总目标中得到表述:"在以后的阶段建立大陆关税同盟的基础。"[63]然而,由于只针对"后期阶段",《非洲大陆自由贸易区协议》的谈判者一直满足于建立一个大陆自由贸易区;非洲共同对外关税将与自由贸易相结合从而建立关税同盟,但这并不是当前的目标。值得注意的是,《非洲大陆自由贸易区协议》的多项目标中并没有提及非洲经济共同体[64]。

因此,非洲大陆自由贸易区在某种程度上是在实现非洲经济共同体设想的大陆自由贸易方面"抄近路",并在以后阶段为更深层次的整合奠定了基础。它逐步放开自由贸易,从而减轻了任何经济调整的成本。一旦建立了自由贸易区,预计非洲内部贸易将增长50%以上,尤其是非洲的附加值和工业出口有望获得增长,从而有助于推动非洲急需的工业化和就业目标（UNECA, 2017）。工业发展、经济多样化和增强的竞争力是《非洲大陆自由贸易区协议》所阐明的经济一体化愿景的经济理论基础。

虽然非洲大陆自由贸易区代表了非洲大陆经济一体化的最新路径,但却是建立在其之前实践之上,并从中吸取了很多经验。在这些先例中,非洲大陆自由贸易区对三方自由贸易区的沿袭特别明显:启动非洲大陆自由贸易区谈判的时候,近一半的谈判国家就三方自由贸易区的大部分条款达成一致[65]。考虑到这一点,《非洲大陆自由贸易区协议》在很大程度上借鉴了三方自由贸易区的成果,并与之有相当大的相似之处,也就不足为怪了。

三方自由贸易区的一个明显缺点是未能将构成其整体的区域经济共同体合并为单一的自由贸易区。尽管三方自由贸易区最终放弃了解决区域经济共同体成员资格重复重叠问题——正如在《非洲大陆自由贸易区协议》总体目标（h）中阐述的那样——的雄心,但非洲大陆自由贸易区却保留了这一目标:

  解决成员国资格交叉重叠的问题,并加快区域和大陆一体化进程。（Art. 3 AfCFTA）

第二章 非洲大陆自由贸易区协议：迈向非洲一体化的又一次实践

不过，要实现这一目标，重要的是协议执行条款中的表达方式。《非洲大陆自由贸易区协议》第19条对此进行了阐述，旨在实现两个目标：（1）在协定本身与其他区域协定出现冲突条款的情况下，建立规范等级；（2）在区域集团已经实现了比《非洲大陆自由贸易区协议》下的一体化更深融合的情况下，允许例外情况。该条在第一段中规定，如果《非洲大陆自由贸易区协议》与区域协定之间的规定发生冲突或不一致，则以《非洲大陆自由贸易区协议》为准；从而认可区域协定与《非洲大陆自由贸易区协议》并存。《非洲大陆自由贸易区协议》对大多数区域经济共同体协定的范围远远超出了单纯贸易协定的状况予以赞赏。不过，第二段详细阐明：与《非洲大陆自由贸易区协议》相比，已经实现了更高一体化水平的，属于区域经济共同体、贸易协定或关税同盟的缔约国，将继续保持更高的一体化水平。

但是，实际上所有依照职能运作的区域经济共同体、自由贸易区或关税同盟[66]的一体化程度都高于非洲大陆自由贸易区，后者生效后将仅能逐步放开非洲内部贸易的90%。实际上，"目前，非盟认可的区域经济合作组织，有四个正在运作的自由贸易区：东南部非洲共同市场，西非国家经济共同体，东非共同体和南部非洲发展共同体。非盟认可区域经济合作组织以外的机制，也在进一步扩大非洲内部贸易，包括［…］中部非洲经济和货币共同体（CEMAC）和南部非洲关税同盟（SACU）"（UNECA，2017，p. 35）。东非共同体、西非国家经济共同体、中部非洲经济和货币共同体和南部非洲关税同盟是关税同盟，因此，管辖其职能的条款属于条款19（2）的适用范围。此外，东南部非洲共同市场和南部非洲发展共同体有自由贸易区，分别涵盖所有关税细目的100%和90%以上[67]，因此也属于条款19（2）的适用范围。

因此，事实上所有的非洲内部优惠贸易协定都属于已实现了比《非洲大陆自由贸易区协议》更深层次一体化的范畴。在此基础上，《非洲大陆自由贸易区协议》除了建立等级制度以解决规范冲突之外，并没有从根本上解决贸易体制重叠的问题（Erasmus，2018）。区域经济共同体自由贸易区将在非洲大陆自由贸易区的旗帜下继续存在。然而，非洲大陆自由贸易区朝着应对这一挑战迈进了一步：非洲大陆自由贸区充满活力，具有可随着时间的推移进一步深化贸易和服务自由化的内嵌机制。通过这样做，它提供了一个基础，一旦非洲自由贸易区达到足够深入的一体化水平，它就可以在此基础上深化并最终发展贸易一体化，以取代区域经济共同体的自由贸易区。

结　论

《非洲大陆自由贸易区协议》标志着非洲大陆经济一体化历史的新篇章。本章从历史角度来描绘这种非洲一体化愿景以及实现这一愿景方式的发展。得益于之前的众多实践，《非洲大陆自由贸易区协议》有机会学习和借鉴非洲进行一体化尝试的经验。

早期有效的非洲经济一体化形式是小规模的，涉及有限的几个区域集团中的少量成员国。非洲一体化的远大目标最初是由政治而非经济驱动的；实践方法更加倾向于有抱负的政治承诺交流，而不是有约束力的法律承诺。它们首先致力于深化非洲区域集团的经济一体化，然后才将这些集团合并。《非洲大陆自由贸易区协议》体现了从早期类似尝试的众多失败案例中汲取教训的一体化方法。它为经济一体化奠定了坚实的法律基础，并重新构想一体化进程的第一步：从区域关税同盟合并为基础的非洲大陆关税同盟，转变为由各个国家组成的自由贸易区。

《非洲大陆自由贸易区协议》与静态贸易协定的概念不同，它为比《阿布贾条约》的设想更深层次的一体化提供了基础。与欧盟或东盟一样，一体化是渐进过程的积累，而《非洲大陆自由贸易区协议》虽然可能损失跳跃性发展的机会，但正朝着这一愿望稳步发展。

《非洲大陆自由贸易区协议》是一项经过谈判达成共识的文本，体现了谈判该条约的国家的多样性所必需的、艰难的折中调和立场，这是《非洲大陆自由贸易区协议》谈判方面临的问题，反映了在单一框架协议下，将一个多样化的大陆融合在一起所涉及的复杂挑战，以及在此过程中不可避免的折中和灵活性。作为一个在最高层次上做出重大政治承诺的鲜活进程，《非洲大陆自由贸易区协议》有消除包括上述提到的各种障碍的潜力。

第二章 非洲大陆自由贸易区协议：迈向非洲一体化的又一次实践

注 释

1. 巴苏陀兰（莱索托），贝专纳（博茨瓦纳），斯威士兰，西南非洲（纳米比亚）。

2. 协议在1969年和2002年做过更新修订。

3. 1963年成为坦桑尼亚。

4. Art. II. 1（c）and（d）（OAU, 1963a）。

5. Art. II. 1（a），（b）and（c）（OAU, 1963a）。

6. Art. II. 2（b）（OAU, 1963a）。

7. Para. 1, Agenda Item IV（OAU, 1963b）。

8. Recital 3（OAU, 1966）。

9. Para. 2（1）（MRU, 1974）。

10. Para. 4（1）（MRU, 1974）。

11. Recitals 6 and 7（ECOWAS, 1975）。

12. 签约时刚果（金）的名字还是扎伊尔。

13. Art. 2（3）（CEPGL, 1976）。

14. 单纯将南部非洲发展协调会议视为一个经济区域主义或发展协调与合作的尝试，将大大误解该组织建立背后最初的推动力。（Schoeman, 2009, p. 3）

15. Recital 5（OAU, 1991）。

16. 1976年的部长级《金沙萨宣言》旨在促进区域经济和技术合作，并表达了在15—20年内建立非洲共同市场和非洲经济共同体（AEC）的雄心。参见Recital 6（OAU, 1991）以及（Desta & Gérout, "The Challenge of Overlapping Regional Economic Communities in Africa: Lessons for the Continental Free Trade Area from the Failures of the Tripartite Free Trade Area", 2018）。p. 114。

17. Recital 5（OAU, 1979）。

18. Para. 3（OAU, 1979）。

19. Para. 5（OAU, 1979）。

20. Para. 1, Annex II（OAU，1980）.

21. Para. 4, Annex III（OAU，1980）.

22. Recital 2（ECCAS，1983）.

23. Art. 1（IOC，1984）.

24. Para. 5（OAU，1983）.

25. Para. 6（OAU，1983）.

26. Para. 7（OAU，1987）.

27. Para. 9（OAU，1989）.

28. 有关此问题的更详细说明，请参见该书第八章，"变革中的非洲大陆自贸区贸易格局——新兴市场经济体的崛起和非洲对出口市场的持续依赖"。

29. Art. 4.2（OAU，1991）.

30. 尽管如此，首脑会议强调必须根据一份《议定书》指导非洲经济共同体和区域经济共同体之间的关系。参见 para. 4（OAU，1996）。

31. Art. 33（ECOWAS，1975）.

32. Art. 5（a）（SADC，1992）.

33. Art. 5（d）（SADC，1992）.

34. Recital 9（SADC，1996）.

35. Art. 1（5）（SADC，1996）.

36. Art. 3（d）提供了"通过以下方式建立共同市场"的步骤：

（i）通过在成员国之间取消对进出口关税，以及在成员国之间取消非关税壁垒，建立共同体一级的自由贸易区，实现贸易自由化；

（ii）对第三国采取共同的对外关税和共同的贸易政策；

（iii）消除成员国之间人员、货物、服务和资本的自由流动以及居住权、设立权方面的障碍"（ECOWAS，1993）。

37. Recital 10（ECOWAS，1993）.

38. Art. 3（f）（COMESA，1993）.

39. Art. 6（CEMAC，1994）.

40. Art. 56（CEMAC，2008）.

41. Art. 7（i）（IGAD，1996）.

42. Recital 10（CEN-SAD, 2013）.

43. Art. 130（2）（EAC, 1999）.

44. 该议定书由非洲统一组织、东部和南部非洲共同市场、南部非洲发展共同体、东非政府间组织、西非经济共同体签署。中非国家经济共同体和阿拉伯马格里布联盟没有签署。在签署时，尚未建立萨赫勒—撒哈拉国家共同体和东非共同体。

45. Recital 3（OAU, 1998）.

46. Recital 4（OAU, 1998）.

47. Art. 21（1）（OAU, 1998）.

48. 阿拉伯马格里布联盟，东南部非洲共同市场，萨赫勒—撒哈拉国家共同体，中非国家经济共同体，西非国家经济共同体，政府间发展组织和南部非洲发展共同体。东非共同体是在2005年才被认可为区域经济共同体的。（AU, 2005）

49. 指的是中部非洲经济和货币共同体、东非共同体、大湖国家经济共同体、印度洋委员会、MRU、南部非洲关税同盟、西非经济和货币联盟。其他一些经济集团，包括西非货币区或者MMA（斯威士兰、纳米比亚、莱索托和南非之间的货币同盟）未被认可。

50. 阿拉伯马格里布联盟，中部非洲经济和货币共同体，东南部非洲共同市场，东非共同体，中非国家经济共同体，大湖国家经济共同体，西非国家经济共同体，中非国家经济共同体，南部非洲关税同盟，南部非洲发展共同体，西非经济和货币联盟。

51. 萨赫勒—撒哈拉国家共同体和印度洋委员会。

52. 阿拉伯马格里布联盟，东南部非洲共同市场，东非共同体，中非国家经济共同体，西非国家经济共同体，中非国家经济共同体和南部非洲发展共同体。

53. Recital 10（AU, 2007a）.

54. Art. 3（a）（AU, 2007a）.

55. Art. 3（b）（AU, 2007a）.

56. Art. 3（e）（AU, 2007a）.

57. Para. 14（j）（COMESA-EAC-SADC, 2008）.

58. Para. 11（COMESA-EAC-SADC，2008）。

59. 定义取自"三方自由贸易协定谈判重新定向"（Erasmus，2013）。

60. 参见东部和南部非洲共同市场—东非共同体—南部非洲发展共同体（2011），para. 13；2010年三方自由贸易区协定草案。

61. 取自非盟主席穆萨·法基2018年3月21日在卢旺达基加利启动非洲大陆自由贸易区仪式上的讲话。

62. 《阿布贾条约》Art. 6（2）（c）。

63. 《阿布贾条约》Art. 3（d）。

64. 《非洲大陆自由贸易区协议》Art. 3（f）和（g）。

65. 关于加入三方自由贸易区的规定："该协议也应对非洲联盟其他成员国的加入保持开放。"

66. 《非洲大陆自由贸易区协议》有望至少放开所有产品的90%。参见（AUC & ECA，2018）。截至本文发表时，关税谈判尚未完成。因此，保守的假设是：《非洲大陆自由贸易区协议》将旨在放宽90%的关税税目。

67. 作者的数据计算基于世界贸易组织的关税在线分析。

参考文献

Adedeji, A. (1984, November 2–4). *The Monrovia Strategy and the Lagos Plan of Action for African Development: Five Years After.* Halifax, Nova Scotia, Canada: United Nations Economic Commission for Africa. https://repository.uneca.org/handle/10855/21080.

Adedeji, A. (1985). The Monrovia Strategy and the Lagos Plan of Action: Five Years After. In A. Adedeji & S. Tim (eds.), *Economic Crisis in Africa: African Perspectives on Development Problems and Potentials.* Boulder, CO: Lynne Rienner.

Adedeji, A. (2002, September). You must first set your house in order. (*Africa Renewal*, Interviewer). https://www.un.org/africarenewal/

magazine/september-2002/you-must-first-set-your-house-order.

AMU (1989). *Treaty Instituting the Arab Maghreb Union*. New York: UN Treaty Series.

AU (2005). *Decision on Granting Accreditation to the East African Community (EAC) as One of the Regional Economic Communties of the African Union (Assembly/AU/Dec. 58 (IV))*. Abuja: AUC.

AU (2006a). *Declaration on the Moratorium on the Recognition of New RECs (Assembly/AU/Dec. 112 (VII))*. Banjul: AUC.

AU (2006b). *Decision on the Institutionalization of the Conference of African Ministers in Charge of Integration (Assembly/AU/Dec. 113 (VII))*. Banjul: AUC.

AU (2006c). *Decision on Strengthening the African Union Commission, the Economic Commission for Africa and the African Development Bank Partnership (Assembly/AU/Dec. 122 (VII))*. Banjul: AUC.

AU (2007a). *Protocol on Relations between the African Union (AU) and the Regional Economic Communities (RECs)*. Accra: AUC.

AU (2007b). *Decision on the Protocol on the Relations between the African Union and the Regional Economic Communities (Assembly/AU/Dec. 166 (IX))*. Accra: AUC.

AU (2011). *Decision on the Theme of the Eighteenth Ordinary Session of the Assembly of the Africa Union in January 2012 (Assembly/AU/Dec. 347 (XVI))*. Addis Ababa: AUC.

AU (2012). *Decision on Boosting Intra-African Trade and Fast Tracking the Continental Free Trade Area (CFTA)*. Addis Ababa: AUC.

AU & ECA (2012). *Boosting Intra-African Trade: Issues Affecting Intra-African Trade, Proposed Action Plan for Boosting Intra-African Trade and Framework for the Fast Tracking of a Continental Free Trade Area*. Addis Ababa: AUC.

AUC (2009). *Minimum Integration Programme (MIP)*. Addis Ababa: AUC.

AUC (2015). *Agenda 2063: The Africa We Want.* Addis Ababa: AUC. https: //au. int/sites/default/files/pages/3657 – file-agenda206 3_popular_ version_ en. pdf.

AUC & ECA (2018). *African Continental Free Trade Area: Questions & Answers.* Retrieved from Africa Union: https: //au. int/sites/default/files/documents/33984-doc-qa_ cfta_ en_ rev15march. pdf.

AUC & UNECA (2006). *Assessing Regional Integration in Africa II: Rationalizing Regional Economic Communities in Africa.* Addis Ababa: UNECA.

AUC, UNECA & AfDB (2012). *Assessing Regional Integration in Africa V: Towards an African Continental Free Trade Area.* Addis Ababa: UNECA.

Boukari-Yabara, A. (2014). *Africa Unite!* Paris: La Decouverte.

CEMAC (1994). *Traité instituant la Communauté Economique et Monétaire de l'Afrique Centrale.* N'Djamena: CEMAC.

CEMAC (2008). *Traité révisé de la Communauté Economique et Monétaire de l'Afrique Centrale.* Yaounde: CEMAC. https: //www. izf. net/upload/Documentation/JournalOfficiel/CEMAC2008/traite_ revise_ de_ la_ CEMAC_ 25062008. pdf.

CEN-SAD (2013). *Traité Révisé de la Communauté des Etats Sahélo-Sahariens (CEN SAD).* N'Djamena: CEN-SAD.

CEPGL (1976). *Convention portant création de la Communauté économique des pays des grands lacs (CEPGL).* Gisenyi, Rwanda: CEPGL.

Chambas, M. I. (2007). The Role of the Economic Community of West African States in Achieving the Economic Integration of West Africa. In *Woodrow Wilson International Center for Scholars* (p. 12). Washington, DC: Woodrow Wilson International Center for Scholars.

COMESA (1993). *Treaty Establishing the Common Market for Eastern and Southern Africa (COMESA).* Kampala: COMESA.

COMESA (2018). *From PTA to COMESA.* Lusaka: COMESA.

COMESA-EAC-SADC. (2008). *Final Communique of the COMESA-*

EAC-SADC Tripartite Summit of Heads of State and Government. Kampala: COMESA-EAC-SADC.

COMESA-EAC-SADC. (2011). *Communique of the Second COMESA-EAC-SADC Tripartite Summit.* Johannesburg: COMESA-EAC-SADC.

Currie-Alder, B. K. R. (2014). *International Development: Ideas, Experience, and Prospects.* Oxford: Oxford University Press.

Desta, M. G. &Gérout, G. P. (2018). The Challenge of Overlapping Regional Economic Communities in Africa: Lessons for the Continental Free Trade Area from the Failures of the Tripartite Free Trade Area. *Ethiopian Yearbook of International Law* 2017, 111 – 141.

EAC (1999). *Treaty for the Establishment of the East African Community.* Arusha: EAC.

EAC (2017). *History of the EAC.* Retrieved from EAC: www. eac. int/eac-history.

ECA (Economic Commission for Africa) (1991). *Appraisal and Review of the Impact of the Lagos Plan of Action on the Development and Expansion of Intra-African Trade,* Eleventh meeting of the Conference of African Ministers of Trade, 15 – 19 April-see http://repository. uneca. org/bitstream/handle/10855/14129/Bib-55593. pdf? sequence = 1.

ECCAS (1983). *Treaty Establishing the Economic Commuity of Central African States.* Libreville: ECCAS.

ECOWAS (1975). *Treaty of the Economic Community of West African States.* Lagos: ECOWAS.

ECOWAS (1993). *ECOWAS Revised Treaty.* Cotonou: ECOWAS.

Erasmus, G. (2013). *Redirecting the Tripartite Free Trade Agreement Negotiations?* Stellenbosch: TRALAC.

Erasmus, G. (2015). *Implications of the Tripartite FTA for SADC and Its Member States.* Stellenbosch: TRALAC.

Erasmus, G. (2018). *What Will Happen to the Regional Economic Communities and Other African Trade Arrangements Once the AfCFTA Is*

Operational? Stellenbosch: TRALAC.

Fundira, T. (2016). *Towards a Continental Free Trade Area: Analysis of the Status of the Regional Trade Regimes.* Stellenbosch: TRALAC.

GIGA (1989). The Preferential Trade Area (PTA) for Eastern and Southern Africa: Achievements, Problems and Prospects. *Africa Spectrum*, 157 – 171.

IGAD (1996). *Agreement Establishing the Inter-Governmental Authority on Development (IGAD)*. Nairobi: IGAD.

IGAD (2018). *About us.* Retrieved from IGAD: www.igad.int/index.php?option=com_content&view=article&id=93&Itemid=124.

IOC (1984). *Accord General de Cooperation entre les Membres de la Commission de l'ocean Indien.* Victoria: IOC.

MRU (1974). *The Mano River Declaration.* New York: UN Treaty Series.

OAU (1963a, May 25). *OAU Charter.* Addis Ababa, Ethiopia. https://au.int/sites/default/files/treaties/7759-file-oau_charter_1963.pdf.

OAU (1963b). *Resolutions Adopted by the First Conference of the Independent African Heads of State and Government (CIAS/Plen.2/Rev.2).* Addis Ababa: OAU.

OAU (1966). *Resolution on Social and Economic Cooperation (AHG/Res.46 (III))*. Addis Ababa: OAU.

OAU (1979). *Monrovia Declaration of Commitment of the OAU on Guidelines and Measures for National and Collective Self-Reliance in Social and Economic Development for the Establishment of a New International Economic Order (AHG/ST.3 (XVI) Rev.1))*. Monrovia: OAU.

OAU (1980). *Lagos Action Plan for the Economic Development of Africa.* Lagos: OAU.

OAU (1983). *Resolution on the Lagos Plan of Action and the Final Act of Lagos (AHG/Res.115 (XIX))*. Addis Ababa: OAU.

OAU (1987). *Resolution on the Proposed Establishment of the African*

Economic Community. Addis Ababa: OAU.

OAU (1989). *Resolution on the Establishment of the African Economic Community (AHG/Res. 179 (XXV))*. Addis Ababa: OAU.

OAU (1991). *Treaty Establishing the African Economic Community*. Abuja: OAU.

OAU (1996). *Decision on the Convening of the First Ministerial Session of the Economic and Social Commission (AHG/Decision 119 (XXXII))*. Yaoundé: OAU.

OAU (1998). *Protocol on the Relations between the African Economic Community and the Regional Economic Communities*. Addis Ababa: OAU.

SACU (2018, October 22). *History of SACU*. Retrieved from SACU: www. sacu. int/show. php? id = 394.

SADC (1992). *Treaty of the Southern African Development Community*. Windhoek: SADC.

SADC (1996). *Protocol on Trade*. Maseru: SADC.

SADC (2018, October 23). *History and Treaty*. Retrieved from SADC: www. sadc. int/about-sadc/overview/history-and-treaty/.

Schoeman, M. (2009). *From SADCC to SADC and Beyond: The Politics of Economic Integration*. Retrieved from People's Agenda for Alternative Regionalisms: www. alternative-regionalisms. org/wp-content/uploads/2009/07/schoemar_fromsadcctosadc. pdf.

Southern Africa Trade Hub (2012). *Technical Report: 2012 Audit of the Implementation of the SADC Protocol on Trade*, See-https://satradehub. org/images/stories/downloads/pdf/technical_ reports/tech20120 531_ sadc_ trade_ audit_ report. pdf.

UNECA (2004). *Assessing Regional Integration in Africa I*. Addis Ababa: UNECA.

UNECA (2017). *Assessing Regional Integration in Africa VIII: Bringing the Continental Free Trade Area About*. Addis Ababa: UNECA.

UNECA (2018). *Observatory of Regional Integration in Africa*. Retrieved from UNECA: www. uneca. org/oria.

WAMZ (2000). *Agreement of the West African Monetary Zone*. Bamako, Mali: WAMI.

Yansane, A. Y. (1977). West African Economic Integration: Is ECOWAS the Answer? *Africa Today*, 43 – 59.

第三章

美洲自由贸易区的失败对非洲大陆自由贸易区的警示

塞巴斯蒂安·赫雷罗斯（Sebastian Herreros）[1]

一 简介

大约25年前，在美洲第一次首脑会议（1994年12月，迈阿密）上发起了美洲自由贸易区（FTAA）倡议。这个倡议是由美国构思和领导的，旨在到2005年创建由西半球34个经济体组成的、世界上最大的自由贸易区（只有古巴出于政治原因被排除在外）。然而，经过十年的失败尝试后，2005年美洲自由贸易区正式结束。

和非洲大陆自由贸易区一样，美洲自由贸易区一开始也雄心勃勃。和非洲大陆自由贸易区类似，美洲自由贸易区是一个区域性的行动，其参与者绝大多数是发展中国家。但是，一个主要区别在于：美洲自由贸易区是南北谈判，美国在其中扮演主导角色；而非洲大陆自由贸易区是在非盟主导下进行的南南进程。

自从2018年3月签署协定后，非洲大陆自由贸易区进入了一个新阶段，本章旨在从美洲自由贸易区的失败中汲取与非洲大陆自由贸易区进程相关的经验教训。章节其余部分结构如下：第2部分讲述了启动美洲自由贸易区的经济和政治背景。第3部分总结了实际的谈判，重点讨论了导致谈判失败的关键因素。第4部分叙述了自美洲自由贸易区结束以来，拉丁美洲区域经济一体化及与美国的贸易关系的主要发展。第5部分介绍了与非洲大陆自由贸易区有关的主要内容。

二 美洲自由贸易区项目背景

自殖民时代以来,拉丁美洲[2]一直是黄金、白银、橡胶、咖啡、糖和小麦等商品的出口地;近期还出口石油、铜、铁矿石和大豆(Ocampo,2017)。这种模式一直持续到今天,在南美更明显,但中美洲和加勒比地区也是如此。相比之下,独占该地区商品出口总额42%的墨西哥就能够转向制造业,主要是通过加入设在美国的生产网络,来实现汽车、电子和纺织领域的出口(见图3.1)。南美国家之间自然资源重复的客观情况,再加上该地区的广阔面积(2000万平方公里)、复杂的地理环境(包括安第斯山脉和亚马孙森林)以及糟糕的交通基础设施[3],都导致拉丁美洲是全世界区域内贸易水平最低的地区之一。在2017年,其出口仅有16%流入了区域内市场(ECLAC,2018b,p.17)。

拉丁美洲(尤其是南美)与非洲一样:幅员辽阔,依赖商品出口,基础设施薄弱,区域内贸易低迷。双方的一个主要区别是,拉丁美洲虽然在文化上非常多样化,但在语言上比非洲更为同质化。除了英语为主的加勒比海岛国外,所有地区都曾经是西班牙或葡萄牙(比如巴西)的殖民地。因此,其6.46亿人口中的98%说西班牙语或葡萄牙语,两者都是拉丁语系,容易相互沟通。这(原则上)有利于区域一体化的努力。

拉丁美洲历史上对原材料出口的依赖在许多方面限制了其发展。它使该地区的增长极易受到大宗商品市场"极具特色"的价格波动影响,而且拉丁美洲的氛围也不利于发展新的、知识密集型的出口导向型产业。此外,采掘业活动创造的直接就业机会相对较少,而且产生负面的外部环境影响。如果管理不当,还会迅速耗尽其赖以生存的自然资源。

自20世纪30年代以来,拉丁美洲国家一直通过被称为进口替代工业化(ISI)的模型来谋求发展,这也被更恰当地称其为国家主导的工业化(Bértola and Ocampo,2012)。该战略包括很高的保护水平和外国直接投资面临的无数壁垒。这样产生的新产业不是面向出口,而是针对

第三章 美洲自由贸易区的失败对非洲大陆自由贸易区的警示

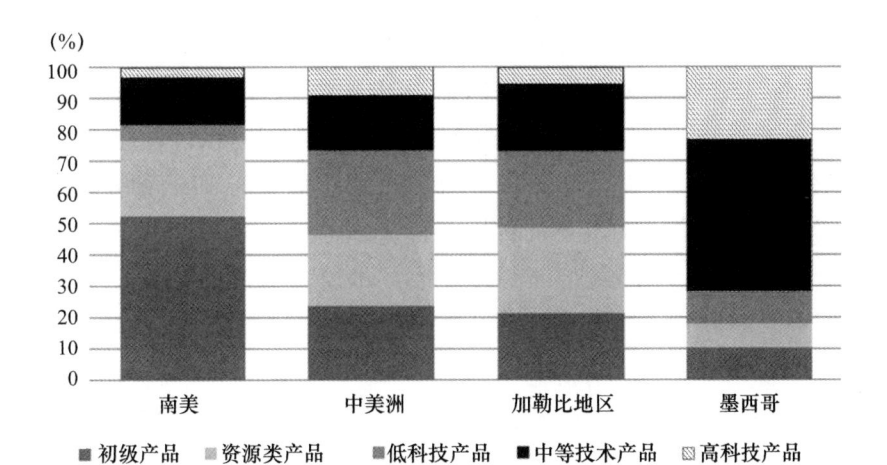

图 3.1 按技术密集程度划分的拉丁美洲向世界出口的商品结构，2016[a]

资料来源：作者，数据来自 COMTRADE 数据库。

注：[a] 出口分类使用 Lall, S.（2000）中的建议，"The Technological Structure and Performance of Developing Country Manufactured Exports, 1985—1998", QEH Working Paper Series No 44, Queen Elizabeth House, Oxford University。

本地市场的。在大多数情况下，面向的市场规模都很小。在这种背景下，区域一体化通过部分克服国家对市场施加的规模限制，提供了促进制造业出口的手段。因此，1960 年成立了拉丁美洲自由贸易协会（ALALC，西班牙语缩写），其目标是到 1972 年建立一个包括所有南美国家和墨西哥的自由贸易区。但是，当时的内向型贸易政策阻碍了任何有意义的进展，因此该项目遭到抛弃。

最终，区域一体化的努力，按照不同的次级区域相互分离，产生了南美洲《安第斯公约》（后更名为安第斯共同体），中美洲共同市场和加勒比自由贸易协会（后更名为加勒比共同体）。20 世纪 70、80 年代，在贸易保护主义政策、军事独裁统治和 1982 年债务危机的背景下，区域一体化陷入了困境。此外，次级区域一体化集团的规模很小，使各国无法从更大的区域市场中获得上规模的利益[4]。各个集团成员国的比较优势常常重叠，使这一问题更加复杂（IDB，2018）[5]。

债务危机对拉丁美洲造成了破坏性的经济和社会影响，其人均 GDP 到 1994 年才恢复到 1980 年的水平。贫困人口从 1980 年已经很高的

40.5%，上升到1990年的48.3%，到2004年仅下降到1980年的水平（Ocampo，2014，pp. 42 – 44）。这场危机还让美国可以通过杠杆，间接推动该地区经济发展战略发生重大转变。国际货币基金组织和世界银行向负债累累的拉丁美洲国家提供贷款，条件是要实施一系列被称为《华盛顿共识》的政策改革（Williamson，1990）。减少贸易和外国直接投资壁垒是一揽子计划的关键组成部分，此外还包括国有资产私有化、解除对若干部门的管制和金融自由化等[6]。

随着市场友好型政策和重新民主化的出现，拉丁美洲在20世纪90年代初进入了"开放区域主义"阶段（ECLAC，1994），这也被称为"新区域主义"（IDB，2018年）。现有的次级区域一体化机制重新启动，并通过消除集团内部贸易壁垒加速贸易。其间，1991年，巴西、阿根廷、巴拉圭和乌拉圭共同创立了南方共同市场（MERCOSUR）。1992年，墨西哥（既是拉丁美洲国家，又是北美国家）与美国和加拿大签署了《北美自由贸易协定》（NAFTA）。

尽管区域一体化迎来了新动力，但到20世纪90年代中期，拉丁美洲市场仍然高度分散。当时有四个主要的次级区域集团：南美两个（安第斯共同体和南方共同市场），中美洲和加勒比地区各一个（见表3.1）。它们的目标都是在其成员国之间实现货物贸易自由化，同时对第三方（包括其他拉丁美洲国家）征收共同的对外关税[7]。但是，不同集团以及某些不属于任何集团的国家（包括智利、古巴和多米尼加共和国）之间没有任何协议。此外，墨西哥虽然是拉丁美洲第二大经济体，但是与该地区其他国家的协议很少，反倒是通过《北美自由贸易协定》与"北美工厂"的联系相当紧密。

《美洲自由贸易协定》项目是美国企业方案（EAI）的衍生品，是美国于1990年发起的，"目的是扩大对拉丁美洲和加勒比国家的投资并提供一定的债务减免"[8]。通过美国企业方案，乔治·布什政府希望在微妙的经济和政治关头支持拉丁美洲。当时，该地区正从债务危机爆发后的"失落的十年"和20世纪七八十年代统治几个拉丁美洲国家的军事独裁当中摆脱出来。

1994年美洲自由贸易区启动时，大多数拉丁美洲国家正在单方面开放贸易和外国直接投资管制。在一定程度上受到东亚"经济奇迹"（World Bank，1993）的启发，该地区各国政府将希望寄托在以出口为主导的战略上以求恢复增长。实际上，美洲自由贸易区的推出，赶上了全球决策者对贸易自由化的支持都很高的时机。在这方面有三个里程碑式事件：1993年1月建立欧洲单一市场，1994年1月《北美自由贸易协定》生效，以及1994年4月《关税贸易总协定》乌拉圭回合谈判圆满结束从而诞生了世界贸易组织（WTO）。《北美自由贸易协定》与美洲自由贸易区项目关系特别密切，因为它是该地区乃至全世界第一份主要的南北"深度一体化"自由贸易协定（FTA），将两个高度发达的经济体（美国和加拿大）与一个大型发展中国家（墨西哥）联系起来。

表3.1　　1994年西半球主要区域经济一体化集团和自由贸易协定

名称	建立年份	成员国
中美洲共同市场	1960	哥斯达黎加，萨尔瓦多，危地马拉，洪都拉斯，尼加拉瓜[a]
安第斯共同体	1969	玻利维亚，哥伦比亚，厄瓜多尔，秘鲁，委内瑞拉
加勒比共同体（CARICOM）	1973	安提瓜和巴布达，巴哈马，巴巴多斯，伯利兹，多米尼加，格林纳达，圭亚那，牙买加，蒙特塞拉特，圣卢西亚，圣基茨和尼维斯，圣文森特和格林纳丁斯，特立尼达和多巴哥[b]
南方共同市场	1991	阿根廷，巴西，巴拉圭，乌拉圭
北美自由贸易区	1994	加拿大，美国，墨西哥

资料来源：作者，基于官方数据。

注：[a]巴拿马2012年加入。

[b] 苏里南1995年加入，海地2002年加入。

对于美国来说，美洲自由贸易区项目可以实现两个具有战略性而且彼此密切相关的目标：首先，通过有约束力的法律承诺限制拉丁美洲国家，以防止贸易和外国直接投资改革走回头路[9]。其次，确保美国产品和公司与来自欧洲或其他地区的竞争对手相比，在拉丁美洲市场上享有更好的准入条件。对于拉丁美洲而言，美洲自由贸易区提供的似乎远不止是最终将四个次级区域集团连接的机会。在美国（历史上是拉丁美洲的主要贸易伙伴）和加拿大的参与下，美洲自由贸易区项目提出了建立单一的区域市场的承诺,该市场当时的人口超过7.8亿(现在为10亿)。综上所述,美洲自由贸易区似乎是"双赢"的主张。

三 美洲自由贸易区谈判

经过1995年至1997年的筹备阶段,1998年3月,来自34个国家的贸易部长批准了《圣何塞部长宣言》[10]。该文件概述了指导谈判的所有主要的实质性和程序性要素,其中包括一般原则和目标、12个议题领域的具体目标[11]、谈判的结构和组织、美洲自由贸易区程序的轮值主席制度、建立行政秘书处[12]以及接受民间社会意见的程序。根据《圣何塞宣言》,谈判于1998年4月在圣地亚哥(智利)举行的美洲第二次首脑会议上正式启动。

美洲自由贸易区谈判多数是在2000—2003年之间进行的,与世贸组织的多哈回合谈判的初期阶段相吻合。从一开始,参与国之间在发展水平、机构能力和规模(经济、人口和地理)方面的巨大差距就让谈判变得复杂。一端是世界上最大的经济体、第三人口大国美国,而另一端是说英语的加勒比海国家,所有这些国家(除了牙买加、特立尼达和多巴哥)的人口均在100万以下。2000年,按当前币值计算,美国的GDP(10.3万亿美元)足以让美洲自由贸易区的另外三个最大经济体相形见绌:加拿大(7420亿美元)、墨西哥(7080亿美元)、巴西(6550亿美元)。除阿根廷、哥伦比亚和委内瑞拉外,所有其他参与者的GDP均低于1000亿美元(仅为美国经济的1%)。美国在2000年的人均GDP超过36000美元,而在美洲自由贸易区中有21个拉丁美洲国家人均GDP低于5000美元[13]。

考虑到西半球国家过去(现在仍然是)的多样性,试图让美洲自由贸易区所有参与者都接纳一套严格的共同承诺是行不通的。但是,1998年3月商定的一般原则指出,谈判将作为一个整体进行,"美洲自由贸易区的权利和义务将由所有国家共同承担"。人们意识到,应考虑到发展水平的差异,并特别注意较小经济体的需求;然而,为这一考虑所准备的举措范围非常狭窄,几乎只集中在特定领域的技术援助和延长履行义务的期限方面（视情况而定）。

实际上，美国提出了以所谓的《北美自由贸易协定》模式，作为美洲自由贸易区的蓝图。其主要特征如下：

· 在考虑了国家敏感问题、采用了不同推出时间的前提下，消除几乎所有商品贸易的关税。
· 在非歧视的基础上，向外国公司开放政府对商品、服务和公共工程的采购（在地方层面上有重要例外）。
· 在负面清单的基础上对服务贸易和投资流动实现自由化（即除非明确排除，否则所有部门和活动都应遵守自由化承诺）。
· 禁止对外国投资的绩效要求超出世贸组织的《与贸易有关的投资措施协定》所禁止的范围。
· 投资者与国家之间的争端解决。
· 高标准的知识产权保护，无论在实质性还是在执行力度方面都超过了世贸组织《与贸易有关知识产权协定》中规定的标准。
· 在对美国敏感的问题，特别是反倾销和其他贸易补救措施、扭曲贸易的国内农业支持（补贴），以及对外国国民提供服务的准入限制（所谓的供应方式4）方面缺乏或没有实质性承诺。

概括起来，加拿大、墨西哥（已在《北美自由贸易协定》中接受）、智利、哥伦比亚、秘鲁和中美洲国家都接受了这一蓝图；所有这些国家之前就与美国有着牢固的贸易关系，并已将贸易自由化（包括自由贸易协定的谈判）作为其发展战略的重要组成部分。相比之下，阿根廷和巴西抵制《北美自由贸易协定》模式，它们认为该协定在多方面不平衡。首先，它们的工业部门规模较大，相对受到保护，不愿意完全暴露在美国制造商的竞争之下。其次，两个国家都不愿意因接受《北美自由贸易协定》蓝图而在知识产权、政府采购、服务和投资等领域缩水自己的决策空间。再次，作为农产品出口大国，它们拒绝了美国不接受削减造成贸易扭曲的、对农业提供的国内支持（补贴）的做法（美国争辩说，这一问题正在世贸组织的多哈回合中进行谈判）。

2003年后，阿根廷和巴西对美国关于美洲自由贸易区要求的反对进一步加剧。当时两国都换上了新总统，两个国家领导人就对《华盛顿共识》以及美国参与拉丁美洲事务持批评态度结成了联盟。在卢拉·达席尔瓦（Lula da Silva）总统（2003—2010年任职）的领导下，巴西的贸易谈判战略重点从美洲自由贸易区转向多哈回合和南南谈判。

21世纪最初十年，左翼政府在该地区多数国家上任，南美国家对贸易自由化的支持随之下降。特别是委内瑞拉玻利瓦尔共和国在乌戈·查韦斯（Hugo Chavez）总统（1999—2013年任职）的领导期间，对美洲自由贸易区的反对之声日益高涨。与阿根廷和巴西不同，虽然美国仍是其最大的贸易伙伴，委内瑞拉对美洲自由贸易区的反对主要是出于政治理由。2004年12月，当时美洲自由贸易区进程已经接近崩溃时，委内瑞拉与古巴联合，成立了"玻利瓦尔美洲人民联盟"（以西班牙的首字母缩写ALBA闻名）。在主要的象征意义上，玻利瓦尔美洲人民联盟被认为是美洲自由贸易区的区域替代方案[14]。南美国家共同体（于2007年成为南美国家联盟，UNASUR）也于2004年12月成立，旨在推动安第斯共同体和南方共同市场之间的融合。该项目最初得到了巴西的大力支持，实际上也已成为美洲自由贸易区以外的另一选择。就加勒比国家而言，它们作为小而弱势的国家，在《美洲自由贸易协定》中，它们的特殊需求没有得到认可，因此也没有积极支持这一协定。

2001年、2002年和2003年出台了三份美洲自由贸易区草案文本。但是，各方立场仍然相去甚远，第三稿当中仍然有非常多的括号，分歧的情况可见一斑[15]。尽管在巴西和美国联合主持下，尽了最后的努力，以期就美洲自由贸易区的"简化版本"达成共识，但是美洲自由贸易区未能成功；2005年11月在阿根廷马德普拉塔举行的第四次美洲首脑会议上，该项目终止。

四 余波

美国早在2001年就采取了"竞争性自由化"战略，同时在多边（世贸组织）、地区（美洲自由贸易区）和双边层面上推行贸易自由化

第三章 美洲自由贸易区的失败对非洲大陆自由贸易区的警示

行动。随着多哈回合美洲自由贸易区停滞不前,美国开始迅速扩大其双边自由贸易区的网络。多个愿意接受《北美自由贸易区协定》蓝图的拉丁美洲国家(用当时的美国贸易代表罗伯特·佐利克的话说,所谓"可以做"的国家)启动与美国的谈判。因此,2003年6月,美国与智利签署了自由贸易协定,2004年8月又与五个中美洲国家[16]以及多米尼加共和国签署了自由贸易协定。自美洲自由贸易协定终止后,美国与秘鲁(2006年4月)、哥伦比亚(2006年11月)和巴拿马(2007年6月)先后签署自由贸易协定。至今,美国与11个拉丁美洲国家的自由贸易协定已经生效。但是,这些国家中不包括该地区最大的经济体巴西或任何其他南方共同市场成员国。

拉丁美洲国家在美洲自由贸易区谈判期间形成的分歧在贸易区崩溃后持续了至少十年,那些愿意遵守美国蓝图的国家和反对美国蓝图的国家之间出现了明显的分歧。贸易自由化成为一个非常分裂的、带有政治色彩的问题。特别是在南美洲,各国按照"赞成"和"反对"自由贸易调整自己的立场,这样做的直接结果是:试图通过将安第斯共同体和南方共同市场融合来建设南美综合市场的努力也以失败告终。相比之下,该地区的北部(中美洲、墨西哥和加勒比地区,古巴除外)保持甚至加强了与美国传统的经济联系。

如前所述,一直支持美洲自由贸易区的拉丁美洲国家最终与美国以及与其他区域外合作伙伴,例如加拿大、欧盟和几个亚洲国家签署了自由贸易协定。这对区域一体化也产生了影响:2006年4月,因为抗议哥伦比亚和秘鲁继续与美国建设自由贸易区的努力,委内瑞拉退出安第斯共同体,申请加入南方共同市场,在2012年成为其第五个成员国[17]。在此期间,智利、哥伦比亚、墨西哥、秘鲁于2011年建立了太平洋联盟,这是该地区经济一体化的最新举措[18]。因此,自2016年以来,这四个国家通过遵循北美自由贸易区模式的多边自由贸易区联合起来[19]。泾渭分明的趋势让拉丁美洲分裂为"自由的"太平洋区域和"贸易保护主义的"大西洋区域(*The Economist*, 2013)。

可以说,过去十年间南美对贸易自由化的抵制增强与两个密切相关的趋势有关:中国作为该地区的贸易伙伴、投资者和贷款方的崛起,以

· 53 ·

及2003—2011年大宗商品价格的"高位周期"。中国的高速增长推动了其对石油、铜、铁矿石和大豆等大宗商品的需求，推高了其价格以及拉丁美洲（尤其是南美）出口大宗商品的价值。如此一来，中国在拉丁美洲总出口中所占的份额从2000年的1%上升到2017年的10%。更令人印象深刻的是，同期中国在拉丁美洲的进口份额从2%猛增到18%。同时，美国虽然仍是该地区最大的贸易伙伴，但市场份额明显缩水（见图3.2）。实际上，自2015年以来，中国已成为南美最大的贸易伙伴。

过去十年中，中国不仅以贸易伙伴的身份冲入南美市场，而且还是外国投资者（特别是在石油和采矿部门）（ECLAC，2018a, p.56）以及类似阿根廷、巴西、厄瓜多尔和委内瑞拉等国的主要借贷方（ECLAC，2018a, p.22）。这意味着南美整体上降低了对美国市场和资本的依赖性。大宗商品的丰厚收益也让向一体化的拉丁美洲（甚至南美）市场过渡这一任务显得并不急迫。

随着大宗商品高价位周期的结束，拉丁美洲增长自2012年以来开始放缓，2015年和2016年甚至出现了衰退。这部分导致人们对区域经济一体化重新产生了兴趣，以此缓冲大宗商品价格波动的脆弱性。与拉丁美洲对区域外主要市场（美国除外）的出口相比，区域内大宗商品贸易密集程度要低得多：2016年，初级产品占拉丁美洲内部出口总值的23%，而在该地区向欧盟和亚洲的出口分别占到51%和67%[20]。该地区和美国的政局变化增强了人们对区域一体化的兴趣。一方面，阿根廷、巴西和厄瓜多尔的新政府恢复了更多的"贸易友好"政策，而美洲玻利瓦尔联盟的区域影响力几乎消失殆尽。另一方面，特朗普政府的激进和保护主义贸易政策，也让区域一体化作为保障政策更有紧迫感。在本届政府任职期内，美国不仅强迫重新就北美自由贸易协定（在撰写本文时还悬而未决）进行谈判，而且公开暗示其与拉丁美洲伙伴的自由贸易协定也可能会重新谈判[21]。

尽管近80%的区域内商品贸易已经免税，但服务贸易、投资、贸易技术壁垒和政府采购等领域仍存在壁垒。此外，拉丁美洲最大的两个经济体：巴西和墨西哥之间，虽然正在谈判，但目前没有生效的全面贸

第三章 美洲自由贸易区的失败对非洲大陆自由贸易区的警示

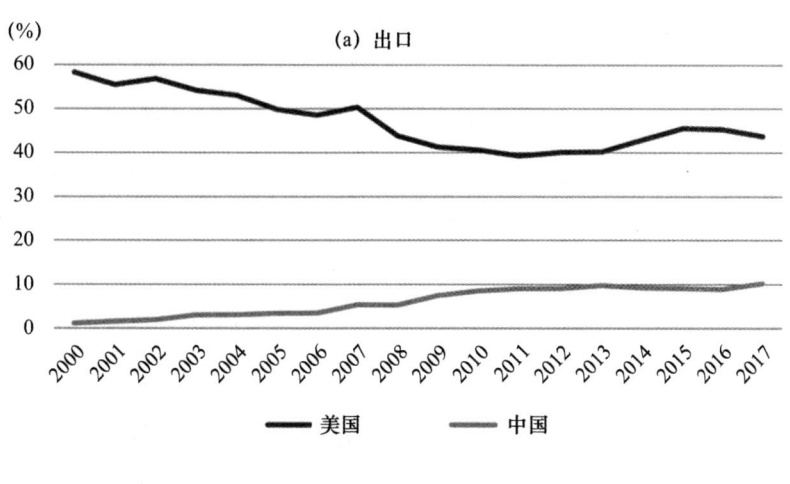

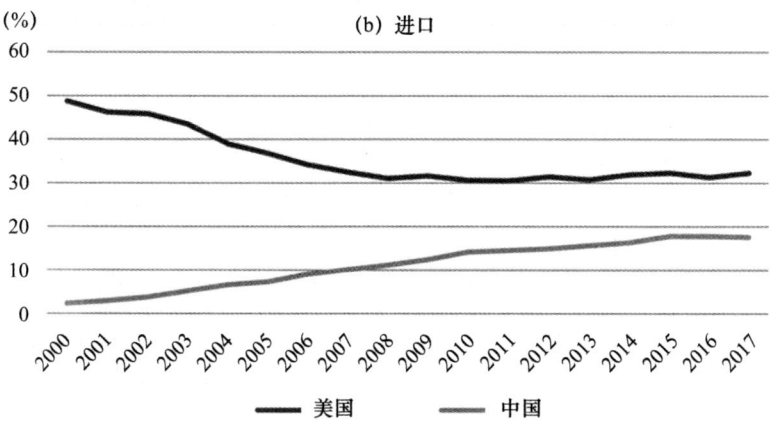

(a) 出口

(b) 进口

图3.2 2000—2017年中国和美国在拉丁美洲和加勒比地区商品贸易总额中的份额

资料来源：作者，基于联合国COMTRADE数据库信息。

易协定。最近，有人呼吁启动达成拉丁美洲自由贸易协定的谈判（IDB，2018）。但是，这样一个雄心勃勃的项目——非洲大陆自贸区的拉丁美洲版本——在短期内似乎不切实际。今天，南方共同市场贸易谈判的首要任务，是与欧盟的长期自由贸易协定谈判尽早完成。另一方面，墨西哥的首要任务则是北美自由贸易区重新谈判，该市场在2017年占到了其出口的83%。

今天，克服拉丁美洲市场分散最可能的途径，就是该地区的两个主要经济一体化集团：南方共同市场和太平洋联盟之间的所谓融合。智利于2014年首次提出这一倡议，但实施需要一个基于包括贸易便利化、累积原产地标准和消除贸易技术壁垒等共同利益的联合工作方案。这是一种零散的、自下而上的做法，旨在针对直到近期还彼此怀疑的问题，在两个集团之间建立互信。在上述条件成熟时，这些领域中的进展将为发起"集团对集团"的谈判奠定基础。由于南方共同市场和太平洋联盟共同占拉丁美洲人口、GDP、贸易和外国直接投资总量的80%以上，因此两个集团之间达成的任何协议，都可能成为整个地区融合的催化剂（ECLAC，2018b）。

五 对非洲大陆自由贸易区的主要启示

美洲自由贸易区的经验为包括非洲大陆自由贸易区在内的任何大型区域一体化项目提供了一些重要的经验教训。首先是关于领导力的问题。多国之间基于文本的谈判非常复杂，很容易出现协调失败。在这种情况下，纯粹自下而上的方法不太可能成功。这意味着在实践中，某些参与者必须承担领导角色，特别是通过列出提案以供其他参与者考虑。但是，不能先入为主地认为：承担这一角色的一个或多个国家会试图将最大的利益集中在自己身上；否则它们将失去领导的合法性。美国在《美洲自由贸易协定》中就可以说是遇到了这样的情况。除了贸易细节外，美国对美洲自由贸易区的领导能力也因为历史上与拉丁美洲艰难的政治关系而进一步复杂化。

就非洲大陆自由贸易区而言，没有任何一方具有美国在美洲自由贸易区中那种谈判影响力。因为美国既是最大的经济体，也是该倡议背后的智囊推动力。这意味着，非洲大陆自由贸易区的领导地位必须更加集体化。因此，在可能的情况下，各国最好在各自的区域经济共同体内，就非洲大陆自由贸易区明确共同立场，而不是单独进行谈判。这对于加快与50多个参与国的谈判过程非常重要。在非盟旗帜下成立的非洲大陆自由贸易区秘书处，也可以作为诚实中间人发挥重要作用，寻求弥合成员国的立场。

第三章 美洲自由贸易区的失败对非洲大陆自由贸易区的警示

其次，美洲自由贸易区成员国在规模、发展水平和期望值方面存在巨大差异，因此仅从政治角度讲，在单一承诺（如美国最初提出的）下达成"一刀切"的协议就是不可能的。但是，针对较小或较贫穷成员国的特殊与差别待遇规定非常有限。而且拟定协议涉及议题过于广泛，不仅包括商品贸易自由化，还包括服务、投资、知识产权和政府采购等各方面的问题。因此，非洲大陆自由贸易区项目似乎最好循序渐进，从传统的商品和服务自由贸易区开始，然后才是更复杂（或敏感）的监管议题。这恰恰也是非洲大陆自由贸易区协议所遵循的方法：将知识产权、投资和竞争政策的谈判留给了第二阶段。逐步进行和采用可变模式方法，将为各国留出足够的空间来按照自己的步调履行承诺。考虑到非洲最不发达国家的数量众多，这种做法对非洲大陆自由贸易区特别重要。同时，至关重要的一点是：为了使非洲大陆自由贸易区协议在经济上有意义，并在政治上可信，必须有一定数量的关键经济体签署主要承诺。

再次，诸如美洲自由贸易区这样的南北谈判，对发展中国家尤其具有挑战性，因为发展中国家通常最终会在知识产权和投资等领域的政策空间做出让步，以换取进入发达合作伙伴市场的机会。原则上讲，因为是纯粹的南南谈判，与美洲自由贸易区相比，在非洲大陆自由贸易区内就这些敏感话题达成协议应该更容易。实际上，非洲大陆自由贸易区协议内取得的成果，反而可以为包括拉丁美洲在内的其他发展中地区的未来类似行为提供有意义的参考模式。

已经有几个撒哈拉以南非洲国家与欧盟签署了《南北经济伙伴关系协定》。不过，这一协定具有重要的、有利于非洲伙伴的不对称因素，例如较长的关税淘汰期以及对敏感项目长期例外排除减税措施。此外，一旦非洲伙伴做好准备，包括服务贸易、投资和知识产权等复杂的监管问题就可以在后期进行谈判。相比之下，美国与发展中国家进行贸易谈判的方式传统上是基于更严格的互惠概念，以及在知识产权、投资、贸易技术壁垒和其他领域激进追求与美国标准协调一致。

在上述背景下，非洲大陆自由贸易区的参与国应认真思考如何应对"特朗普政府希望与撒哈拉以南非洲国家就示范自由贸易协定进行谈判的愿望"——这是美国 2018 年 7 月在非洲增长与机会法案（AGOA）论坛开幕式上表达的（Light-hizer, 2018）。鉴于美国与任何非洲国家之间巨大的权力不对等，这种谈判几乎肯定会导致达成不平衡的协议；这种协议会不成比例地有利于美国的商业利益，并限制了最弱的伙伴的政策空间。也许更重要的是，这种锁定结果（例如知识产权）而谈判的自由贸易协定不太可能反映非洲国家的需求和重点，并因此极大地破坏非洲大陆自由贸易区的进程。拉丁美洲已经发生了这种情况，那些与美国签署自由贸易协定的国家发现，甚至是在与地区合作伙伴新的贸易谈判中，因为与美国的协议，它们进行创新的空间已经受到限制。因此，非洲国家应将精力集中在非洲增长与机会法案关税优惠 2025 年到期之前，完成非洲大陆自由贸易区谈判。一旦非洲大陆自由贸易区协议全面到位，对与美国谈判自由贸易协定感兴趣的非洲国家也将处于更加强有力的地位上。

注　释

1. 联合国拉丁美洲和加勒比经济委员会（ECLAC）。这里所表达的见解只代表作者意见，不代表 ECLAC 观点。

2. 若非特别指出，后面的拉丁美洲包括拉丁美洲和加勒比地区。

3. 世界银行最新报告显示，该地区 70% 的路面没有铺柏油（Bown and others 2017, p. 12）。

4. 令人关注的是，拉丁美洲三个最大经济体（巴西、墨西哥和阿根廷）没有参加三个次级区域集团中的任何一个。

5. 例如，安第斯共同体的所有成员共享矿业和能源产品的出口专业化。

6. 智利是个例外，因为它在 1973 年 9 月的军事政变推翻了萨尔瓦多·阿连德总统的左翼政府后不久就开始实施新自由主义政策（包括大幅削减进口和外国直接投资的壁垒）。

7. 这四个集团随后通过了更雄心勃勃的目标，例如放开了内部服务贸易自由化，并在政府采购、外国投资和贸易技术壁垒等方面确定了共同制度。不同集团进展差异很大。但是，它们都没有完全实现建立共同对外关税的目标（中美洲共同市场与此非常接近）。

8. 美国国际开发署，美国企业倡议。www.usaid.gov/biodiversity/TFCA/enterprise-for-the-americas-initiative（2018年5月29日磋商达成）。

9. 可以说，美洲自由贸易区还试图防止拉丁美洲的民主出现倒退，因为它明确指出要包括"西半球的34个民主国家"。

10. 美洲自由贸易协定1998年《圣何塞部长宣言》，美洲第四次贸易部长级首脑会议联合宣言。可以在www.ftaa-alca.org/Ministerials/SanJose/SanJose_e.asp#AnnexI 查询。

11. 市场准入、农业、原产地规则、海关程序、投资、贸易标准和技术壁垒、补贴、反倾销和反补贴税、政府采购、知识产权、服务、竞争政策和争端解决。

12. 行政秘书处的人员来自联合国拉丁美洲和加勒比经济委员会（ECLAC）、美洲开发银行（IDB）和美洲国家组织（OAS）（统称为三方委员会）的官员。除了行政职责外，这些机构还负责向美洲自由贸易区的参与国、尤其是较小的经济体提供技术援助。

13. 数据来自国际货币基金组织世界经济展望数据库，2018年4月。

14. ALBA（西班牙语中的"黎明"）与美洲自由贸易区的西班牙首字母缩写ALCA针锋相对。"玻利瓦尔"一词是指西蒙·玻利瓦尔（1783—1830年），拉丁美洲脱离西班牙独立的主要领导人之一。

15. 三部草案可在www.ftaa-alca.org/ftaadrafts_e.asp 查询。

16. 哥斯达黎加、萨尔瓦多、危地马拉、洪都拉斯和尼加拉瓜。

17. 2016年12月以来，委内瑞拉的成员资格由于履行承诺方面的进展不力而被暂停；2017年8月以来，又因所谓的民主秩序破裂而被暂停。

18. 尽管它们的自由贸易政策与其他成员、包括玻利维亚和厄瓜多尔形成鲜明对比，但是哥伦比亚和秘鲁仍然是安第斯共同体的成员。

19. 4个太平洋联盟成员中的3个（智利、墨西哥和秘鲁）也是11个成员的《全面而进步的跨太平洋伙伴关系协定》的签署国。该协定于 2018 年 3 月签署,是 2016 年 2 月签署的《跨太平洋伙伴关系协定》的后续。《跨太平洋伙伴关系协定》是奥巴马政府领导下的美国主导倡议的;但是,特朗普总统上任后立即退出该协议。

20. 作者的计算数据来自联合国 COMTRADE 数据库。主要产品包括原油、天然气、煤炭、精矿、新鲜水果、肉、大米、可可、茶、咖啡和木材。

21. "在解决北美自由贸易区问题后,如果满足某些条件,美国可以将注意力转移到与拉丁美洲地区国家更新自由贸易协定上。美国与秘鲁、哥伦比亚、巴拿马和智利的协定以及《中美洲自由贸易协定》都或多或少地需要进行现代化。"[美国贸易代表罗伯特·莱特希泽(Robert Lighthizer),迈阿密首脑会议,2017 年 10 月 5 日]。

参考文献

Bértola, L. and J. A. Ocampo (2012), *The Economic Development of Latin America since Independence.* Oxford: Oxford University Press.

Bown, C. and others (2017), *Better Neighbors: Toward a Renewal of Economic Integration in Latin America.* Washington, DC: World Bank, https://openknowledge.worldbank.org/handle/10986/25736.

Economic Commission for Latin America and the Caribbean (ECLAC) (1994), *Open Regionalism in Latin America and the Caribbean: Economic Integration as a Contribution to Changing Production Patterns with Social Equity.* Santiago, http://repositorio.cepal.org/bitstream/handle/11362/37868/1/S9260981_en.pdf.

—— (2018a), *Exploring New Forms of Cooperation between China and Latin America and the Caribbean.* Santiago, http://repositorio.cepal.org/bitstream/handle/11362/43214/1/S1701249_en.pdf.

—— (2018b), *La convergencia entre la Alianza del Pacífico y el MERCOSUR. Enfrentando juntos un escenario mundial desafiante.* Santiago, http://repositorio.cepal.org/bitstream/handle/11362/43614/1/S1800528_es.

pdf.

The Economist (2013), "Latin American Geoeconomics: A Continental Divide", 18 May, www. economist. com/the-americas/2013/05/18/a-continental-divide.

Inter-American Development Bank (IDB) (2018), *Connecting the Dots: A Road map for a Better Integration of Latin America and the Caribbean*. Washington, DC, https://publications. iadb. org/handle/11319/8912#sthash. Dcy1siyt. dpuf.

Lighthizer, R. (2018), *Statement at the Opening Plenary of the* 2018 *U. S. -Sub-Saharan Africa Trade and Economic Cooperation Forum (AGOA Forum)*. Washington, DC, 11 July 2018, https://ustr. gov/about-us/policy-offices/press-office/press-releases/2018/july/statement-ustr-robert-lighthizer-0.

Ocampo, J. A. (2014), "La crisis latinoamericana de la deuda a la luz de la historia", in Ocampo, J. A. and others, *La crisis latinoamericana de la deuda desde la perspectiva histórica*. Santiago: Economic Commission for Latin America and the Caribbean (ECLAC), http://repositorio. cepal. org/bitstream/handle/11362/36761/1/S20131019_es. pdf.

—— (2017), "Commodity-Led Development in Latin America", in*Alternative Pathways to Sustainable Development: Lessons from Latin America*, International Development Policy Series No. 9. Geneva, Boston: Graduate Institute Publications, Brill-Nijhoff, https://journals. openedition. org/poldev/ 2354#tocto1n1.

Williamson, J. (1990), "What Washington Means by Policy Reform", in Williamson, J. (editor), *Latin American Adjustment: How Much Has Happened?* Washington, DC: Institute for International Economics.

World Bank (1993), *The East Asian Miracle: Economic Growth and Public Policy*. Washington, DC, http://documents. worldbank. org/curated/en/975081468244550798/pdf/multi-page. pdf.

第四章

东盟50载及展望

米亚·米基克（Mia Mikic）
尚蔚然（Weiran Shang）

简　　介

　　2017年，东南亚国家联盟（东盟，ASEAN）迎来成立50周年庆典。1967年，东盟随着《曼谷宣言》的签署而宣告成立，由印度尼西亚、马来西亚、菲律宾、新加坡和泰国五个成员国共同发起。随着文莱（1984年）、越南（1995年）、老挝（1997年）、缅甸（1997年）和柬埔寨（1999年）五国先后加入东盟，其成员国数量逐渐扩大。这十国集团人口总数达6.34亿（2016年），国内生产总值（GDP）总量达2.56万亿美元（2016年），占全球GDP的3.4%。东盟是世界第六大经济体和第四大商品贸易区，2016年贸易额为2.23万亿美元，对全球贸易的贡献率接近7%[1]。东盟改革的成效反映在其经济增长和日益提高的人民生活水平上，在过去五十年，它的人均GDP从122美元增至4034美元，婴儿死亡率降至1990水平的三分之一，全民小学入学率增至96%。除了老挝和缅甸，所有成员国人均拥有一部以上手机，互联网注册用户数量从2007年至2016年翻了一番多。

　　东盟也因此成为非洲的有效样板。东盟的成功与挑战为正在推进区域一体化倡议的非洲提供了借鉴。和非洲一样，东盟各成员国在政治、社会和经济上差异巨大，也持续面临本国国内和成员国之间不平衡的问题。随着东盟将各成员国融合为一体，如同非洲，从战略层面它必须考虑如何使其伙伴关系与其他国家相协调,并确定各成员国之间如何公平合理地分享一体化的红利。东盟在一体化过程中面临的许多技术困难,非洲也同样会遇到,区域倡议的实施可能不均衡,服务贸易自由化可能滞后,非关税壁垒也难以消除。非洲正在推进非洲大陆自由贸易区(AFCFTA),有很多地方可以向东盟学习。

本章首先介绍东盟地区的概况、多样性及其一体化核心方法的"东盟模式"。接着,探讨与东盟一体化前景相关的三个问题,指出可供非洲借鉴的经验。首先要讨论东盟在深化经济一体化中的进展与挑战。其次,评价东盟在亚太经济结构中不断演化的角色,特别是考虑到日益削弱的多边贸易制度的最新发展。本文同时探讨了经济一体化的"扩张"会怎样阻碍或促进东盟间经济融合进一步深化。最后,本章审视东盟在缩小盟国间发展差距方面所做的努力。从东盟利用贸易和投资全力保增长的现行政策框架中汲取经验,东盟将可持续发展目标融入区域一体化进程中,从而保证共同繁荣,本章对此进行探讨并得出结论。

克服东盟成员间差异,实现区域一体化

虽然后来人们更多关注东盟在促进区域经济一体化过程中取得的显著成效,但东盟最初创立的目的主要是应对政治和安全问题。受到该区域政治稳定性提升的鼓舞,东盟成员国进而探索在经济上实现一体化的机会,并逐渐成为东盟一体化进程的中心议题。1976年东盟峰会和随后签署的东盟特惠贸易安排(APTA)提供了最初的动力,逐步推动1980年代贸易和投资自由化。随着全球化加速,以及非东盟国家和中国开始进一步开放经济,贸易和外国直接投资(FDI)上的竞争也加剧,促使东盟在1992年启动了东盟自由贸易区(AFTA)。之后,1995年的《东盟服务框架协议》(AFAS)和1998年的东盟投资区(AIA)先后签订,以消除在服务贸易上的限制,并使东盟成员间的外国直接投资(FDI)更加便利。受1997年亚洲金融危机的影响,东亚的区域主义色彩也随之增强,促使东盟通过签订《东盟10+3框架协议》强化与中国、韩国和日本的联系。2013年(译注:应为2003年),在1997

年就批准的《东盟愿景2020》的基础上，发表了《东盟协调一致第二宣言》（亦称《第二巴厘宣言》），标志着东盟致力于在2020年建成以政治安全、社会文化和经济为三大支柱的东盟共同体。建立东盟经济共同体（AEC）的这一目标，后来随着东盟经济共同体蓝图的确定而被提前到了2015年。为完成《东盟经济共同体2015蓝图》未达成的目标，近来制定了《东盟经济共同体2025蓝图》，继续指导东盟的改革和一体化。

虽然多年来不断推进一体化进程，东盟始终是一个经济、政治和文化上差异显著的地区。根据世界银行收入分级（World Bank，2017a），东盟由两个高收入国家（文莱和新加坡）、两个中等偏上收入国家（马来西亚和泰国）和六个中等偏低收入国家（柬埔寨、老挝、印度尼西亚、缅甸、菲律宾和越南）组成。而且，按联合国经济与社会委员会的标准分类，在中等偏低收入国家中，柬埔寨、老挝和缅甸仍然被视为最不发达国家。每个东盟成员国（AMS）都有自己的官方语言。泰国是一个佛教主导的国家，印尼在全球拥有最多的穆斯林，而菲律宾人口中85%以上是罗马天主教徒。东盟各国政体各异，有伊斯兰君主统治的国家（文莱），有军事独裁政府（泰国），有单一党派国家（越南），也有民主政府（印度尼西亚）。

既然东盟成员国（AMS）之间差异显著，那么靠什么将东盟凝聚起来呢？相比较而言，欧盟依赖超国家的机构，由这些机构批准有约束力的法规和决定，而东盟则通过一种著名的"东盟模式"的治理机制来实现其非正式的决策方式。由于认识到每个东盟成员国（AMS）都有自己的弱点和不安全之处，这种机制是建立在协调一致、灵活性、不干涉成员国内政和尊重主权等原则之上的。这样的设计要求东盟的所有决策必须得到一致同意，并且允许成员国在采纳和实施区域承诺上有较大的灵活性（Acharya，2007）。这进一步鼓励各成员国限制异议、避免公开对抗、通过和平方式解决争端，并对其他成员的"舒适度"保持敏感（Jetin & Mikic，2016，p. 13）。在某种程度上，东盟模式已导致对政策的接受和执行上缓慢而不彻底，但同时却对政治稳定和区域团结有显著贡献。迄今为止，尽管这种机制对差异显著的东盟形成共同议程，但如何修改和更新东盟模式以提高其有效性和效率还正在广泛讨论中（ADBI，2014；ERIA，2017）。

深化：向内看，不设壁垒

1992年东盟决定建设东盟自由贸易区（AFTA）并采用共同对外优惠关税（CEPT），东盟经济一体化由此发轫。此后，通过扩大一体化覆盖的区域和努力消除不同市场一体化的障碍，一体化进程取得进步。1995年，东盟服务框架工作协议（AFAS）引入了东盟经济一体化中的服务贸易。几乎同时，东盟成员国区域协议和双边投资协定（BITs）签署，投资自由化进程随之启动。随着东盟自身的建设逐步推进，按照东盟模式机制，其他为实现一体化所必需的板块作为经济合作的独立领域也逐步建立起来。其中最突出的包括金融、能源、交通和一些民营经济领域，比如旅游和农业。把经济一体化扩展到不同领域的过程与成员扩张过程交织在一起，新吸纳的成员国被称为CLMV［柬埔寨（Cambodia）、老挝（Lao PDR）、马来西亚（Malaysia）］［译注：此处应为缅甸（Myanmar）和越南（Vietnam），即柬老缅越］。

东盟内部关税减免已经充分考虑了东盟国家间的不同发展水平，允许欠发达的CLMV国家有更长的转型期。2010年，较发达的东盟六国将共同对外优惠关税（CEPT）范围内的所有关税降至零，东盟自由贸易区（AFTA）和共同对外优惠关税（CEPT）也被《东盟货物贸易协定》（ATIGA）所取代（见图4.1）。这是东盟内部一体化进程中一个重要的里程碑。

《东盟货物贸易协定》不仅推动消除成员国之间的关税，还全力促进贸易便利化。这是从经验中确定的捷径，研究表明，相比关税，缺乏贸易便利设施会更加持续阻碍贸易的增长（Rippel，2011）。为进一步促进东盟内外贸易，并提升该地区在制造和服务上的竞争优势，促进合作与地区贸易便利化的政策仍然是关键。

取消关税一直是东盟经济一体化获得成功最明确的着力点。虽说如此，伴随着关税下降，东盟的非关税壁垒却呈现增长态势（图4.2）。

对于非洲和非洲大陆自由贸易区（AFCFTA）而言，可以明确借鉴的一条是，要确保非关税壁垒回潮不会削弱关税自由化。

东盟在几个领域内持续放宽服务贸易的限制。东盟通过采用《相互承认协议》（MRAs），努力促进有技能劳动力的流动并应对特定的非关税壁垒，包括贸易上的技术壁垒。随着《相互承认协议》最初在2005年签订，2008年更多的专业人员得到互认，而且行业性《相互承认协议》还延伸到美妆、医药和其他行业。然而，低技能或无技能劳动力很难在东盟经济共同体（AEC）内流动，《相互承认协议》对此无能为力。如今，《相互承认协议》仅覆盖地区1.5%的劳动力，而许多职业却被排除在《相互承认协议》计划之外。东盟这种贸易引领发展的模式将不得不适应新的情况，比如数字经济的发展，在东盟经济共同体内，劳动力市场和工人流动的跨区域管理将成为关键。

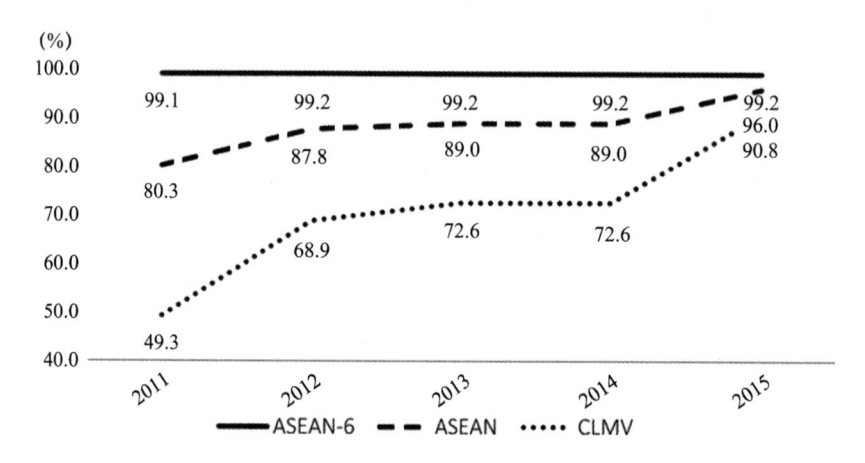

图 4.1　东盟自贸区（ATIGA）关税表中零关税百分比

资料来源：ASEAN, 2015c。

注：ASEAN-6：东盟六富国；ASEAN：东盟；CLMV：柬老缅越。

译注：ATIGA 应为 AFTA。

2010年，东盟成员国对四个优先服务行业，将外国（东盟内）参股最高比例提高到70%，2013年又增加了物流服务业。东盟为2015年设定的目标是，在成员国内完成自由贸易区建设，包括在柬老缅越

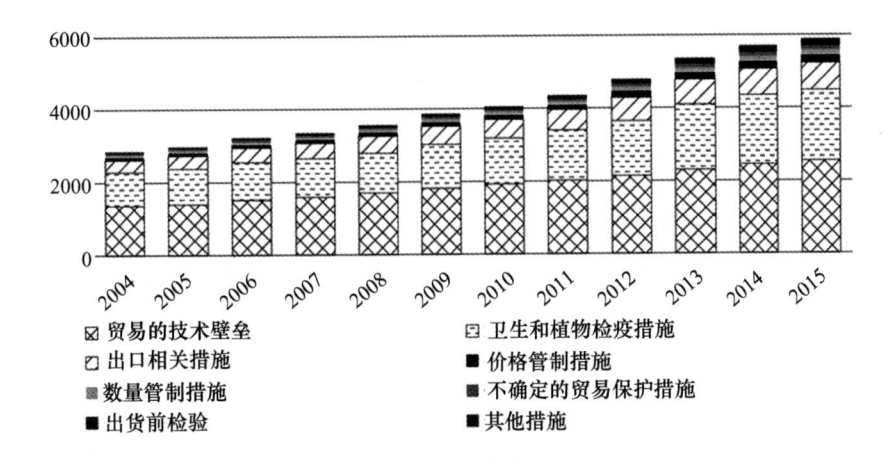

```
6000
4000
2000
0
     2004 2005 2006 2007 2008 2009 2010 2011 2012 2013 2014 2015
```

- ☒ 贸易的技术壁垒　　　　　☐ 卫生和植物检疫措施
- ☐ 出口相关措施　　　　　　■ 价格管制措施
- ▦ 数量管制措施　　　　　　■ 不确定的贸易保护措施
- ■ 出货前检验　　　　　　　■ 其他措施

图 4.2　东盟非关税措施的增长

资料来源：联合国贸易和发展会议（UNCTAD）非关税措施全球数据库，http://trains.unctad.org/。

（CLMV）四国取消关税，除敏感产品或排除列表上的产品外，对所有服务采用70%参股上限的规定。然而，通过《服务总体协议》（GATS）承诺的多边市场准入却受到限制，从这个角度看，除新加坡外，各成员国中的服务行业仍然显得比较封闭。当涉及模式4服务时，大多数WTO成员采取较严格的市场准入，东盟成员国也对这个目录之外的行业采取了相当严格的控制，而这些行业一般对外国也是开放的。进一步说，世界银行服务贸易限制数据库将东盟内的大多数服务主体判定为"限制性的"或"实质上是封闭的"。不考虑它们的在某些服务行业上的自治系统，这些行业更为宽松（也因此造成所谓服务规则中的水分），在服务领域里的保护主义立场始终是建设东盟经济共同体（AEC）所面临的问题，对更多全方位协议，比如在东盟和近邻国家间达成《区域全面经济伙伴协定》（RCEP）也同样是个问题。

由此可见，货物贸易自由化代表了相对来说"更易摘到的果实"。从东盟的经验看，实现服务贸易自由化更为困难；非洲国家可能预见了这一点，因而要采取不同的方法实现服务贸易自由化。

支持东盟一体化的一个重要机制一直是它的监督框架。东盟成员使用了一种著名的叫做东盟计分卡的单一衡量标准。引入这种计分卡用来帮助东盟成员国,监督在东盟共同体四大支柱中每一方面措施执行情况,并追踪迈向东盟经济共同体(AEC)2025 目标的总体进展。截至 2015 年底,东盟经济共同体措施执行率略低于 80%,《东盟经济共同体 2015 蓝图》确定的 611 项措施中完成 486 项(ASEAN,2015a,p. 10)。东盟计分卡以数字形式确认 AEC 措施的执行情况,从而识别出哪类政策和措施更容易或更难执行。比如,消除地区间关税被证明是一体化中比较成功的方面,而竞争政策和知识产权立法的实施则始终面临诸多挑战。

随着《东盟经济共同体 2015 蓝图》相对成功的发布,东盟为未来确定了方位。一个"后 AEC2015"愿景,即经济上一体化、社会上负责任和政治上有凝聚力的愿景已经获得批准,也就是《东盟经济共同体 2025 蓝图》。图 4.3 展示了《东盟经济共同体 2025 蓝图》的概貌。从实施《东盟经济共同体 2015 蓝图》的实践中,特别是从高优先级行动所遇到的困难中汲取教训,这个新蓝图着重增进行业合作。把数字技术、创新性和互联互通确定为驱动因素,不仅推动持续参与全球价值链,也促使该地区转型为更多可持续的生产活动、高技术密集的制造业和知识密集的服务业的家园。这些应当创造一个更具弹性的区域,并让经济扩张带来的利益惠及更多国家,以便更加迅速地缩小发展差距。《东盟经济共同体 2025 蓝图》目标是在创造工作机会和保持稳定、改善社会福利、更好的可持续性及未来发展等方面创造效益(ASEAN,2015a)。

由于并非《东盟经济共同体 2015 蓝图》的各项措施都得到了及时的落实,随后便推出了针对 2016 年至 2025 年的十年蓝图。这个《东盟经济共同体 2025 蓝图》包含了五大相互强化的支柱:(1)高度一体化和融合的"经济体";(2)有竞争力、创新性和富有活力的东盟;(3)增强的联通和行业合作;(4)强韧的、包容的、以人为本的和以人为中心的东盟;以及(5)全球化的东盟(UNCTAD,2017a,p. 8)

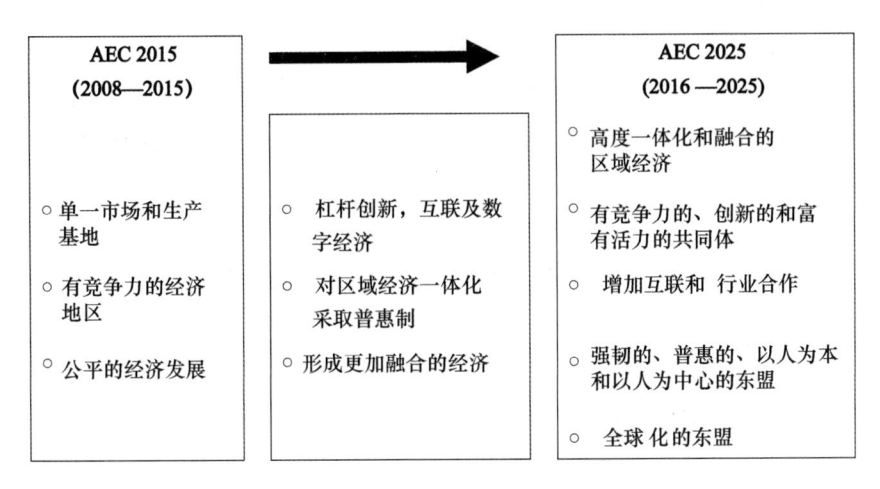

```
┌─────────────────┐      ┌─────────────────┐      ┌─────────────────────┐
│   AEC 2015      │      │                 │      │    AEC 2025         │
│  (2008—2015)    │ ───▶ │                 │      │   (2016—2025)       │
│                 │      │                 │      │                     │
│ ○ 单一市场和生产 │      │ • 杠杆创新，互联及数 │      │ ○ 高度一体化和融合的│
│   基地          │      │   字经济         │      │   区域经济          │
│                 │      │                 │      │                     │
│ ○ 有竞争力的经济 │      │ • 对区域经济一体化 │      │ ○ 有竞争力的、创新的和富│
│   地区          │      │   采取普惠制     │      │   有活力的共同体    │
│                 │      │                 │      │                     │
│ ○ 公平的经济发展 │      │ • 形成更加融合的经济│      │ ○ 增加互联和 行业合作│
│                 │      │                 │      │                     │
│                 │      │                 │      │ ○ 强韧的、普惠的、以人为本│
│                 │      │                 │      │   和以人为中心的东盟│
│                 │      │                 │      │                     │
│                 │      │                 │      │ ○ 全球化的东盟      │
└─────────────────┘      └─────────────────┘      └─────────────────────┘
```

图 4.3 从 AEC2015 至 AEC2025 的转变

除了要落实 AEC2015 未落实的措施，AEC2025 设定了在多领域深化东盟一体化的目标。通过进一步强化《东盟货物贸易协定》（ATIGA）、简化并强化《原产地规则》（RoO）的实施、加速落实贸易便利化措施，AEC2025 寻求增加东盟的贸易和生产网络并建设一个真正统一的市场。用《东盟服务贸易协议》（ATISA）替代一项过时的《东盟服务框架协议》（AFAS），服务行业将迎来另一轮一体化进程（ASEAN，2015b；Yee，2016）。通过"增强吸引该领域外国直接投资（FDI）的机制，探索放宽服务限制的多种途径，并建立针对国内法规的可能约束以确保服务行业的竞争力"等努力，服务行业一体化也得到更好的推进（ASEAN，2015b）。将重点和努力放在消除非关税壁垒上，是 AEC2025 最重要事项之一，特别是要解决参与落实非关税壁垒的国家的机构分裂问题，并应对东盟成员国故意少报非关税壁垒的问题（UNCTAD，2017a，p. 20）。另外，针对货物和服务贸易，一个补充的倡议呼吁确定敏感清单和行业的通用定义（Yee，2016）。改进现有的《相互承认协议》（MRAs）并增加新的 MRAs 会更好地促进有技能的劳动力的流动，同时，提高或取消外资股权上限将有助于吸引更多的外国直接投资（FDI）并增强该地区的价值链。最后，同样重要的是，一直支撑东盟决策和一体化进程的"东盟减 X"方案，在未来将有可能修订,从而有利于形成更加统一的战线。

从东盟的经验来看,对非洲最重要的借鉴是渐进主义。东盟正在一步步从自身经验中进行反思,找出不足,发现机遇反复深化经济一体化。

拓宽:多边环境遭削弱背景下的东盟中心化

东盟在多个领域实现了相当程度的内部一体化与合作。过去13年里,东盟内部贸易一直是东盟贸易总额的最大组成部分(图4.4),而东盟的全部贸易额已经从1.07万亿美元增长到2.57万亿美元。东盟内部投资额也从21世纪初的不足50亿美元,增长到2016年创记录的240亿美元。在交通、信息通信技术(ICT)、能源等领域内的联通性也取得了显著改善,区域内低成本航空旅行加强了东盟内部的流动性。然而,东盟合作及一体化的深化并非以牺牲东盟与世界其他地区的联系为代价:东盟与外部合作伙伴,特别是中国和印度,在贸易、投资和商业互联互通方面,其增长速度之快甚至超过了东盟内部。

中国在2001年加入世界贸易组织(WTO)后,开始转向自由贸易协议(FTAs),并于2002年与东盟达成了第一个区域贸易协定。这为东亚和其他地区的其他国家接洽东盟,建立更大的自由贸易投资区开辟了道路。与全球价值链(GVCs)早已建立的联系,在关键领域的功能产品分享,比如汽车和电子产品,还有东盟新兴市场的承诺,意味着当这些协议吸纳所有东盟成员国而不只是一个或几个时才更具魅力。这为各种"东盟+1"协议的谈判提供了动力。

2007年采纳的《东盟经济共同体2015蓝图》,加强了将东盟成员国融入全球经济的措施。特别是,蓝图中的第4大支柱明确了为达成这一目标的措施和行动,符合"协调外部经济关系和进一步参与全球供应网络"的战略(ASEAN,2015b)。然而,支柱4与蓝图中的其他支柱相比,并不需要更多的投入,在2008年至2015年间只要求采取八项行动。支柱4制定的措施包括:审查第三方贸易伙伴关系承诺的方式,与内部一体化承诺进行对照,采取行动,确定一个统一的技术援助框架,

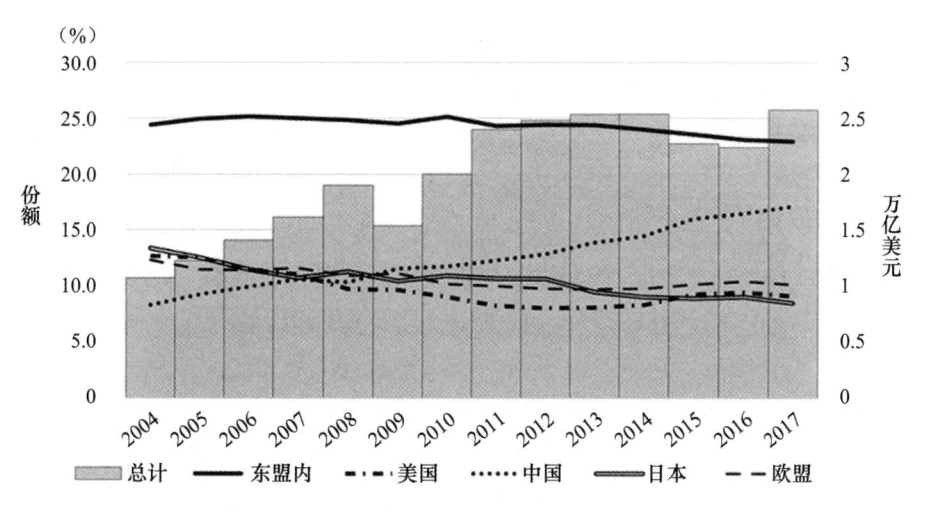

图表 4.4　东盟总商业贸易和每个主要贸易伙伴的份额

资料来源：东盟成员数据接口（ASEAN Stats Data Portal）https://data.aseanstats.org/.

以便协助东盟内较弱的地区，在区域性和全球经济中更为有效。计划在2014—2015年度实施的行动，重点是实现东盟贸易和伙伴协议应与东盟经济共同体（AEC）承诺的一致性。这是有先见之明的，因为在制订AEC2015期间，东盟成员国已经发布了大量协议，产生了一种"面条碗"效应（"noodle bowl" effect）（译注："noodle bowl" effect 同"spaghetti bowl" effect，即"意大利面条碗"现象）。指在双边自由贸易协定和区域贸易协定，统称特惠贸易协议下，各个协议的不同的优惠待遇和原产地规则就像碗里的意大利面条，一根根地绞在一起，剪不断，理还乱。这种现象被贸易专家们称为"意大利面条碗"现象或效应，可能造成生产商和贸易商更高的交易成本（EIU，2014）。

在东盟经济共同体内对工商业活动的重新布局和重新定位，早已随着近期中国经济结构性调整而开始了。中国逐步减少了组装和加工活动，而不断增加从国内采购半成品，再加上发达国家市场的进口低迷，这些对东盟经济都将产生重大影响[2]。考虑到全球经济缺乏进一步刺激增长的因素，东盟成员通过更广泛更深入的区域一体化着重强化贸易和投资，始终是正确的方向。

所有东盟成员国都参与了《区域全面经济伙伴关系协定》（RCEP）

的谈判，而相当多的成员国已经谈判并签署了《全面与进步跨太平洋伙伴关系协定》（CPTPP）。这两种伙伴关系都属于所谓深度大区域协议类别，通过放宽投资限制及其他措施，两者都能创造单纯自由贸易之外的新价值。对东盟来说，RCEP 和 CPTPP 之间的主要区别是 RCEP 涵盖了它全部 10 个成员国。然而，RCEP 的伙伴也有潜力为东盟内部的 GDP 增长和社会福利做出更大贡献[3]。虽然如此，为 RCEP 能顺利实现，可能需要采取阶段性的措施，以便为下个 10 年和更远的将来制定针对跨亚洲贸易的规则。贸易政策协调一致和消除复杂壁垒，本身将会协调现存于整个地区众多一揽子贸易协议的交叉重叠。

完成区域全面经济伙伴关系谈判是极其艰难的。协定包括 16 个不同的重要章节，而并非所有 RCEP 成员对开放它们的国内货物、服务和资源市场都同样积极[4]。RCEP 成员处在不同的发展阶段——有些是世界上最发达的工业化国家，而有些是最不发达的国家。基础设施和改善的互联互通对东盟将是至关重要的，特别是提供数字化平台以促进交易和人文交流。基础设施每年需要投入 1100 亿美元以上，因而需要增强的"政府和社会资本合作"（PPP）框架，以便吸引民营资本。开放对 RCEP 伙伴的投资和采购框架可能是解决方案的一部分。

影响 RCEP 谈判进程和结果的最显著因素之一是变化的全球和区域贸易及投资政策环境。自从 2008—2009 年全球金融危机以来，虽然贸易和外国直接投资（FDI）从未完全恢复，但政策环境，尤其是在全球水平上，仍保持相当的稳定并可以预测。通过关税及贸易总协定谈判乌拉圭回合（the GATT's Uruguay Round）所确定的全球贸易规则和世界贸易组织（WTO）的建立，被认为起到了防止危机进一步演化为全球经济衰退的作用。危机之后新贸易措施落实的数量每年都逐步增加[5]，对经济放缓的管控需要国家去平衡这些措施与新市场开放以及降低贸易成本措施之间的关系，目的是保持它们基于全球价值链的生产的国际竞争力。因此，许多 WTO 成员决定用区域贸易协议作为工具，来保持市场开放和贸易成本降低，它们是在全球贸易背景下，也是在遵守贸易规则的前提下进行这些努力的。东盟成员国也沿着同样的路径，同时力图保持以东盟为中心的原则。然而，全球贸易治理体制目前面临相当大的挑战，包括在一些最大贸易国之间的关税战，最近的威胁来自美国，它在历史上曾以建设和捍卫基于规则的全球贸易而闻名，现在却要完全退出全球贸易体制。确实，美国当前的贸易策略是把国际贸易视为零和游戏，这样就迫使每个国家都用其贸易（和其他政策）来自谋生计。全球主义和多边主义已经被弃之一边，代之而起的是国家主义和重商主义。对于追求《东盟经济共同体2025蓝图》所展望的那样，基于国际伙伴关系和合作的长期可持续发展而言，这样的环境并不友好。因此，宁可早一点而不是晚一点完成区域全面经济伙伴关系谈判，将提供至少一定水平上的可预见性和确定性，这对东盟的投资商和生产商来说是必要的。对东盟成员国来说，进入其他市场的双边谈判可能有吸引力，因此参与这些谈判就有必要带着这样的目的：在东盟经济共同体框架内早已取得的成就的基础上继续推进，以便保护东盟的中心性。

和东盟一样，非洲国家也遇上了全球经济变化莫测的顶头风。非洲与全球的兴衰同样息息相关。其相似性包括来自寻求大规模贸易合作的伙伴的主动示好，比如在欧盟和非洲次区域之间的签订了经济伙伴关系协议的那些国家，包括多边主义面临的威胁，以及像中国那样的巨型经济体不断变化的增长模式。非洲也面临着自身的"一锅粥"，即在非洲大陆内外存在多重交叉贸易和一体化协议。然而，如同东盟，非洲代表了这样一个市场：当它一体化时对贸易伙伴才更有吸引力。从东盟得到的借鉴是，区域一体化不需要以牺牲外部贸易为代价来实现，一体化可能加强和支持区域内外的贸易。

缩小差距：共享一体化红利

东盟经济融合的状况

可持续增长必须是普惠和公平的。这要求广泛而公平地分配经济发展和一体化带来的利益。拿东盟来说，可持续增长也要包括缩小东盟较富成员国与欠发达成员国间的发展差距。收入、生活质量和其他发展指标的多维融合对于东盟以更统一的方式朝着共同的发展和一体化目标前进是必要的（McGillivray & Carpenter, 2013）。

东盟国家和地区作为一个整体在增长和减贫方面已经取得了巨大的进步，这在一定程度上有助于缩小东盟国家之间的发展差距。1990年，东盟六个成员国的人均 GDP 大约是 CLMV 四国（柬老缅越）的 11 倍。幸赖 CLMV 四国在过去 20 年内几乎持续不断的较高 GDP 增长率，这两组国家集团之间的人均 GDP 的比，2016 年已经下降到了 2.7∶1（ASEAN，2017a；Caballero-Anthony & Barichello，2015，p. 135）。同时，CLMV 四国和东盟六强国的平均贫困率（每天生活在 1.25 美元购买力平价以下的人口比例）分别下降了 48% 和 29%，显示出在减贫成果上的区域性差距正在缩小（ASEAN，2017b）。

尽管东盟已取得如此成就，其收入水平也在上升，巨大的发展差距仍是东盟经济共同体的显著特点。首先，在较富裕的东盟六国与较贫困的 CLMV 四国（柬老缅越）之间的收入差距成为东盟不均衡的重要衡量标准（ADBI，2014）。2017 年，东盟六国平均 GDP 比 CLMV 四国高六倍多。如果考虑人口权重则收入差距会更大，因为东盟六富国中有些国家（印尼和菲律宾）人口数量庞大（McGillivray & Carpenter，2013，p. 28）。例如，2015 年 CLMV 四国中 19% 的人员都生活在每人每天 1.25 美元购买力平价的贫困线以下，而东盟六国这一数字只有 13%，其中新加坡和文莱生活在贫困线以下的人口极少（McGillivray & Carpenter，2013，p. 2；ASEAN，2017b，p. 21）。

东盟较富国与较穷国之间的显著发展差距也反映在健康和教育方面。人类发展指数（HDI），每年由联合国开发计划署（UNDP）计算，在收入之外反映出发展的健康、教育等维度。2015 年，新加坡在全球人类发展指数统计中排名第 5，而文莱排名第 30（表 4.1）。另一方面，柬埔寨和缅甸分别排名第 143 和第 145，仅差几位就跌入"人类低水平发展国家"之列（UNDP，2016）。McGillivray，Feeny 和 Iamsiraroj（2013）估计 CLMV 四国要赶上东盟国家中以 HDI 分数衡量表现最好的国家需要 25 年至 27 年。

其他两项衡量发展的标准提供了进一步的洞察。全球竞争力指数（GCI），将竞争力定义为："决定一个经济体生产力水平的一整套制度、政策和影响因素的集合"，基于 12 项有密切相关的竞争力支柱来评价一个经济体（World Economic Forum，2017）。根据最近的报告，排名第94的柬埔寨尤其面临着制度建设和基础设施两方面不足的挑战，而这两方面被认为是全球竞争力的"基本要求"。另一方面，新加坡则因良好的基础设施（软件和硬件）和高效的市场运作而大受其益。

世界银行的经商便利度指数（Ease of Doing Business Index，也在表4.1中）是另一个衡量标准，它按照企业营商法规环境对经济排名，包含了41个指标，例如注册一项资产所需手续的数量，货物在进出口时边检合规所需要的小时数，这一指数对东盟来说起到判定公共基础设施质量的作用。有些东盟成员国如泰国和文莱，已经在简化监管程序和消除货物、服务和人员流动障碍方面取得了明显进步，而在"软基础设施"质量上，东盟成员国之间仍然存在巨大差距。

表 4.1　　　　　　　　　所选指标表明发展差距

国家/集团	2017 人均 GDP（调整的购买力平价，美元）	2016 人类发展指数 HDI（1 = 最高，137 = 最低）	2017 全球竞争指数 GCI（1 = 最高，137 = 最低）	2017 经商便利度指数（1 = 最便利，190 = 最困难）
Singapore 新加坡	93905	5	3	2
Brunei Darussalam 文莱	78836	30	46	56
Malaysia 马来西亚	29431	59	23	24
Thailand 泰国	17871	87	32	26
Indonesia 印尼	12284	113	36	72
Philippines 菲律宾	8343	116	56	113
ASEAN－6 东盟六富国	40112	68	33	49
Vietnam 越南	6776	115	55	68
Cambodia 柬埔寨	4002	143	94	135
LaoPRD 老挝	7023	138	98	141

续表

国家/集团	2017 人均 GDP（调整的购买力平价，美元）	2016 人类发展指数 HDI（1 = 最高，137 = 最低）	2017 全球竞争指数 GCI（1 = 最高，137 = 最低）	2017 经商便利度指数（1 = 最便利，190 = 最困难）
Myanmar 缅甸	6139	145	/	171
CLMV 柬老缅越四国	5985	135	82	129

资料来源：世界银行（World Bank, 2017a, b）；联合国开发计划署（UNDP, 2016）；世界经济论坛（World Economic Forum, 2017）。

许多因素可以解释东盟六富国和CLMV（柬老缅越）四国之间存在的收入和发展上的差异。作为东盟的创始成员国，东盟六富国比柬老缅越四国享有相对更多的经济发展所需的和平与稳定。六富国在采取出口导向的发展战略上也比CLMV四国更早更快，这四国中央计划和向内看的战略阻碍它们融入全球经济和供应链（Caballero-Anthony & Barichello, 2015）。另外，由于那些拥有对商业更为友好的监管环境、更完善的基础设施和更发达的金融市场的国家在促进贸易和吸引投资上更具全球竞争力，如果没有有效的战略和行动来帮助欠发达成员国迎头赶上，那么东盟内部现存的发展差距可能随时会加大。

同样令人担忧的是，几乎所有东盟成员国内部的不平等趋势都在上升（ADB, 2012; Jetin & Mikic, 2016）。世界银行（Work Bank, 2012）报告称，越南的经济增长总体上更有利于富裕家庭，结果在绝对和相对意义上都加剧了收入上的不平等。Jetin和Mikic（2016）也注意到，马来西亚虽然可能加入高收入国家好几年了，但基尼系数（Gini coefficient）仍为41，与菲律宾的基尼系数（43）相似，高于经济合作与发展组织（OECD）平均值（32）（Jetin & Mikic, 2016, p. 275）。一份亚洲开发银行（简称"亚行"，ADB）工作报告（Menon, 2012）指出："各国内部的各种不平等现象仍然居高不下或有所加剧，包括跨地理区域（乡村—城市）、族裔界限和性别之间的不平等现象。"日益加剧的不均衡损害了社会团结、经济增长和环境可持续发展，而负面冲击常常相互推波助澜彼此强化（联合国亚洲及太平洋经济社会委员会，简称"亚太经社会"——ESCAP，2018）。随着东盟成员国不断从经济开放和一体化中获益，如何确保每个成员国都能公平分享不断增长的利益蛋糕，成为它们接下来的首要任务。

过去和现在为增进东盟的融合和普惠所做的努力

为防止深化东盟经济一体化过程中拉大发展差距并加剧收入不均衡，东盟不断出台和落实相应的政策。《东盟经济共同体2025蓝图》的第四个特点"一个强韧的、普惠的、以人为本的、以人为中心的东盟"，共有五个要素：（1）加强微型、小型和中型企业（MSMEs）的作用；（2）增加民营经济的作用；（3）增加政府和社会资本合作（PPP）；（4）缩小发展差距；（5）推进区域一体化过程中利益相关方的贡献。每个要素都附有各自的行动计划。例如，《中小企业（SME）发展战略行动计划2016—2025》设定了关键措施以激发东盟中小企业（SMEs）的潜力。另外值得一提的是《东盟互联互通总体规划2025》，该规划旨在通过更好的制度沟通、设施联通和人心相通来促进包容性。

另外，《东盟一体化倡议》（IAI）于2000年启动，作为推进集体努力以缩小发展差距的政策框架，目的是协助CLMV（柬老缅越）四国满足东盟范围内的目标和承诺。IAI迄今为止已经采纳了两项工作计划。在第一个IAI工作计划（2002—2008）（ASEAN，2002）中，232个项目已经得到落实，总价值超过5000万美元。

有些专家指出，通过给予CLMV四国更多项目所有权和/或通过将这些项目更好地纳入国家开展合作政策中，项目实施的效果会更显著（McGillivray & Carpenter，2013）。第二个工作计划于2009年启动，包括182项与2015年东盟共同体三个蓝图相一致的行动。然而，虽然已经开展了价值超过4000亿美元的280个项目，但实施率低于45%。因此，对于工作计划三的一个关键挑战是，在开发和执行措施中要进行更富战略性和更集中的努力。

通过负责任的贸易和投资政策，促进包容和可持续发展

尽管贸易、投资和可持续发展成果之间的联系相当复杂，但研究者早就达成一个总体上的共识：贸易和投资同时具有推动和消弱可持续发展的力量。经验证据表明，贸易和外国直接投资（FDI）的增长与经济增长呈较强的正相关关系，而且与不公平和生态问题的增多也呈正相关关系（ESCAP，2017）。贸易和投资自由化导致的总体经济增长一直在创造赢家和输家，而且贸易和投资自由化的一些潜在弊端已得到相对较好的理解。例如，过度外国投资可能抑制国内投资并阻碍中小企业（SMEs）的发展。由于增长的贸易和外国直接投资（FDI）而加速的工业化和发展，可能也会对环境、文化遗产以及公共健康产生负面影响。因此，如何在抓好贸易和投资带来的经济效益的同时减少它们对社会和环境的负面影响，就成为全世界政策制定者面临的一个新挑战。处在非洲大陆自由贸易区（AFCFTA）第二阶段的非洲国家，正在制定投资共同规则，此时，东盟所经历的这些挑战和制定适合政策来应对挑战的努力，都值得重视借鉴。

近期一份由联合国（UN）发布的贸易与投资报告（ESCAP，2017），探讨了为将贸易和外国直接投资（FDI）引入可持续发展的轨道而设计的一个政策框架。这个框架有四个关键部分。第一，在传统贸易和外国直接投资自由化政策的基础上，也需要目标明确且与可持续发展目标（SDGs）相一致的贸易和投资政策。第二，需要有相应补充性国内政策来支持贸易和投资政策，从而为可持续发展创造全面的政策环境。在国际贸易中追求自由化和比较优势可能导致失业和某些行业的流离失所。补充性国内政策，比如那些提供失业救助和再就业培训计划的政策，能够帮助那些受到负面影响的企业和个人进行调整和转型（ESCAP，2017）。同样，促进教育和创业的信贷政策，帮助国内中小企业在开放和竞争市场环境中生存的竞争政策，都能有效地推动可持续贸易和投资。第三，良好的国内治理至关重要。只有凭借国内强有力而可

靠的组织机构，法律、规则和前述各项政策才能得到成功的贯彻执行。第四，简洁而高效的贸易程序十分重要。贸易便利性不仅源于通过提高贸易竞争和投资吸引力带来的巨大经济利益，同时也通过让中小企业更易进入国际制造网络而促进普惠贸易（ESCAP，2015）。

如今的东盟，为了促进长期生产力增长并遏制日益增加的不均衡，必须着手寻求有效的补充性政策，比如上面提到的那些政策。考虑到收入不均衡是一个多维度问题，推荐下列政策组合：

第一，东盟应当加大力度落实贸易便利化措施，努力消除非关税壁垒（NTMs）。简化外贸手续提高贸易效率，将会提高中小企业在全球制造网络中的参与度。除了更好的规范性程序和无纸化贸易外，其他方面贸易便利化措施，如帮助中小企业获得贷款和在国际贸易中管控风险等，都值得重视（ESCAP 2017，p. 82）。第二，重要的是要把引进的外资更多投入到与可持续发展关系密切的领域，虽然这些领域因风险—回报关系对民营资本缺乏吸引力。东盟应当创造一种有利于相关行业内投资的营商环境，并在融资和保险上予以支持（UNCTAD，2017b）以促进外国投资。第三，需要出台一系列覆盖面广的国内补充性政策。保护劳动者权益的法规和进行再培训计划的工作，对于帮助那些受到日益增长的贸易和外国直接投资负面影响的群体是非常重要的，环境和税收政策也应当着眼于避免和解决由生产和消耗造成的不公平（ESCAP，2017，p. 80）。最后一点同样重要，各国和东盟层面上的强有力机构，对于保证政策和行动计划的贯彻落实以及加强法规建设是非常必要的。更加高效的国内治理将改善营商环境并促进贸易和外国直接投资（FDI）。东盟模式，迄今为止对该地区相当有效，但也需要不断更新，以使这一区域性机制能够更有效地引导资源实现普惠性增长，并在贯彻执行政策和把资源导入普惠性发展需求方面对东盟提供支持。

结　论

过去50年里，尽管成员国之间存在差异，但东盟仍努力建设一个安全、政治、经济和文化上的共同体，统一发声，统一行动，本章即对东盟的这些经验做了概况介绍。在此基础上，本章重点探讨了一些实例和经验教训，在非洲国家正为非洲大陆自由贸易区（AFCFTA）谈判并贯彻执行的背景下，这些都可能有借鉴意义。

除了消除关税外，东盟通过区域协议和框架，已经逐步将经济一体化扩展到包括贸易便利化、投资和服务自由化以及技术工人流动等在内的多个领域。这些努力已经使东盟在贸易、投资和商业联通方面取得了长足进步，也助力东盟成为一个高度一体化并具有全球竞争力的经济共同体。然而，随着一体化进程加深，通过反思过去和评估其成功与挑战，东盟选择了渐进和相互依存的路径。东盟已经在某些方面取得了快速的成功，比如货物贸易自由化。而在比如服务贸易自由化以及解决非关税壁垒等方面，东盟也面临巨大的困难。

深化东盟经济一体化的过程伴随着东盟＋协议：寻求支持开放的区域主义，强化与第三方国家的经济合作。东盟成员国积极参与诸如区域全面经济伙伴关系（RCEP）这类宏观区域谈判，进一步彰显了经济一体化的拓宽。尽管东盟在协调越来越多的涉及成员国的自由贸易协定方面仍面临挑战，但如今，深化和扩大一体化进程相互补充并相得益彰，为经济发展创造了协同作用。

然而，在东盟国家之间以及东盟各国内部始终存在着发展差距。要继续向前发展，就需要更大的努力才能确保贸易和外国直接投资（FDI）对可持续及普惠性发展有所贡献。东盟尤其要更加重视非关税壁垒、中小企业发展和东盟机构的强化，这样东盟才能从其经济一体化中收获更多的发展红利。对于非洲国家来说，这也是类似的挑战。必须致力使一体化成果得到公平分享并保持可持续发展水平。

注　释

1. 本文中所有统计数据来源于《东盟经济共同体图表2017》，也可从下列链接的网址获取：www.aseanstats.org/wp-content/uploads/2018/01/AEC_Chartbook_2017.pdf.

2. 过去15年，进口到中国的半成品份额从40%下降至20%

（ESCAP，2016）。同样，在十年多的时间里，中国的投资消费进口内容也从30%跌至18%。

3. 参见例子 ARTNeT 工作文件第157号。

4. 在现存早已达成的"东盟（ASEAN）+1"协议基础上继续拓展，虽然看起来容易，但这些基准协议中却嵌入了相当不同的承诺。尽管东盟与每个"+1"国家签订了协议，但并非所有伙伴相互之间都有自贸区协议（FTAs）——最关键的是，印度与中国就没有现存的协议，而中国与日本也没有自由贸易承诺。虽然日本、韩国和中国通过国际供应链把彼此的贸易和投资高度融合，但这三国尚未签订三边自由贸易协议。

5. 更多详情参见联合国 ESCAP《亚太贸易和投资报告》中各类专题。

参考文献

Acharya, A.（2007）. Ideas, identity, and institution-building: From the 'ASEAN way' to the 'Asia-Pacific way'? *The Pacific Review*, 10（3）, pp 319–346.

ADB（2012）. *Framework of Inclusive Growth Indicators* 2012: *Key Indicators for Asia and the Pacific Special Supplement*. Asian Development Bank, Manila, Philippines.

ADBI（2014）. *ASEAN* 2030: *Toward a Borderless Economic Community*. Asian Development Bank Institute, Tokyo, Japan.

ADBI（2017）. Win-Win: How International Trade Can Help Meet the Sustainable Development Goals. Retrieved from www.adb.org/sites/default/files/publication/327451/adbiwin-win-how-international-trade-can-help-meet-sdgs.pdf.

Akhtar, S.（2017）. Address at ASEAN Economic Integration Forum 2017. Retrieved from www.unescap.org/speeches/address-asean-economic-integration-forum-2017.

ASEAN (2002). IAI Work Plan I (2002 – 2008). Retrieved from https: //asean. org/iai-work-plan-i-2002 – 2008/.

ASEAN (2015a). *ASEAN Economic Community* 2015: *Progress and Key Achievements*. ASEAN Secretariat, Jakarta, Indonesia.

ASEAN (2015b). *ASEAN Economic Community Blueprint* 2025. ASEAN Secretariat, Jakarta, Indonesia.

ASEAN (2015c). ASEAN Integration Report 2015. Retrieved from https: //asean. org/storage/2015/12/ASEAN-Integration-Report-2015. pdf.

ASEAN (2017a). *ASEAN Economic Community Chartbook* 2017. Jakarta: ASEAN Secretariat.

ASEAN (2017b). *ASEAN Statistical Report on Millennium Development Goals* 2017. ASEAN Secretariat, Jakarta, Indonesia.

Caballero-Anthony, M. & Barichello, R. (2015). *Balanced Growth for an Inclusive and Equitable ASEAN Community*. S. Rajaratnam School of International Studies (RSIS), Nanyang Technological University, Singapore.

EIU (2014). *FTAs: Fantastic, Fine or Futile? Business Views on Trade Agreements in Asia*, London, UK.

ERIA (2017). *ASEAN@50 Volume 5, the ASEAN Economic Community Into 2025 and Beyond*, Jakarta, Indonesia.

ESCAP (2015). *Asia-Pacific Trade and Investment Report* 2015: *Supporting Participation in Value Chains*. United Nations ESCAP. Retrieved from www. unescap. org/sites/default/files/publications/APTIR% 202015 _ Full% 20Report. pdf.

ESCAP (2016). *Asia-Pacific Trade and Investment Report* 2016: *Recent Trends and Developments*. United Nations ESCAP. Retrieved from www. unescap. org/sites/default/files/publications/aptir-2016-full. pdf.

ESCAP (2017). *Asia-Pacific Trade and Investment Report* 2017: *Channelling Trade and Investment into Sustainable Development*. United Nations ESCAP, Bangkok, Thailand.

ESCAP (2018). *Inequality in Asia and the Pacific in the Era of the 2030*

Agenda for Sustainable Development, Bangkok, Thailand.

Gilbert, J., Furusawa, T. & Scollay, R. (2016). The Economic Impact of Trans-Pacific Partnership: What Have We Learned from CGE Simulation? ARTNeT Working Paper.

Jetin, B. & Mikic, M. (2016). *ASEAN Economic Community: A Model for Asia-Wide Regional Integration?* Springer, Berlin.

McGillivray, M. & Carpenter, D. (2013). *Narrowing the Development Gap in ASEAN: Drivers and Policy Options*. Abingdon, UK: Routledge.

McGillivray, M., Feeny, S. & Iamsiraroj, S. (2013). Understanding the ASEAN development gaps. In M. McGillivray & D. Carpenter (Eds.), *Narrowing the Development Gap in ASEAN: Drivers and Policy Options* (pp. 21–64). Abingdon, UK: Routledge.

Menon, J. (2012). *Narrowing the Development Divide in ASEAN: The Role of Policy*. Asian Development Bank, Manila, Philippines.

Rippel, B. (2011). *Why Trade facilitation Is Important for Africa, Africa Trade Policy Notes*, Note27, World Bank—see: www.ftaa-alca.org/ftaadrafts_e.asp.

UNCTAD (2017a). *ASEAN AT 50: Achievements and Challenges in Regional Integration*, Geneva.

UNCTAD (2017b). *Promoting Foreign Investment in the Sustainable Development Goals*. The UNCTAD Secretariat, Geneva.

UNDP (2016). *Human Development Report 2016 Human Development for Everyone.*, United Nations Publications, New York, USA.

World Bank (2012). *Well Begun, Not Yet Done: Vietnam's Remarkable Progress on Poverty Reduction and the Emerging Challenges*, World Bank, Hanoi.

World Bank (2017a). Retrieved from GNI Per Capita, PPP (Current International $). Retrieved from https://data.worldbank.org/indicator/NY.GNP.PCAP.PP.CD.

World Bank (2017b). Doing Business: Economy Rankings. Retrieved fromwww. doingbusiness. org/en/rankings.

World Economic Forum (2017). *Global Competitiveness Index* 2017 - 2018, World Economic Forum, Geneva.

Yee, K. L. (2016). *AEC Blueprint 2025 Analysis: Paper 3 | Liberalisation of the Trade in Services.* CIMB ASEAN Research Institute, Kuala Lumpur, Malaysia.

第二编
双赢的非洲大陆自由贸易区

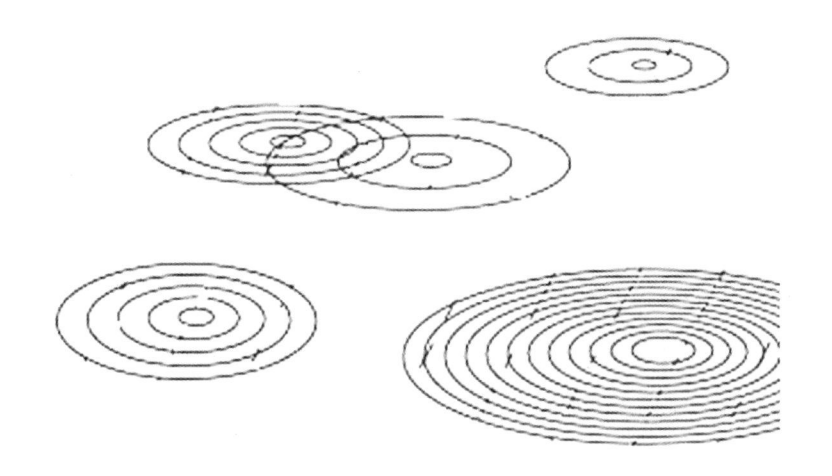

第五章

特殊与差别待遇对普惠包容非洲大陆自贸区的重要性

莉莉·索默(Lily Sommer)
杰米·麦克林德(Jamie MacLeod)[1]

一 简介

非洲大陆自贸区(AfCFTA)为增进非洲发展的包容性提供了机遇,为实现非洲联盟《2063年议程》与《2030年全球议程》的贫困相关目标铺平了道路。经济建模工作显示,来自非洲大陆自贸区的贸易和福利方面呈现正面增长(ECA,2017)。然而,为了实现一个普惠包容的非洲大陆自贸区,重要的是必须确保在非洲国家"之间"和"内部"以公平的方式分享这些成果。关键在这里:非洲是唯一在联合国千年发展目标中没有实现将贫困减半这一目标的发展中地区。

在世贸组织(WTO)内制定有利发展贸易规则的努力收效甚微,不确定性笼罩着《多哈发展议程》的未来地位。与欧盟的大型区域贸易协定(MRTA)和互惠贸易协议预计将为非洲的普惠增长带来另外的挑战(Mevel and Mathieu,2016;Mevel et. al., 2015)。同时,在人们担心全球化的利益分配不公之后,全球各国都在研究如何确保贸易更具包容普惠性并为所有人服务。这些因素以及当前全球贸易和经济增长的放缓,使非洲市场和一个包容普惠的非洲大陆自贸易区变得更加重要。

有多种工具可以用来支持贸易中的包容普惠收益。这些包括企业的社会责任,有针对性的贸易便利化支持,增强微型、中小型企业

(MSME)的议价能力，支持普惠性的知识和帮助创业创新，贸易援助（AfT），公平和有利消费者的竞争政策，技能发展，支持非正式活动的正规化，补偿机制，以及一个广泛性和参与性的咨询平台。但是，本章重点讨论特殊与差别待遇（S&D）作为非洲大陆自贸区一种工具的作用，重点是国家"之间"的差异。

本章分6个部分。第2部分概述作为贸易协议中一种传统工具的特殊与差别待遇。第3部分将特殊与差别待遇的传统背景与非洲大陆自贸区的传统背景进行对比，在非洲大陆自贸区中，所有国家都是发展中国家、弱小国家，或是欠发达国家（LDCs）。第4部分和第5部分根据一组预先设定的标准，审查和评估在非洲大陆自贸区中有关特殊与差别待遇的规定。第6部分以关于如何确保有效实施和利用特殊与差别待遇规定的一系列建议作为总结。

二 特殊与差别待遇：一种互惠性工具

特殊与差别待遇是多边贸易体系的一个核心特征，也是许多区域贸易协定和大型区域贸易协定的核心要素。该核心要素体现在1965年《关税贸易总协定》（GATT）中首次提出的非互惠原则。

> 发达缔约方不期望它们在贸易谈判中作出的降低或消除欠发达缔约方关税和其他贸易壁垒的承诺而得到互惠。
>
> （《关税贸易总协定》第XXXVI.8条）

在关贸总协定成立初期，特殊与差别待遇主要体现在向发展中国家提供关税和配额使用方面的灵活性。乌拉圭回合将重点转移到对新规定克减、拖延或免除上，以及来自发达国家的最大努力承诺，向发展中国家和欠发达国家提供技术援助和其他形式的支持（McCook，2015）。

世贸组织秘书处已将特殊与差别待遇的规定分为6类：[2]

- 旨在增加发展中国家成员贸易机会的规定
- 世贸组织成员应维护发展中国家成员利益的规定

第五章 特殊与差别待遇对普惠包容非洲大陆自贸区的重要性

- 做出承诺、采取行动和使用政策手段的灵活性
- 过渡时期
- 技术援助
- 与欠发达国家成员有关的规定

根据有关协议的重点和范围,这些规定可以针对一系列问题,包括:

- 保障和幼稚产业保护
- 收支稳定的平衡
- 农业发展与食品安全
- 技术性贸易壁垒(TBT)和卫生与植物检疫(SPS)措施,以及与贸易有关的促进国内制造业的投资措施
- 适合发展的知识产权政策
- 不可诉的补贴和反补贴措施
- 贸易便利化

迄今为止,世贸组织的特殊与差别待遇总体上未能支持发展中国家以贸易为主导的发展。大多数特殊与差别待遇的条款是在乌拉圭回合中商定的,是不具约束力的条款,这限制了发展中国家的预期利益。联合国非洲经济委员会(ECA)最近对世贸组织的特殊与差别待遇条款的限制性进行评估,结果凸显了限制非洲国家在世贸组织中利用特殊与差别待遇并从中受益的三个挑战:(1)复杂而昂贵的调用程序;(2)表达语言含糊和解释模棱两可,以及(3)对技术援助的非约束性承诺(ECA,forthcoming)。

有关特殊与差别待遇的谈判和改进建议往往被边缘化。在 2017 年 12 月于布宜诺斯艾利斯举行的第 11 届世贸组织部长级会议(MC11)上,有关 G-90(非洲集团、非洲加勒比太平洋集团和欠发达国家集团)的特殊与差别待遇的一揽子提议几乎没有取得进展,也未决定在第 11 届部长会议后继续根据《多哈部长宣言》第 44 段进行有关谈判,该宣言要求对特殊与差别待遇的条款进行审查,以"强化这些条款并使其更加精确、有效和更具可操作性"。

特殊与差别待遇不仅通常在世贸组织中被提及,也是世贸组织国家

类别分组之间区域贸易协议的一个重要组成部分。在这里，特殊与差别待遇通常以下面两种形式之一出现：

- 承诺上一致，但在过渡时期上具有灵活性
- 承诺上有灵活性

美国的方法往往是前一种，要求平等的承诺，但为欠发达的伙伴国提供更长的实施期限［请参阅本书第 4 章（译注：应为第 3 章）"美洲自由贸易区的失败对非洲大陆自由贸易区的警示"］。欧盟的做法，尤其是在与非洲国家进行《经济伙伴协议》（EPA）谈判中，往往会提供更多的特殊与差别待遇，包括做出不同的承诺以及在过渡时期上的灵活性。迄今为止，每个经谈判达成的《经济伙伴协议》都包括完全、立即免关税进入欧盟市场，以换取在 10—25 年的时间内进入相应非洲市场的 80%—94.6% 的进口自由化（ECA，2018）。此外，经济伙伴协议还包括如保障措施、幼稚产业保护和发展合作资源等工具。特殊与差别待遇还是指导区域全面经济伙伴关系（RCEP）的总原则，这些协议应向东盟成员国，特别是柬埔寨、老挝、缅甸和越南提供特殊与差别待遇。预计这将以更加渐进的关税自由化和更长的过渡时间的形式出现，还有技术合作。

尽管存在缺陷，但如果能有效地设计、对准目标并得到实施，特殊与差别待遇仍然为确保包容普惠贸易制度提供了一种重要手段。显然有必要从经验中学习并适应更有效的特殊与差别待遇形式[3]。在非洲大陆自贸区发展的背景下，设计良好的特殊与差别待遇条款可以帮助减小相对发达和较不发达的非洲国家之间在接受并执行各项规定并利用非洲大陆自贸区所带来机会能力上的相对差距。此外，除非协议得到实际执行，否则将不可能从非洲大陆自贸区获得广泛收益。这里，特殊与差别待遇可以通过增强协议对较不发达国家的价值，就像是一种买入的重要工具：如果这些国家看不到一个协议的价值，它们对实施该协议的兴趣就不大了（Jones，2013）。实际上，特殊与差别待遇是导致当前世贸组织谈判陷入僵局的关键症结之一。从多边背景中吸取的教训可以为非洲大陆自贸区的特殊与差别待遇提供基础，但是非洲背景下的区域广度和特殊性（请参阅第 3 部分）将需要一种新的有针对性的方法。

三 非洲大陆：不同与相似

特殊与差别待遇以及更广义上的国际支持措施通常是根据一个国家是否有资格被视为欠发达国家，或者在某些情况下是否为发展中国家来实施的。例如，在世贸组织中，特殊与差别待遇通常提供给那些符合联合国经济及社会理事会对欠发达国家定义的国家。但是，就经济发展水平而言，非洲的情况比全球贸易制度下的多样性要少得多。实际上，即使是非洲大陆最大的两个经济体——尼日利亚和南非——也被列为发展中国家。根据世界银行2017年人均国民总收入（GNI）数据，一半非洲国家为低收入经济体，其余大多数为中等偏下收入经济体（见表5.1）。根据联合国经济及社会理事会认可的欠发达国家标准，在非洲54个国家中，有33个国家被列为欠发达国家，该标准范围比世界银行的标准更广泛，不仅包括收入，还包括人力资产和经济脆弱性标准。根据这项指标，世界上欠发达国家中约有70%位于非洲。

然而，经济发展水平并不是一国可以享受特殊与差别待遇的唯一条件。在2001年，《多哈部长宣言》中设立了《小经济体工作计划》，以评估小型脆弱经济体（SVE，又被称为脆弱小经济体）——通常是经济多元化程度有限且与市场距离较远的小岛国——所面对的具体贸易挑战，并帮助它们融入多边贸易体系中。作为世贸组织成员的一个分类，脆弱小经济体不享有特殊权利或义务减免，但可将《小经济体工作计划》作为向世贸组织总理事会和贸易与发展委员会阐明其具体问题的一种工具。非洲的两个收入较高的经济体——毛里求斯和塞舌尔——都是脆弱小经济体。

就经济广度来说，非洲与世界各国相当相似。它们主要是低收入和中等偏下收入国家，有少数中上收入和一个高收入（但小且脆弱）经济体（表5.1）。2017年，非洲排名第25和第75的国家的人均国内生产总值（GDP）差别为2405美元，而全球范围内的人均国内生产总值差别为14277美元（World Bank，2018）。即使是非洲最大的经济体，例如南非、尼日利亚、埃及和肯尼亚，也仅占全球贸易的0.5%、0.2%、

0.2%和0.1%,而欧盟、中国和美国占全球贸易的比例分别为33%、12%和11%(IMF,2018)。

表 5.1　非洲人均国民总收入(2017)和欠发达国家、脆弱小经济体状况分组(2018)

低收入经济体 (995 美元或以下)	中等偏下收入经济体 (996—3895 美元)	中等偏上收入经济体 (3896—12055 美元)	高收入经济体 (12056 美元或以上)
贝宁*	安哥拉*	阿尔及利亚	塞舌尔 (小且脆弱)
布基纳法索*	佛得角	博茨瓦纳	
布隆迪*	喀麦隆	赤道几内亚	
中非共和国*	刚果	加蓬	
乍得*	科特迪瓦	利比亚	
科摩罗*	吉布提*	毛里求斯(小且脆弱)	
刚果民主 共和国(金)*	埃及	纳米比亚	
厄立特里亚*	加纳	南非	
埃塞俄比亚*	肯尼亚		
冈比亚*	莱索托*		
几内亚*	毛里塔尼亚*		
几内亚比绍*	摩洛哥		
利比里亚*	尼日利亚		
马达加斯加*	圣多美和普林西比*		
马拉维*	苏丹*		
马里*	斯威士兰		
莫桑比克*	突尼斯		
尼日尔*	赞比亚*		
卢旺达*			
塞内加尔*			
塞拉利昂*			
索马里*			
南苏丹*			
坦桑尼亚*			

第五章 特殊与差别待遇对普惠包容非洲大陆自贸区的重要性

续表

低收入经济体 （995 美元或以下）	中等偏下收入经济体 （996—3895 美元）	中等偏上收入经济体 （3896—12055 美元）	高收入经济体 （12056 美元或以上）
多哥*			
乌干达*			
津巴布韦			

注：* 欠发达国家。

资料来源：2017 年世界银行国家和借贷机构，联合国经济社会理事会 2018 年欠发达国家名单和世贸组织关于 2017 年小且脆弱国家信息。

就经济发展而言，整个非洲大陆的相对同质化程度意味着，按国家区分地区承诺和义务的方式意义不大，这种方法反映了世贸组织采取的传统做法（见第 2 部分）。许多非洲国家面临着一系列类似的挑战，包括高贫困率、人口快速增长、对农业和原材料的过度依赖以及薄弱的治理结构。同时，由于大多数非洲内部贸易都在紧密相邻的国家之间进行，而这些通常已经通过现有的区域经济共同体（REC）的自由贸易协议进行，非洲大陆自贸区预计将对贸易产生较小的冲击（ECA，2017）。

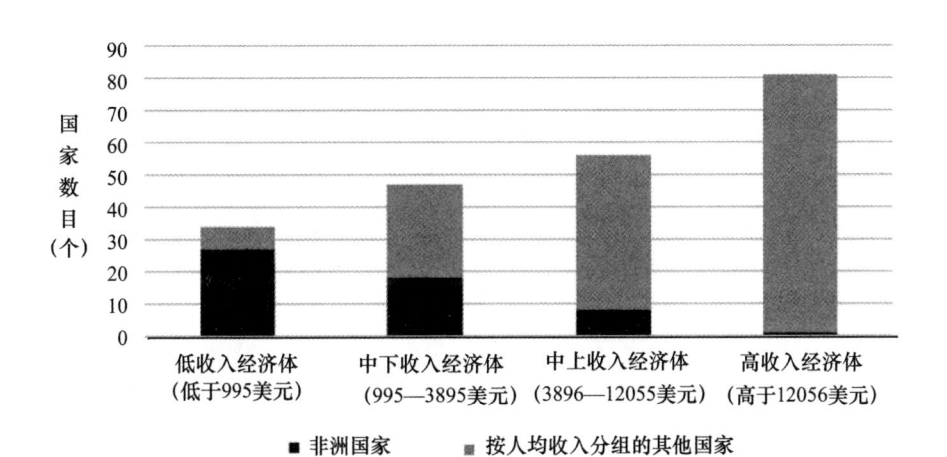

图 5.1 非洲国家和世界其他国家排列表（根据 2017 年人均国民收入划分）

资料来源：2017 年世界银行国家和借贷机构。

尽管非洲国家面临类似的挑战，处于相似的发展水平，但各国具体的经济结构意味着它们能从非洲大陆自贸区获得好处的机会有所不同。这意味着非洲大陆自贸区将提供不同的机会，并要求采取有针对性的措施来支持每个非洲国家利用它们所能得到的具体机会。如上所述，不仅出于公平的原因，而且对于确保该协议对所有国家有效并得到切实执行，这一点尤为重要。表 5.2 提供了用于确定每个国家将如何从非洲大陆自贸区中受益的类型。

工业化水平 在表 5.2 上半部分的非洲国家将处于更能利用非洲大陆自贸区所带来的制造业发展机会的位置。它们现有的制造业规模和水平将增强它们争夺新市场机会的能力，并使之能吸引工业投资以服务非洲不断壮大的中产阶级的目的。在表 5.2 下半部分工业化程度较低的

表 5.2 非洲国家类型

	农业劳动份额 > 50%	农业劳动份额 < 50%
	沿海的	**沿海的**
	加纳（资源丰富）	阿尔及利亚（资源丰富）
	几内亚比绍	贝宁
	肯尼亚	喀麦隆（资源丰富）
	马达加斯加	刚果民主共和国*（资源丰富）
	莫桑比克（资源丰富）	科特迪瓦（资源丰富）
	塞内加尔（资源丰富）	埃及（资源丰富）
	坦桑尼亚（资源丰富）	赤道几内亚（资源丰富）
制造业增值 > 国内生产总值的 10% 或 > 10.85 亿美元	**内陆的**	毛里求斯
	埃塞俄比亚	摩洛哥
	马拉维	尼日利亚（资源丰富）
	乌干达	南非（资源丰富）
		突尼斯
		内陆的
		莱索托
		斯威士兰
		津巴布韦（资源丰富）*

第五章 特殊与差别待遇对普惠包容非洲大陆自贸区的重要性

续表

	农业劳动份额 > 50%	农业劳动份额 < 50%
制造业增值 < 国内生产总值的 10% 和 < 10.85 亿美元	**沿海的**	**沿海的**
	安哥拉（资源丰富）	佛得角
	科摩罗	刚果共和国（资源丰富）
	吉布提	加蓬（资源丰富）
	厄立特里亚（资源丰富）	利比亚（资源丰富）
	冈比亚	纳米比亚（资源丰富）
	几内亚（资源丰富）	塞舌尔
	利比里亚	苏丹（资源丰富）*
	毛里塔尼亚（资源丰富）	多哥
	圣多美和普林西比	**内陆的**
	塞拉利昂（资源丰富）	博茨瓦纳（资源丰富）
	索马里*	
	内陆的	
	布基纳法索（资源丰富）	
	布隆迪	
	中非共和国（资源丰富）*	
	乍得（资源丰富）*	
	马里（资源丰富）	
	尼日尔（资源丰富）	
	卢旺达	
	南苏丹（资源丰富）*	
	赞比亚（资源丰富）	

注：国家是根据农业劳动份额进行分类，并增加制造业价值作为确定其工业化水平的一种依据。国家又根据其是否沿海、内陆和/或资源丰富进一步再分类。[4]

* 表示在 2017 年脆弱国家指数排名前 10 位中非常脆弱的经济体（Fund for Peace, 2017）。

资料来源：根据世界银行《世界发展指标》和联合国贸发会议统计数据的分类。最新数据引自非洲经济委员会（ECA, 2017）

国家也可以从非洲大陆自贸区中受益。通过促进贸易和投资，非洲大陆自贸区创造了新的工业机会，并放宽了创造区域价值链的条件（RVCs）。不过，在通过政策辅助措施实现这些机会方面，它们可能需要额外的支持。非洲大陆自由贸易区针对幼稚产业的保障措施（如可用的贸易防御工具和幼稚产业条款），可操作性将至关重要。

农业部门规模　　农业占非洲国内生产总值的32%，雇用了非洲65%的劳动力。因此，这是一个可以显著提高生产力和取得巨大发展收益的部门。位于表5.2左上象限的那些国家处于利用农业产业和农业加工部门中新机会的好位置，这有助于满足非洲的粮食安全要求并减少粮食进口费用。需要采取配套措施来提高农业生产率，特别是在机械化、贸易便利化和与贸易有关的基础设施方面。由于农产品和食品面临特别严格的安全和质量要求，因此加大农业获得信贷和支持以遵守贸易技术壁垒（TBT）以及卫生和植物检疫（SPS）措施的机会也将是关键的。

资源禀赋　　大多数非洲国家被归类为资源丰富的国家。原材料关税已经很低，因此非洲大陆自贸区对进一步促进资源出口能做的工作很少。但是，通过降低非洲国家之间对中间和最终产品征收的关税，非洲大陆自贸区将为增加自然资源的价值创造更多机会。同时，非洲大陆自贸区也为向其他工业化出口部门的出口多样化提供机会。

内陆国和沿海国　　内陆国家的工业化与它们能够使用邻近沿海国家港口设施的方便程度关系密切，因为现代制造业依赖于通过区域和全球价值链进行零部件进出口。非洲大陆自贸区提供了特别的好处：除了降低关税外，还包括有关贸易便利化、转运和海关合作的规定。世贸组织的贸易便利化协议（TFA）是向非洲世贸组织成员国开放的另一种援助途径，它可以支持非洲大陆自贸区的实施和运营。

冲突和冲突后国家　　贸易和贸易政策可以很大程度地影响一些国家发生冲突的风险。优惠贸易协定和贸易便利化，包括非洲大陆自贸区所设想的内容，可以帮助促进邻国之间更牢固的贸易关系，帮助创造新的机会使商品和矿物的出口收入多样化，并创造替代性收入和生活来源。但是，弱国的生产和贸易能力通常极其有限，非洲大陆自贸区本身不足以刺激这些国家的贸易，还需要与转运、物流和贸易有关的基础设施，

第五章 特殊与差别待遇对普惠包容非洲大陆自贸区的重要性

以及提高生产能力的支持措施。

表5.2表明，非洲大陆自贸区将提供适合非洲国家结构多样性的各种机会，包括资源丰富的国家、以农业为基础的国家和工业化程度更高的国家。但是，某些国家将需要有针对性的支持。工业化程度更高的经济体可能处于能更好利用新的工业出口机会的位置，这些机会与创造贸易和从世界其他地方转口过来的贸易相关，而其他国家则可能需要采取措施来帮助它们与这些价值链建立联系并发展其出口部门。较不发达的经济体在满足复杂的原产地规则和达到产品标准方面可能会遇到挑战，它们使用贸易补救措施的能力通常也很弱。

《促进非洲内贸行动计划》（BIAT）可以提供一个在国内层面支持从非洲大陆自贸区获得广泛收益所需关键政策的框架。该计划的目标围绕约束非洲内部贸易的七个主要方面：贸易政策、贸易便利化、生产能力、与贸易有关的基础设施、贸易融资、贸易信息和主要市场一体化。但是，由于国家层面上的财政、技术和能力限制，并非所有非洲国家都具有实施促进非洲内部贸易政策的同等条件。此外，能力和基础设施建设需要时间。因此，在区域一级也将需要采取措施，以提供更多的公平竞争环境，支持在非洲大陆自贸区初期获得共同收益。本章的其余部分将集中介绍特殊与差别待遇作为一种可能的区域措施，在解决非洲国家之间的多样性及它们执行非洲大陆自贸区各项规定并从协议中获益的相对能力。

四 非洲大陆自贸区协议中的特殊与差别待遇

2016年5月第二届谈判论坛确定并得到非盟大会通过的非洲大陆自贸区谈判指导原则指出，对自由化所做出的雄心勃勃的承诺必须在灵活性、特殊与差别待遇以及结构调整之间取得平衡。这至少从理论上确定了非洲大陆自贸区的参数，即它不仅应包括特殊与差别待遇，而且还要求各国具有更大的灵活性和范围，以便适合各国发展水平和经济结构。

除了指导谈判的要点之外，这些"谈判指导原则"随后也通过被收入《非洲大陆自贸区协定》（简称《协定》）第5条而被提升为执行原则。因此，这些原则可以作为解决协议中解释性争议的基础。

此外，特殊与差别待遇是非洲大陆自贸区协议中两个条款的专门主题。首先，《货物贸易协定书》第6条指出：

> 为了与非洲大陆自贸区有关全面和互利的货物贸易的目标一致，缔约国应向不同经济发展水平或具有其他缔约国认可的个别特殊性的其他缔约国提供灵活性。这些灵活性应包括不同情况下在执行本协议时的特殊考虑和额外的过渡期。

关于货物贸易，应在"不同的经济发展水平"或在它们面临"个别特殊性"，但前提是必须得到其他缔约国"认可"的情况下，给予这些缔约国特殊与差别待遇。因而，这为特殊与差别待遇提供了一个法律依据，但不是一个无条件的权利。意向缔约国将利用这些规定，作为通过非洲大陆自贸区的体制结构，包括高级贸易官员委员会和部长理事会，争取在执行非洲大陆自贸区协定时得到灵活性的基础。

值得注意的是，特殊与差别待遇的范围不只限于非洲欠发达国家或缔约国中的任何其他分类。通过扩大条件范围以涵盖潜在的"个别特殊性"，非洲最大和最发达的国家（例如南非）都将具有要求获得特殊与差别待遇的基础。

在第6条中明确提到的特殊与差别待遇的唯一形式是执行协议所需要的更长过渡期，但这种可能性并不排除其他方式。这为对特殊与差别待遇的预期提供了一个非排他性的框架。

另外，特殊与差别待遇也是《服务贸易议定书》第7条的主题，其中指出：

> 为了确保所有各方更多和有益地参与服务贸易，缔约国应：
> （a）特别考虑对服务部门承诺和供应方式的进一步自由化，这将促进关键的增长部门，以及社会和可持续经济的发展；
> （b）考虑到缔约国可能遇到的挑战，并可能在行动计划框架内视具体情况给予例如过渡时间上的灵活性，以适应在执行这个协议

第五章　特殊与差别待遇对普惠包容非洲大陆自贸区的重要性

中出现的特殊经济状况以及发展、贸易和金融的需要，建立一个统一和自由化的单一服务贸易市场；

（c）通过大陆支持方案对技术援助和能力建设计划给与特殊考虑。

尽管《服务贸易议定书》第 7 条使用了完全不同的语言，并且表达也似乎更加清楚，但其对特殊与差别待遇所表达的信息在形式上与《货物贸易议定书》第 6 条所表达的非常一致。义务仅是出于"特殊考虑"，并"考虑"值得按特殊与差别待遇处理的情况。这再次意味着没有赋予无条件的特殊与差别待遇的权利，但是提供了"按具体情况"要求特殊与差别待遇的法律依据。同样，由于"特殊与差别待遇"是通过解释非常灵活的语句"特殊经济状况和发展情况"来表达的，非洲最大和最发达国家获得特殊与差别待遇的机会并不会被排除在外。尽管可能适用特殊与差别待遇的领域框架不是规定性的，但是它包括灵活的"过渡期"，而且还附加提供技术援助和能力建设的条款，虽然这是通过"大陆支持计划"进行的，而不代表任何其他缔约国的义务。

特殊与差别待遇以外的灵活性还体现在非洲大陆自贸区协议及协定的可操作条款中（表 5.3）。缔约国在寻求灵活性或克减对非洲大陆自贸区的义务方面有途径可寻。《协定》第 15 条提供了寻求豁免所承担义务的机制。就《货物贸易议定书》来说，在幼稚产业（第 24 条）、贸易救济（第 17 条）、一般和安全方面的例外（第 26 条和第 27 条）以及在国际收支困难的条件下（第 28 条），可以进一步要求得到灵活性。在特殊情况下，缔约国还有要求修改其关税自由化优惠（第 11 条）的依据。在《服务贸易议定书》中，缔约国被赋予一般性和安全性例外（第 15 条和第 16 条）以及国际收支困难中的灵活性（第 14 条），而且，还有修改优惠时间表的依据（第 23 条）。

最后，在减让表上对关税自由化所做的有区分的实质性承诺中包含了特殊与差别待遇的条款，附在《货物贸易议定书》附件 1 中。为了将各国具体的减让表附加在协定上，各国必须满足于 2017 年 6 月 15 日至 16 日在尼日尔的尼亚美举行的非盟贸易部长第三次会议通过的关税自由化模式（见表5.4）。在这些模式下，特殊与差别待遇明确规定了欠发达国家和非欠发达国家不同的融入阶段，其中欠发达国家为非敏感产品的进口提供了额外的五年时间，为敏感产品提供了额外的三年时间。

这些规定侧重于在降低关税上仅持续数年的逐步实施阶段，而不是直到摆脱欠发达国家地位为止。鉴于大多数非洲国家是欠发达国家（见第3部分），这是可以理解的。因此，引入过分优惠的特殊与差别待遇条款将大大减少非洲大陆自贸区项目的成功，而且还确实减少了欠发达国家的机会。

重要的是要认识到，表述货物贸易模式中设想的特殊与差别待遇所带来的复杂性要比表5.4中描述的更为复杂。相互之间已实现关税同盟并具有共同外部关税制度的区域经济共同体（REC），有望在非洲大陆自贸区中提交共同的区域减让表。但是，构成非洲关税同盟的每个区域经济共同体都包含欠发达国家和非欠发达国家，因此在提供共同区域优惠时，不可能同时利用所提供的特殊与差别待遇。

表5.3　　　非洲大陆自贸区协议和协定中的灵活性和技术援助

	建立非洲大陆自贸区的协议
第15条　放弃义务	缔约国要求放弃该协定所承担的任何义务的法律依据以及将考虑这一放弃依据的条件
	货物贸易的灵活性
第11条　关税减让的改动	缔约国在"特殊情况"下可以灵活地要求修改其关税自由化优惠以及其中应遵循的详细程序
第17条　反倾销和反补贴措施	认识到许多非洲国家在使用此类措施方面面临的能力限制，为实施贸易救济提供了指导方针
第24条　幼稚产业	采取被认为具有"国家一级战略重要性"的"保护措施"的幼稚产业的法律依据。本条的实施应采用准则。
第26条　一般例外	关贸总协定引发的一般例外
第27条　安全例外	关贸总协定引发的安全例外
第28条　国际收支	缔约国在严重的国际收支困难中或在迫在眉睫的威胁中灵活采取限制性措施来补救这种情况
第29条　技术援助、能力建设和合作	要求非洲大陆自贸区秘书处为实施《货物贸易协定书》而提供技术援助和能力建设

第五章 特殊与差别待遇对普惠包容非洲大陆自贸区的重要性

续表

服务贸易灵活性	
第 14 条 保护国际收支平衡的限制	缔约国在严重的国际收支困难中或面临迫在眉睫的威胁时可以灵活地采取限制性措施,包括在付款或转移方面,以补救这种情况
第 15 条 一般例外	关贸总协定引发的一般例外
第 16 条 安全例外	关贸总协定引发的安全例外
第 23 条 具体承诺时间表的改动	缔约国可以灵活地请求修改其服务自由化优惠以及应遵循的详细程序,包括提供补偿性调整
第 27 条 技术援助、能力建设和合作	呼吁与非洲大陆自贸区秘书处、缔约国、地区经济委员会与发展伙伴协调提供技术援助和能力建设,以加强缔约国提供服务的能力并促进《服务贸易议定书》的执行

资料来源:2018 年 3 月 21 日第十届非洲联盟国家元首和政府首脑特别会议通过的《建立非洲大陆自贸区协定》。

表 5.4　　　　　　　　　关税自由化计划和模式的等级[5]

		非欠发达国家的时间框架	欠发达国家的时间框架(特殊与差别待遇)
计划等级	90%	5 年	10 年
敏感产品	X%	10 年	13 年
排除名单	Y%	除外	除外

资料来源:2017 年 6 月 15 日至 16 日非盟贸易部长第三次会议通过的关于非洲大陆自贸区关税谈判的模式。

五　对特殊与差别待遇规定的评估

前面介绍了特殊与差别待遇作为一个重要工具,避免政策空间侵蚀,并促进非洲大陆自贸区内的贸易得到互惠收益。但是,如果特殊与差别待遇条款过于严格,难以援引,《非洲大陆自贸区协议》仍然可能有损害欠发达缔约国工业化和发展议程的危险。本节通过提出以下指导性问题来评估《非洲大陆自贸区协议》中关于特殊与差别待遇条款的限制性:

1. 正确调用有关特殊与差别待遇规定必须遵循的程序复杂性(如果有的话)是什么?

2. 一旦触发了特殊与差别待遇的规定,可能有的临时豁免的范围和期限是多少？

3. 关于特殊与差别待遇中侧重技术援助和能力建设承诺的规定，这些规定可以强制执行吗？

评估中出现了许多重要问题，这些问题预计会影响在非洲大陆自贸区下的特殊与差别待遇的有效性和利用率。

非自动调用

《非洲大陆自贸区协议》中所包含的特殊与差别待遇的规定（不包括与关税自由化时间表有关的条款）只能由能够有效地向其他缔约国证明其资格的国家援引，例如，通过满足某些"个别特殊性"标准。利用这种非自动程序在时间、资金和技术资源方面都可能成本很高[6]，并且为能力欠缺和资源有限的非洲国家带来特别的负担。

由于大多数特殊与差别待遇的条款都是一揽子方式的，因此，具有讽刺意味的是：这意味着在非洲大陆自贸区中，更先进的非洲国家可能成为特殊与差别待遇的主要受益者。实际上，在跨太平洋伙伴关系（TPP）中也采用了类似的方法，该方法对发达国家和发展中国家都应用相同的高标准贸易规则。取消关税时间表因国家/地区而异，有些国家对其他成员国（双边）维持不同的取消关税时间表（针对特定产品），值得注意的是，尽管如马来西亚、越南和墨西哥这样的跨太平洋伙伴关系发展中国家取消关税的期间很长，美国（在它退出之前）和日本却保留更大的灵活性。

此外，如果在非洲大陆自贸区框架下启动特殊与差别待遇的手段对于法律能力和财务控制都有限的国家来说是无法实现的，则可能存在这些国家采取直接不履行义务的方式或通过寻求减免的政治渠道来规避法律援引途径的风险。这将破坏该协议的信誉和价值，并在广泛程度上损害非洲大陆对深化区域一体化的承诺，并可能导致在更高层次，甚至延伸到贸易之外的争端（Vanheukelom，2016）。

含糊的表达语言

非洲大陆自贸区的特殊与差别待遇条款也存在解释性歧义，因为关于义务的措辞往往含糊不清。例如,"要考虑"可以给予特殊与差别待遇的情况有什么具体指涉?这是否意味着要重点认识到这一情况,或考虑将其应用到服务自由化承诺的实施中?应该如何将其考虑在内呢?这将使缔约国很难理解对特殊与差别待遇的资格上的要求,因此难以采取行动。更简单明确的特殊与差别待遇的规定通常更有效,而且利用率更高。

暂时的灵活性

由于调用的技术上和财务上的限制,以及在其他特殊与差别待遇条款中经常使用的模糊语言,没有其他支持,在关税自由化上"自动地"给予特殊与差别待遇的条款预计会产生更大的影响。这些规定侧重于在降低关税上仅持续数年的逐步实施阶段,而不是直到摆脱欠发达国家地位为止。鉴于大多数非洲国家是欠发达国家(见第3部分),这是适当又不过分严格的。因此,引入过分优惠的特殊与差别待遇条款将大大减少非洲大陆自贸区项目的成功,而且还确实减少了欠发达国家的机会。此外,关税自由化方面特殊与差别待遇的时间紧迫性将有助于为缔约国提供必要的刺激措施,并随着时间推移提高它们的竞争力。

非约束性技术援助

该协议要求非洲大陆自贸区秘书处以及通过大陆支持计划提供技术援助和能力建设(TACB)。这与要求较发达缔约国提供技术援助和能力建设的义务明显不同,后者是世贸组织使用的一种方法。鉴于非洲国家之间经济发展水平相对相似,这是有道理的;甚至非洲最发达的国家(如南非、埃及和肯尼亚)也是发展援助委员会(DAC)和政府开发援助(ODA)的接受国。与具有约束力的技术援助义务或针对技术援助和能力建设的强制性补偿计划相比,基于缔约国在特定问题上的不同优势和能力而建立的自愿合作和分享最佳做法的模式是更合适的(而且政治上也是可以接受的)。由于关税自由化上的特殊与差别待遇是暂时的,因此,旨在解决非关税问题和提高竞争力的合作性技术援助和能力建设就是至关重要的。然而,非洲大陆自贸区秘书处和大陆支持计划对技术援助和能力建设的具体期望含糊不清，这可能有损害非洲大陆自贸区规定的可操作性的危险。

六　结论

特殊与差别待遇是世贸组织和其他区域贸易协议的主要特征，为帮助欠发达国家履行义务并利用贸易自由化机会提供了灵活性。但是，非洲的背景与全球其他区域不同。在经济发展方面，它涉及更大程度的同质性，这意味着用世贸组织采取的传统方法，区分国家的承诺和义务就没有多大意义了

尽管在非洲的背景下这些可能并不那么重要，但非洲大陆自贸区包括了一些特殊与差别待遇的条款。这些条款通过减轻某些非洲国家面临的义务负担，提供了确保一个包容性的非洲大陆自贸区的潜在途径。值得注意的是，这些特殊与差别待遇条款与世贸组织的通常做法不一样，并不仅限于非洲欠发达国家。相反，这些特殊与差别待遇的潜在适用范围不断扩大，也可适用于有"个别特殊性"的国家，但前提是这些特殊性必须得到非洲大陆自贸区其他各方"认可"。值得注意的是，非洲最大和最发达的国家（例如南非）不会被排除在要求得到特殊与差别待遇的基础之外。

但是，由于法律能力和资金限制，特别是对于非洲欠发达国家而言，许多特殊与差别待遇规定的非自动适用性可能有使它们不能完全运作的危险。在启动特殊与差别待遇过分困难的情况下，能力有限的缔约国可能会诉诸其他的政治渠道来申请减免，这反过来又有可能破坏非洲大陆自贸区中基于规则的机制。这表明在开发启动程序的能力建设方面需要有针对性的支持。此外，关于贸易自由化时间表中"自动的"特殊与差别待遇条款本质上是临时的，因此需要更广泛的技术援助和能力建设措施来提高竞争力，以最大程度地提高从豁免和过渡期中得到的价值和回报。作为更广泛的能力建设工作的一部分，非洲大陆自贸区秘书处也可能希望在提高对现有可用的特殊与差别待遇选项的认识方面有所投入；缺少有关特殊待遇资格的信息已经成为在多边空间有效实施特殊

第五章 特殊与差别待遇对普惠包容非洲大陆自贸区的重要性

与差别待遇的主要障碍。

对于非洲大陆自贸区的参与方来说，采取自愿和合作的方式进行技术援助和能力建设是有意义的，其基础是共享反映不同国家的各种特定力量和技术比较优势的最佳做法。例如，对实施关于贸易技术壁垒的附件6的技术援助和能力建设将是至关重要的，因为有效实施附件6需要高水平的技术能力，并且对于支持欠发达国家利用在非洲大陆自贸区下的农用工业机会很重要。同时，非洲各国国家标准局（NSB）的规模以及技术和财务能力也存在很大差异，并且已经存在一些可以作为基础的、在区域经济共同体层面上共享能力和最佳实践的系统，例如，尼日利亚和肯尼亚的国家标准局分别在西非经济共同体和东非经济共同体内部提供合作技术援助和领导。尽管这种模式往往是非正式和自愿的形式，但仍存在鼓励各国根据其相对优势分享技术援助和能力的动机，因为这将提高接受国的执行能力并带来互利的贸易收益。

除了合作性的区域技术援助和能力建设外，各种特殊与差别待遇条款（例如过渡期和幼稚产业保护）仅在具有互补性和针对性的国内政策下才能有效，以提高本地供应商利用这些灵活性的效率和有效性。更普遍地讲，仅提供特殊与差别待遇条款还不足以推动非洲的工业化，这也将需要针对贸易和工业能力建设的国内政策。如第3部分所述，促进非洲国家间贸易的行动计划可以为国内层面支持非洲大陆自贸区的包容性收益所需的辅助性政策提供一个框架。实施非盟促进非洲加速工业化行动计划（AIDA）也是至关重要的[7]。此外，非洲国家也将需要根据各自的特殊性和经济结构制定国家战略，从非洲大陆自贸区协议中受益，用这样的中长期干预措施和策略来补充和加强由特殊与差别待遇所提供的短期灵活性。

为了评估特殊与差别待遇措施的实施、运营和利用水平，包括拟议的由非洲大陆自贸区秘书处和/或大陆支持计划管理的技术援助和能力建设，我们将需要一个全面的监测和评估（M & E）机制。这将有助于查明运作方面的差距，并指导协助合格的缔约国有效地利用非自动启用的特殊与差别待遇规定，并最大限度地发挥临时自动灵活性的长期价值。

作为补充，可以建立某种形式的发展委员会，作为缔约国之间就与实施特殊与差别待遇和为确保从非洲大陆自贸区中获得包容性收益的有关问题进行磋商的平台。在一个开放的大陆平台上提出关切的机会可以作为减少由发展和竞争性引起的潜在贸易冲突的有效途径。此外，委员会将为缔约国提供一个空间，以提交有关它们自己的具体技术援助的通知，从而使在技术援助与能力建设活动中能够进行有效的协调与合作。

最后，非洲大陆自贸区关于投资、知识产权、竞争政策以及可能的电子商务等第二阶段问题的谈判将于2019年开始。在第二阶段中，保持特殊与差别待遇议题的中心地位至关重要，例如，通过采取与贸易有关的投资措施来促进国内制造业，制定适当的对发展有利的知识产权政策以及合作的技术援助和竞争政策方面的能力建设，而这正是非洲国家中能力差异很大的一个领域。

注　释

1. 对科莱特·范德文（Colette van der Ven）和奥戈（Ifeyinwa Nwanneka Ogo）在本章写作过程中所提供的宝贵意见和贡献表示衷心的感谢。

2. 见 WT/COMTD/W/196 OF 14 June 2013.

3. 世贸组织的贸易便利化协议对怎样重新对待和改进特殊与差别待遇的有效性提出了一个创新的范例。协议将履行的义务和执行的能力联系起来，并提出了一个延续技术支持和能力建设的框架，以支持各国执行具体规定的能力。第五部分将讨论从贸易便利化协议中得到的经验。

4. 本文采用的"资源丰富"的定义来自麦肯锡全球研究所的定义，该定义把资源驱动国家规定为至少满足下列三种情形之一的国家：2011年资源出口占总出口的20%及以上；2006—2010年平均资源占政府收入的20%以上；2010年或有数据的接近年份，资源租金占国内生产总值的10%以上。（McKinsey & Company, 2013）.

5. 本文写作时，决定敏感性和被排除产品的 X 和 Y 百分比尚未确定，但其最后值不会从特殊与差别待遇减去。

6. 在关贸总协定（GATT）的多重背景中，这已经相当地限制了发展的可用性和欠发达国家利用特殊与差别待遇来保护工业。（ECA, forthcoming）

7. 2018年5月，在联合国工业发展组织（UNIDO）支持下，在非盟委员会（AUC）贸易及工业部内成立了非洲加速工业发展分部（AIDA – ICU）。该分部的作用是在一个强大的非洲大陆自贸区——工业化关系的背景下，协调各方为实现非洲加速工业发展行动计划的努力。

参考文献

Economic Commission for Africa（ECA）（2017）. *Assessing Regional Integration in Africa VIII: Bringing the African Continental Free Trade Area About.* United Nations Economic Commission for Africa, Addis Ababa.

Economic Commission for Africa（forthcoming）. *Issues Paper for the WTO Africa Group: Aligning Special and Differential Treatment at the WTO with Africa's Industrialization Priorities*, United Nations Economic Commission for Africa.

Economic Commission for Africa（2018）. *A Comparison of the Provisions of the Economic Partnership Agreements"* . United Nations Economic Commission for Africa, Addis Ababa.

Fund for Peace（2017）. Fragile States Index. Database. Washington, D. C., USA.

IMF（2018）. Direction of Trade Statistics. Database. Washington, D. C., USA.

Jones, E.（2013）. *Negotiating against the Odds: A Guide for Trade Negotiators from Developing Countries.* Basingstoke, UK: Palgrave Macmillan.

McCook, W.（2015）Rethinking Special and Differential Treatment: Towards and Integration of S&D Principles into the 21st Century. Bridges

Africa Article, 11 November.

McKinsey & Company (2013). *Reverse the Curse: Maximizing the Potential of Resource-Driven Economies*. McKinsey Global Institute.

Mevel, S. and Mathieu, M. (2016). "Emergence of Mega-Regional Trade Agreements and the Imperative for African Economies to Strategically Enhance Trade-Related South-South Cooperation." Paper presented at the 19th Annual Conference on Global Economic Analysis, Washington, DC.

Mevel, S., Valensisi, G., and Karingi, S. (2015). "The Economic Partnership Agreements and Africa's Integration and Transformation Agenda: The Cases of West Africa and Eastern and Southern Africa Regions." Paper for the 18th Annual Conference on Global Economic Analysis, Melbourne, 17 – 19 June.

Vanheukelom, J. and Bertelsmann-Scott, T. (2016). *The Political Economy of Regional Integration in Africa: The Southern African Development Community (SADC) Report*. ECDPM, Maastricht, Netherlands.

World Bank (2018). *World Development Indicators*. Washington, DC: The World Bank Group.

第六章

非洲大陆自贸区、价值链以及重叠的原产地制度对非洲铜价值链领域的兼容性评估

古力奥米·戈鲁特（Guillaume Gérout）
哈瑞森·阿多·奥比瑞（Harrison Addo-Obiri）[1]

简　介

背　景

世贸组织（WTO）法则[2]允许的贸易优惠，是对一些国家的区别性优惠。在这些协议中，区域贸易协定（RTAs）在多边贸易框架海洋中构成了更深层次的自由化孤岛[3]。

迄今为止，世贸组织已认可了 280 多个区域贸易协定（WTO，2018）。其中很大一部分是由少数几个国家发起的[4]，有时签约伙伴国本身已经属于另外一些区域贸易协定，结果导致优惠协议中的对象重叠。这被描述为"优惠贸易协定泛滥，各国在不同的贸易协定中扩大优惠，造成'意大利面条碗'① 现象"（Bhagwati，1995）。基于原产地的区别对待，"意大利面条碗"效应被认为会增加成本（Bhagwati，1995）。在优惠贸易制度重叠下，情况变得更加复杂（Augier, Gasoorek & Lai Tong,

---

① 译注：在双边自由贸易协定和区域贸易协定——统称特惠贸易协议下——各个协议的不同的优惠待遇和原产地规则就像碗里的意大利面条，一根根地绞在一起，剪不断，理还乱。这种现象被贸易专家们称为"意大利面条碗"现象或效应。

2005；Estevadeordal，Harris & Suominen，2009）。

非洲不少国家存在区域贸易协定重叠的情况。例如，摩洛哥是包括美国、欧盟、欧洲自由贸易协定国家和土耳其在内的自由贸易协定网络的枢纽。摩洛哥参与了多个世贸组织已知的区域贸易协定：（1）包括埃及、约旦和突尼斯在内的《阿加迪尔协定》；（2）包括《阿加迪尔协定》签署国利比亚和苏丹在内的 15 个阿拉伯国家的《泛阿拉伯自由贸易协定》（PAFTA）[5]。此外，摩洛哥还签署了《非洲大陆自由贸易区协议》，之前《阿加迪尔协定》和《泛阿拉伯自由贸易协定》的所有非洲签署国也都参与了《非洲大陆自由贸易区协议》[6]。

如上述示例，非洲国家之间以及非洲国家与第三国之间并存有几种部分重叠的优惠贸易计划及其原产地机制。值得注意的是，非洲内部有 5 个非盟认可[7]的区域共同体自由贸易协定，即：东部和南部非洲共同市场、东非共同体关税同盟、西非国家经济共同体关税同盟和南部非洲发展共同体自由贸易协定[8]。图 6.1 展示了非洲大陆内部以及和第三方国家之间自由贸易协定的非洲版"意大利面条碗"的状况，这意味着可能会有许多不同的原产地规则。

每个自由贸易协定中都为批准各自的原产地状态提供了原产地制度。不过，大致可以区分为两种类型：一方面，大多数区域经济共同体都采用了全面、通用的原产地规则；另一方面，阿加迪尔协定与欧盟和欧洲自由贸易协会的协定、东非共同体关税同盟和南部非洲发展共同体的协定则是另一种，适用产品特定的原产地规则。

通用或全面的原产地规则，旨在应用于所有术语上所说的产品，通常允许灵活地在获取原产地的合格标准之间进行选择；但是，产品特定的原产地规则适用于获取特定一类或一组产品的原产地特定标准。后一种设计比一般设计更精确，但也更具限制性，因为规则的特殊性不能满足可供选择的规则灵活性。要注意的是，除非明确指出，这两种类型不一定彼此排斥，只要清楚地确定哪些规则适用于哪些产品即可[9,10]。

除了上述区域经济共同体体制外，还存在一些次区域协定安排，比如中部非洲国家经济共同体内部的中部非洲经济和货币共同体，西非国家经济共同体内部的西非经济和货币联盟，南部非洲发展共同体内部的

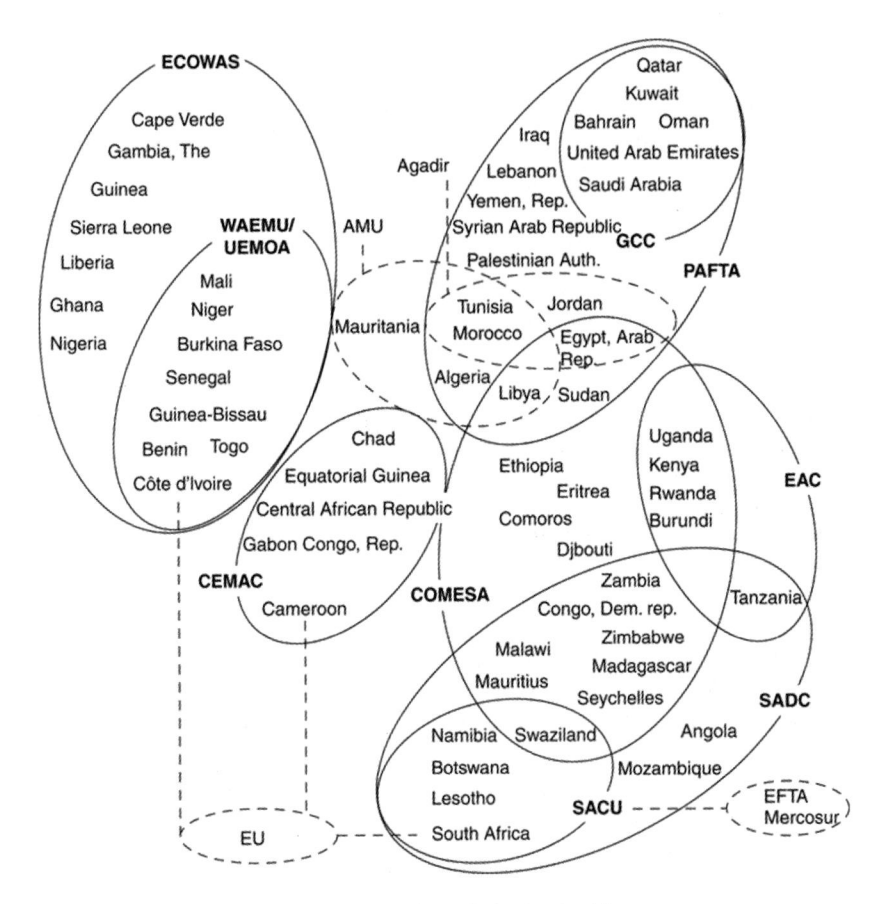

第六章 非洲大陆自贸区、价值链以及重叠的原产地制度对非洲铜价值链领域的兼容性评估

图 6.1 非洲版"意大利面条碗"

资料来源：Chauffour & Maur, 2011.

南部非洲关税同盟，这使非洲共存的内部协定安排总数增加到 8 个。此外，非洲国家之间存在多种双边优惠协议，这增加了重叠贸易制度的层次。包括摩洛哥和几内亚、塞内加尔和毛里塔尼亚之间的协定以及印度洋委员会国家之间的优惠协议就是典型例子。

表 6.1 列出了本章考虑的 8 个有效的优惠协议及其重叠之处。为了我们的分析目的，仅考虑了生效的区域贸易协定。如前所述，三方自贸区协定和非洲大陆自由贸易区协议一旦生效，将在东非和非洲大陆层面建立更多的原产地机制。

正是在这种重叠贸易制度的背景下，缔结了非洲大陆自由贸易区协议[11],其重要目标当中,包括建立单一市场[12],促进和发展区域价值链[13],解决成员多元化和重叠的挑战并推进区域和大陆一体化进程[14]。更具体地说,在非洲大陆自由贸易区协议的序言和目标中提到:非洲一体化计划中,成员重叠的问题给经济一体化带来了政策一致性方面的挑战。德斯塔和戈鲁特(Desta and Gérout,2018)在三方自贸区的背景下对此进行了分析,并强调指出:尽管三方自贸区旨在促进贸易自由化,但未能实现整个地区的贸易制度合理化。

表6.1 非洲内部区域贸易协定重叠问题

原产地机制重叠数量		属于重叠机制的国家数量	
3	东部和南部非洲共同市场、东非共同体关税同盟、中非国家经济共同体	3	布隆迪、卢旺达
	东部和南部非洲共同市场、中非国家经济共同体、南部非洲发展共同体自由贸易协定		刚果(金)
2	中部非洲经济和货币共同体、中非国家经济共同体[15]	28	刚果、赤道几内亚、乍得、喀麦隆、中非共和国、加蓬
	东部和南部非洲共同市场、东非共同体关税同盟		肯尼亚、乌干达
	东部和南部非洲共同市场、南部非洲发展共同体自由贸易协定		马达加斯加、毛里求斯、马拉维、塞舌尔、赞比亚、津巴布韦
	东非共同体关税同盟、南部非洲发展共同体自由贸易协定		坦桑尼亚
	西非国家经济共同体、西非经济和货币联盟[16]		贝宁、布基纳法索、几内亚比绍、象牙海岸、马里、尼日尔、塞内加尔、多哥
	南部非洲关税同盟、南部非洲发展共同体自由贸易协定		博茨瓦纳、莱索托、纳米比亚、南非、斯威士兰

表6.2 跨区域自由贸易协定重叠现象

重叠原产地机制数量		属于重叠机制国家数量	
6	阿加迪尔协定、欧盟、欧洲自由贸易协会、南方共同市场、泛阿拉伯自由贸易协定、土耳其	2	埃及
	阿加迪尔协定、欧盟、欧洲自由贸易协会、泛阿拉伯自由贸易协定、土耳其、美国		摩洛哥

第六章　非洲大陆自贸区、价值链以及重叠的原产地制度对非洲铜价值链领域的兼容性评估

续表

	重叠原产地机制数量		属于重叠机制国家数量
3	阿加迪尔协定、欧盟、泛阿拉伯自由贸易协定	1	突尼斯
2	欧洲自由贸易协会、欧盟	5	博茨瓦纳、莱索托、纳米比亚、南非、斯威士兰

资料来源：见附录。

注：第二列中的数字，对应属于第一列中数字所指的重叠机制的国家数量。它们应对应横向阅读。

例子：（1）在表6.1中，三个国家属于三个重叠的机制，分别是布隆迪和卢旺达属于东部和南部非洲共同市场、东非共同体关税同盟以及中非国家经济共同体；刚果（金）属于东部和南部非洲共同市场、中非国家经济共同体以及南部非洲发展共同体自由贸易协定。

（2）在表6.2中，两个国家属于六个机制，分别是埃及属于阿加迪尔协定、埃及—欧盟联盟协定、埃及—欧洲自由贸易协会自由贸易协定、埃及—南方共同市场自由贸易协定、泛阿拉伯自由贸易协定以及埃及—土耳其自由贸易协定；摩洛哥属于阿加迪尔协定、摩洛哥—欧盟联盟协定、摩洛哥—欧洲自由贸易协会自由贸易协定、泛阿拉伯自由贸易协定自由贸易协定、摩洛哥—土耳其自由贸易协定以及摩洛哥—美国自由贸易协定。

在更具体的层面上，非洲大陆自由贸易区协议附件中关于原产地规则的目标，与非洲大陆自由贸易区协议在追求区域和大陆层面的市场整合[17]，以及促进区域和大陆价值链[18]的目标相呼应。但是，要指出的是，现有的非洲大陆自由贸易区协议条款允许贸易机制的共存；人们可能会想知道：在重叠的原产地机制下，该如何实现这些目标。因此，本章的重点在于：研究在原产地机制重叠的情况下，原产地规则的设计可以在多大程度上促进价值链。为此，将分析非洲铜价值链中某部分的原产地要求的兼容性。

以下小节将解释根据这项研究所做的选择。此后，将详细介绍所使用的方法。随后，在提供结论性意见之前，将用两节讨论对价值链上适用规则的分析，以及对各种适用计划产生的可能性的鉴别。

案例单元的选择

选择铜价值链作为在非洲范围内评估原产地规则互补性的实际研究案例，是基于以下原因：

1. 铜具有很多特性，使其成为各种工业制造过程的组成部分。因此，可以找到许多包含铜进口的产品，并且可以在协调制度（HS）命名法的许多部分中找到这些产品。在此基础上，非洲各地的地区贸易协定的铜产品可能会受到不同形式和原产地规则的限制，本章将对此进行精确分析。

2. 本章着眼于在非洲内部得到非盟认可的、重叠的区域经济组织自由贸易协定的原产地制度。南非、赞比亚和刚果（金）是迄今为止最大的矿石和金属出口国。然而，虽然赞比亚和刚果（金）属于非盟认可的多个区域经济组织自由贸易协定（东南部非洲共同市场和南部非洲发展共同体），但南非仅属于其中一个（南部非洲发展共同体）。因此，考虑到非盟认可的区域经济组织原产地制度在南非并不重叠，南非并非首选研究对象。

3. 作为第二层次的分析，还评估了与非洲以外的优惠供应方之间的联系[19]。为此，参考了国际贸易中心出口潜力图，以确定铜的直接下游价值链部分产品的潜在市场，特别是适用于非洲内部和外部的优惠贸易项目。电解铜是一种具有很高的对外贸易潜力的出口产品。

基于上述原因，选择了铜价值链中一种具有很高的对外贸易潜力的电解铜作为研究对象。这一选择解释了有趣的区域经济共同体间优惠贸易制度，涉及与赞比亚和刚果（金）有上下游联动的国家，以及非洲以外国家的单边优惠。

为此，在确定价值链的原产地制度的节点之前，首先介绍了用于选择和分析价值链的方法。以下部分提供了对所分析框架的解释，然后将提出结论和可能的后续研究。

铜市场概述

铜价值链

由于其导电性能和导热性能等，铜是一种广泛用于各行业且多用途的金属；铜还具有抗菌性能，制造工业品性能增强（例如，有利于二氧化碳减排）。它用途广泛：2017年建筑业消耗的铜总量占28%，基础设施部门消耗17%，其余主要用于设备制造[20]。

原铜来自铜矿的开采。这些矿石的纯铜含量为矿石量的0.3%—1%。将铜矿石浓缩成铜精矿之后，纯铜含量达到25%—30%。第二个主要加工步骤是将精矿转变为由99.99%的纯铜制成的电解铜，可以通过两种不同的工艺来实现：溶剂萃取和矿石的电解提取（约占世界电解铜产量的64%）；或对精矿的冶炼和精炼（19%）；也可以通过废铜的回收来生产电解铜（17%）（Langner，2014）。

电解铜是铜价值链转变的第一个主要商业步骤。60%至70%的电解铜被制成线材。电解铜的另一个重要用途是用于制造铜坯和铸锭，以生产带材和管材（关于电解铜在价值链的上下游联动的概述，请参见图6.2）（ICA，2018；University of Arizona，2018；Copper Alliance Association Inc.，2018）。

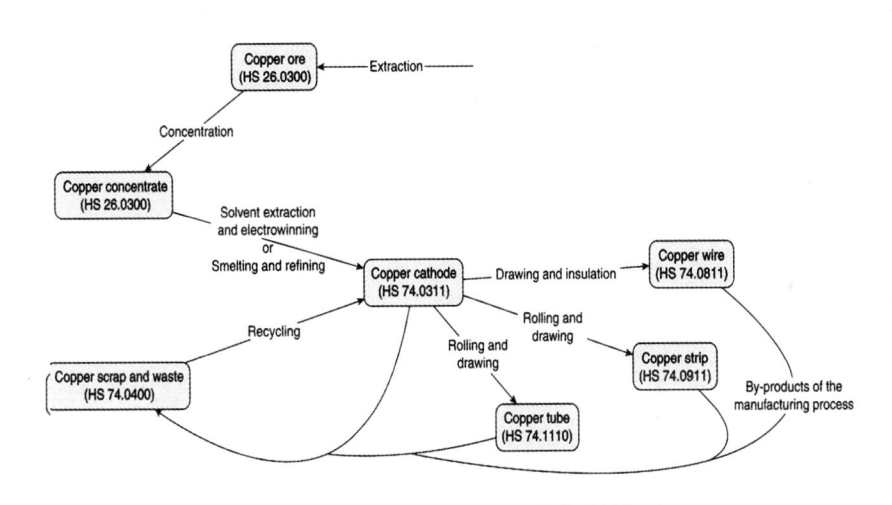

图6.2 电解铜价值链的上下游联动的概述

全球及非洲铜市场

2017年，铜产品的主要进口国[21]是中国、欧盟和日本，而主要出口国是智利、秘鲁和欧盟。

在非洲，铜产品最大进口国是纳米比亚、赞比亚和南非，而最大的出口国是赞比亚、南非和纳米比亚。尽管 2017 年非洲铜贸易总额超过 100 亿美元，但值得注意的是，其中大部分位于初级生产阶段，特别集中在电解铜环节。图 6.3 显示了非洲在世界铜贸易的参与度。

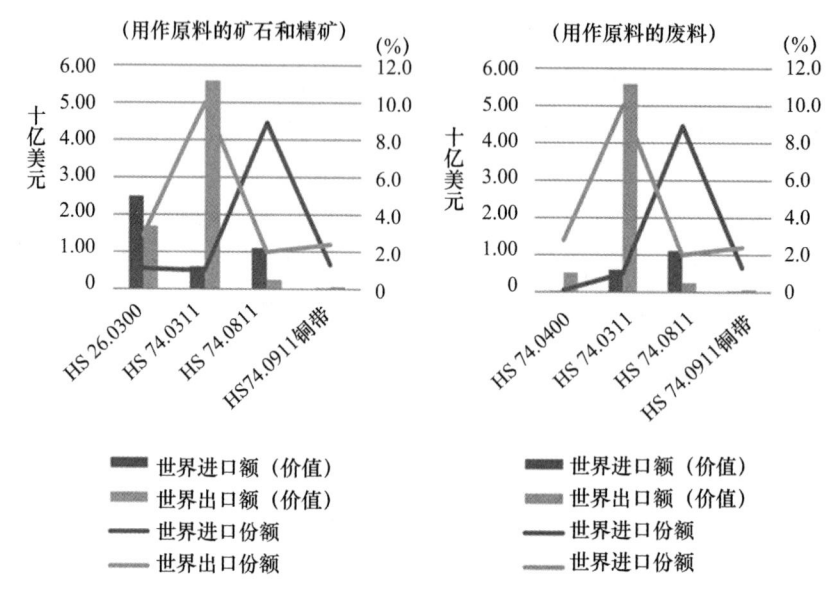

```
(用作原料的矿石和精矿)                (用作原料的废料)
```

图 6.3　非洲参与世界铜贸易

资料来源：作者根据世界贸易中心贸易图和联合国商品贸易委员会统计数据库得出的计算结果。

从这些数字可以看出，非洲的铜产品出口在生产过程的各阶段所占比例都非常低（约占世界贸易的 2%），仅仅在电解铜阶段其出口份额达到世界总量约 10%。另外，非洲是二次加工铜产品的主要进口国，特别是线材，约占世界进口量的 9%。

根据联合国商品贸易委员会和国际贸易中心贸易图的数据，绘制非洲铜矿石、精矿（HS 26.0300）或废料（HS 74.0400）、电解铜（HS 74.0311）和线材（HS 74.0811）的铜贸易图，以此来建立非洲电解铜贸易上下游联动区域概览（图 6.4）。此外，还使用国际贸易中心潜在出口图数据分析了潜在贸易的情况。因此，以赞比亚和刚果（金）为

第六章 非洲大陆自贸区、价值链以及重叠的原产地制度对非洲铜价值链领域的兼容性评估

主要出口国,对现有和潜在贸易进行了评估。该图又用于确定以下各节中的分析基准。

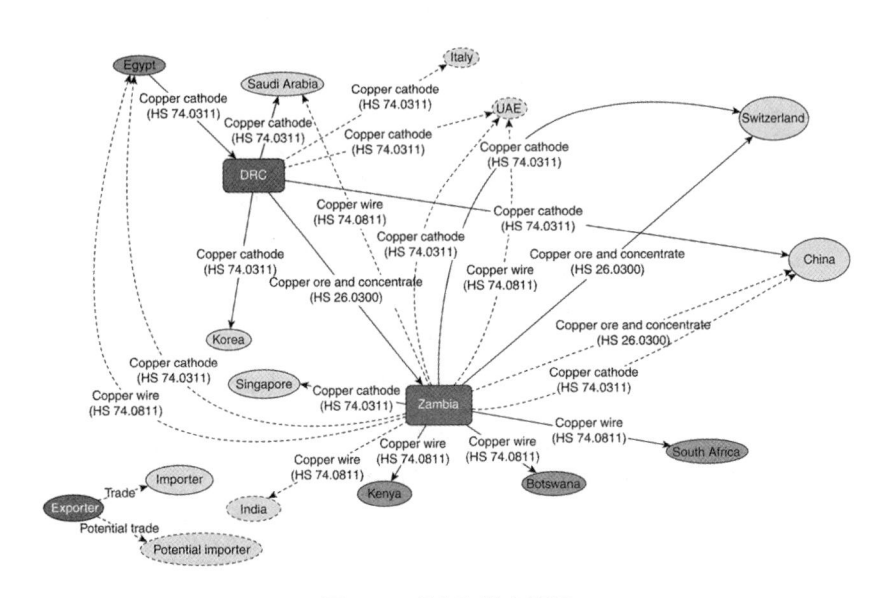

图 6.4 现有和潜在贸易

方法论

方法论技术

该分析着重于在重叠制度的背景下,评估铜价值链中某部分的原产地制度兼容性。所考虑的关键要素是:在给定的特惠贸易前提下,使用来自另一个不同的原产地机制的不同特惠贸易机制的原材料而得的产品,获得原产地资格的条件。因此,分析的关键部分是不同特惠贸易的原产地解决方案。

在此分析范围内,考虑的是适用于电解铜价值链的进出口规则。为此,首先要确定价值链各相关部分的适用原产地规则,如下所示:

· 使用在有关价值链各环节中确定的 HS 编码,基于联合国商品贸易委员会、国际贸易中心贸易图和国际贸易中心出口潜力数据库,确定刚果(金)和赞比亚的现有和潜在的铜产品贸易国家。为了简化研究

范围,只考虑了主要贸易伙伴。

- 假设刚果(金)和赞比亚专门从事电解铜领域,那么刚果(金)和赞比亚从价值链的上游部分进口产品(即矿石,精矿,废料),向下游出口电解铜或加工品(即线材)[22]。该假设基于以下观察结果:(1)刚果(金)和赞比亚的贸易模式遵循上一节所述的非洲贸易模式(参见图6.3),(2)两国在非洲主要贸易国中排名前四[23],仅南非、刚果(金)和赞比亚就占非洲内部出口矿石和金属总量的60%,占非洲向世界其他地区出口的70%(UNECA,forthcoming)。

一旦确定了贸易联系,就会使用相关法规为产品指定规则。未能在网上找到相关立法的部分,本章则依据国际贸易中心原产地规则促进者(ITC & WCO,2018)和在线的三方原产地规则数据库(COMESA/EAC/SADC Tripartite Rules of Origin Database,2016),从中找到资料来源。

初步工作确定了适用于每对进出口国家的价值链各环节的规则。随后对于在相应的区域贸易协定中原材料非原产地,但是却属于刚果(金)或者赞比亚其他优惠贸易项目重叠覆盖的制成品进行优惠贸易的状况进行分析,以此来理解原产地获得标准的含义。此分析在此称为基准情景,指的是在东部和南部非洲共同市场自由贸易协定中涉及刚果(金)和赞比亚的贸易联系,以及非洲外部国家的优惠贸易条件。

为了理解获取原产地状态的方法变化的影响,在重叠的区域贸易协定中对相同的价值链细分进行了类似的评估,这些评估使用不同的标准来获取原产地状态。因此,从基准情景出发,创建了虚构的备选方案,使用了实际上并没有进行贸易的国家,但这些国家仍与刚果(金)和赞比亚,或摩洛哥和埃及[只有在刚果(金)和赞比亚没有可能选项的情况下才会分析这两个国家]在可能的情况下参与了重叠的贸易项目。这种创建的结果是如果发生贸易,则适用的原产地机制将与基准情景不同。它们是指涉及东部和南部非洲共同市场、南部非洲发展共同体自由贸易协定、阿加迪尔协定、非洲以外存在优惠贸易条件的国家的贸易联系。

总而言之,考虑的方案如下:

基准情景:参与电解铜非洲内部贸易的国家属于东部和南部非洲共同市场自由贸易协定。

备选情景1：参与电解铜非洲内部贸易的国家属于东部和南部非洲共同市场和南部非洲发展共同体自由贸易协定。

备选情景2：参与电解铜非洲内部贸易的国家属于东部和南部非洲共同市场自由贸易协定、南部非洲发展共同体自由贸易协定、阿加迪尔协定。

局限性

在考虑本章的研究发现时，应意识到也存在着一些局限性，包括4个方面。

（1）本章使用的数据只是铜贸易的简单描述。因此，它们不能代表全球化价值链中交易活跃商品的动态性质。本章旨在研究适用于该价值链的原产地规则，并未着手对铜价值链进行全面分析。

（2）价值链各个环节上的原产地规则的考量在这一点上是二元的，即节点上的重叠规则要么兼容，要么不兼容。方法上可能还有改进的余地，以便更深入地研究加工量，即使这些加工量不足以探讨原产地，也有助于进口原材料进行的整体加工转化。因此，尚未考虑各种非洲方案下存在的原产地累积选项。

（3）必须意识到数据可用性是受限的。实际上，如果没有承诺的时间表，是无法评估是否确实存在潜在的优惠幅度的。对于南部非洲发展共同体自由贸易协定而言尤其如此，因为无法参考承诺时间表，也无法确定所分析的产品是否被排除在自由化承诺之外。但是，注意到备选情景的设置本身是基于比较目的，因此不考虑虚构情境中适用于贸易环节的最惠国税率。所以说，可能没有适用于贸易联系的实际优惠差幅。

（4）只有电解铜采取一致、可靠的国际大宗商品价格。有鉴于此，缺乏有关铜矿石、精矿、废料和线材的可靠数据，无法对相关内容进行基于数据的计算。因此，对非原产材料价值（VNOM）的评估是先验评估。以行业特定数据为依据的逆向工程可以提高这些评估的准确性。

非洲铜价值链上重叠的原产地要求兼容性的评估

基准情景：适用于现有和潜在贸易的优惠原产地规则

使用上述方法，东部和南部非洲共同市场自由贸易协定有关刚果（金）和赞比亚的优惠贸易联系如图 6.5 所示。

此基准情景显示：刚果（金）和赞比亚是非洲以外的两个国家（韩国和瑞士）和非洲一个国家（埃及）的优惠供应商。

在这种基准情景下，可以设想以下贸易模式：

- 刚果（金）向韩国出口电解铜

在这种情况下，由于刚果（金）不进口任何矿石和精矿，必须全部采用本土原材料。因此，根据韩国欠发达国家计划（适用于最终产品中非原产材料的最大含量为 60%）的原产地规则，该电解铜产品符合韩国欠发达国家计划的要求[24]。

出口到韩国的新废料可能会有相同的结果[25]。

- 刚果（金）向赞比亚出口的废料

在此选项中，电解铜作为废料被出口到赞比亚进行进一步加工。由于这些废料全部来自刚果（金），因此根据东部和南部非洲共同市场原产地规则，它们有资格在赞比亚享有优惠。

- 赞比亚向瑞士出口电解铜

如果赞比亚完全使用本土的矿石和精矿，然后加工成电解铜，或使用进口材料［例如来自刚果（金）的废料］，则该材料将符合瑞士普惠制（普遍优惠制，下同）的规定，因为 HS 74.03 产品的原产地规则可从任何类目进行转换。实际上，瑞士普惠制规定的适用规则是将任何类目的非原产地材料进行加工转变[26]。

第六章　非洲大陆自贸区、价值链以及重叠的原产地制度对非洲铜价值链领域的兼容性评估

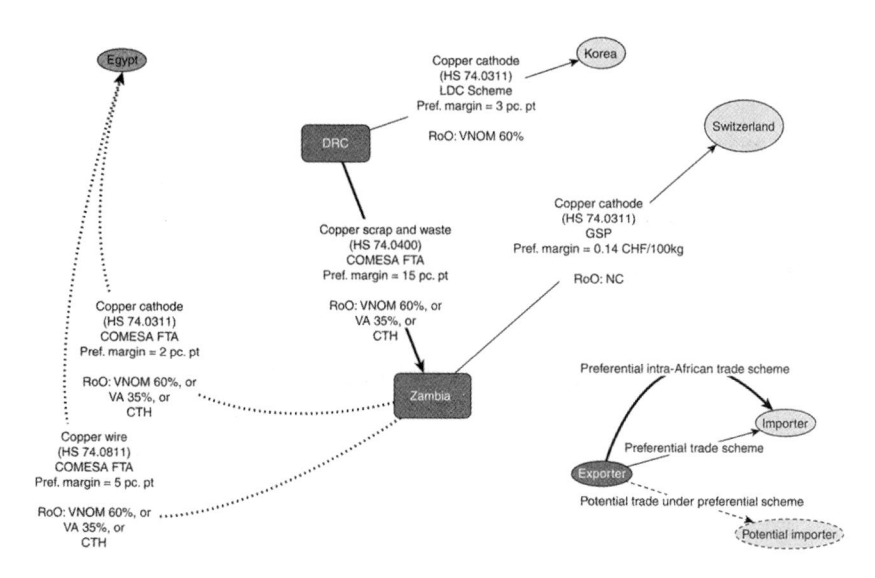

图6.5　基准情景：刚果（金）和赞比亚在铜产品贸易中享受的优惠

注：1. 该图显示了贸易联系和所交易产品的详细信息、交易优惠方案、优惠幅度和适用的原产地规则。

2. "VNOM 60%"是指原产地获取标准是非原产材料的最大含量不得超过制成品价值的60%。

"VA 35%"是指原产地获取标准是最低本地附加值不得少于制成品价值的35%。

"CTH"表示通过关税税目的改变获得原产地标准。

"CTSH"表示通过关税子目的改变获得原产地标准。

"NC"表示通过来自任何类目的加工品获得原产地标准。

·赞比亚向埃及出口电解铜和线材

如果赞比亚使用自有的矿石和精矿，然后加工成电解铜；或使用进口材料［例如来自刚果（金）的废料］，则该材料将符合东部和南部非洲共同市场自由贸易协定的资格，因为每种产品的税目都可改变，特别是 HS 26.0300 和 HS 74.0400 各自的税目（HS 2603 或 7404）变更为 HS 7403，并纳入子目 HS 74.0311 或 HS 74.0811。

初步结果

东部和南部非洲共同市场原产地规则允许生产商在各种原产地资格获取方法之间进行选择[27]，这提供了可以满足生产链中的其他要求的灵活性。例如，可以先验、相对灵活的使用非洲以外的、相似的优惠政策。

在当前情况下，在表 6.3 中对重叠的原产地要求进行了综合。

表6.3　刚果（金）和赞比亚铜产品优惠条件重叠的原产地要求

COMESA				Korean LDC Scheme				Swiss GSP			
HS 26.03	HS 74.04	HS 74.03	HS 74.08	HS 26.03	HS 74.04	HS 74.03	HS 74.08	HS 26.03	HS 74.04	HS 74.03	HS 74.08

注：细箭头代表了因为完全使用本地材料得到的原产地资格，最终产品的纯度超过99%情况下，最大非原产材料价值（VNOM）标准60%。

中虚线箭头表示依靠关税标题变更（CTH）获得的原产地资格。

粗箭头表示通过任何类目的加工获得的原产地资格。

备选情景1：涉及电解铜部分的非洲内部贸易的国家属于东部和南部非洲共同市场和南部非洲发展共同体自贸区

在这种备选情景中，赞比亚是原产地体制重叠网络中的一个节点，包括东部和南部非洲共同市场和南部非洲发展共同体自由贸易协定。纳米比亚和赞比亚分别是非洲以外的一个国家，即瑞士的供应商。南非是南部非洲发展共同体自由贸易协定下电解铜生产国莫桑比克、纳米比亚和赞比亚的矿石和精矿出口国。（如图 6.6 所示）

在这一点上，为简化和集中分析，仅考察跨原产地制度贸易。因此，只考虑以下情况：（a）从南部非洲发展共同体自贸区运往东部和南部非洲共同市场自贸区的货物，以及（b）从东部和南部非洲共同市

第六章　非洲大陆自贸区、价值链以及重叠的原产地制度对非洲铜价值链领域的兼容性评估

场自贸区运往南部非洲发展共同体自贸区的货物。

从南部非洲发展共同体自贸区向东部和南部非洲共同市场自贸区出口电解铜的同时，纳米比亚还根据南部非洲发展共同体自由贸易协定向韩国和瑞士出口电解铜加工的副产品，即废铜。废铜是赞比亚生产电解铜的主要材料。此后，由废铜制成的那些电解铜可以由赞比亚根据普惠制（GSP）出口到瑞士，也可以根据东部和南部非洲共同市场自贸区的要求进行进一步加工，作为线材出口到肯尼亚。

根据南部非洲发展共同体自由贸易协定，从南非出口到莫桑比克的矿石，在莫桑比克加工成电解铜，然后再根据南部非洲发展共同体自由贸易协定出口到赞比亚，随后根据东部和南部非洲共同市场自由贸易协定进一步加工成线材出口到肯尼亚。

在从东部和南部非洲共同市场自贸区向南部非洲发展共同体自贸区的出口中，赞比亚根据东部和南部非洲共同市场自由贸易协定的规定，从刚果（金）进口废料作为主要原料来制造电解铜，经过两次加工，将废料加工成线材出口到南非。

在这种备选情景中，以下交易模式是值得注意的：
- 纳米比亚向瑞士出口电解铜

> 在此方案中，纳米比亚对完全自有的矿石和精矿加工为电解铜。因此根据南部非洲关税同盟—欧洲自由贸易协会自由贸易协定，这些电解铜能获得作为出口到瑞士的原产地商品资格。

根据南部非洲发展共同体自由贸易协定，纳米比亚可以从南非进口矿石和精矿。由于南部非洲发展共同体"整体持有"矿石和精矿，南非对纳米比亚的出口符合南部非洲发展共同体自由贸易协定的优惠条件。但是，由于南部非洲关税同盟—欧洲自由贸易协会自由贸易协定原产地规则不允许累积，因此从纳米比亚出口到瑞士的过程中，这些矿石和精矿将不再被视为全部本地生产。尽管如此，南部非洲关税同盟—欧洲自由贸易协会自由贸易协定原产地规则只需要税目变更（CTH）即可使电解铜成为原产地产品。因此，通过将非原产地矿石和精矿转变为电

解铜，纳米比亚的此类出口就可以获得瑞士的优惠条件，因为非原产地材料的税目经更改，由 HS 26.03 变成了 74.03。

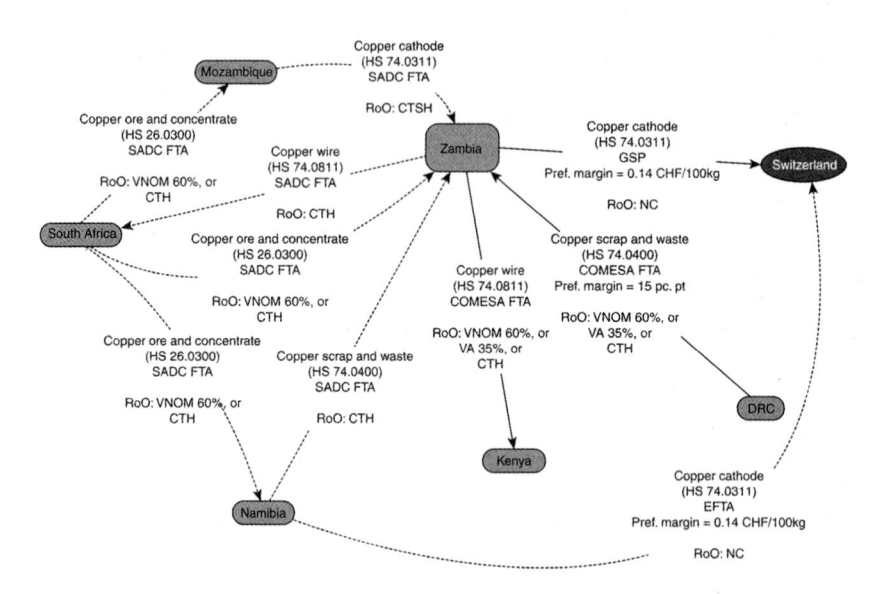

图 6.6　备选情景 1：东部和南部非洲共同市场和南部非洲发展共同体国家之间贸易往来中使用的优惠

如果纳米比亚的初级原料在赞比亚进行加工，赞比亚的电解铜也将同样获得瑞士普惠制（普遍优惠制）的原产地资格。这是因为，如上述基准情景中所讨论的，瑞士普惠制下的适用规则是将任何来源的非原产地材料的加工转化[28]。

· 赞比亚向肯尼亚的线材出口

在纳米比亚生产并出口到赞比亚的完全自有矿石、精矿或废料均符合南部非洲发展共同体自由贸易协定原产地规定。

从矿石和精矿加工成线材向肯尼亚出口，因矿石的税目的变更（从 HS 26.04 或 74.04 更改为 HS 74.08），也可以获得东部和南部非洲共同市场原产地资格。

第六章 非洲大陆自贸区、价值链以及重叠的原产地制度对非洲铜价值链领域的兼容性评估

同样，如果原材料在南非完全自有，再出口到莫桑比克进行初次加工，则南非自有矿石和精矿将符合莫桑比克适用的南部非洲发展共同体自由贸易协定的条件。然后，在将矿石和精矿出口到赞比亚之前，可以根据南部非洲发展共同体自由贸易协定原产地规则更改子目。根据南部非洲发展共同体自由贸易协定，从莫桑比克将电解铜出口到赞比亚并制成线材，需要符合另一个原产地规定，即东部和南部非洲共同市场自由贸易协定。为吻合协定相关的规定，将对关税税目进行变更，以保证享受肯尼亚的优惠。

· 赞比亚向南非出口线材

如果刚果（金）根据东部和南部非洲共同市场自由贸易协定将完全自有的废料作为主要材料出口到赞比亚，制成电解铜，则根据该协定，这些材料有资格在赞比亚享受优惠。将南部非洲发展共同体自由贸易协定的非原产地废料加工至电解铜，再由电解铜加工成线材出口至南非，将具备南部非洲发展共同体自由贸易协定的资格，因为非本地材料的关税税目已发生变化。

初步研究结果

就关税分类标准的变更而言，跨地区原产地采购在铜价值链上是兼容的。实际上，在这种情况下，因为铜产品的 HS 分类结构，为符合标准可以对关税税目或关税子目进行改动，两者都与铜价值链兼容。但是，如果采取最大值含量作为转化（加工）过程的资格标准，则该过程可能会不符合规则，因为最终产品中的原材料含量很高（电解铜和线材超过 99%）。因此在获取原产地资格的方法和税目改变相差很大，例如以非原产地材料（VNOM）的最大含量为依据的情况下，这些制度可能不兼容。

从总体上来看，沿着铜价值链的关税税目变化管理似乎相当宽松，因为在所讨论价值链沿线部分（HS 26.03 或 74.04 到 HS 74.03 至 HS 74.08），HS 分类一直都在变化。有鉴于此，关税税目改变的方法使东部和南部非洲共同市场和南部非洲发展共同体自由贸易协定之间具有兼

容性，因为其中一个（东部和南部非洲共同市场自由贸易协定允许在三种获取原产地资格的方法之间进行选择）足够灵活，可以应付更严格制度导致的迫切需要（南部非洲发展共同体自由贸易协定为获得 HS 第 74 章的产品的原产地资格提供了一个标准，为 HS 26.03 提供了两个可选的获取标准）。

如果从南部非洲发展共同体出口到东部和南部非洲共同市场（从 HS74.03 到 HS 70.08），而且成品的核心部分是由铜制成的，则非原产材料价值（VNOM）作为标准不起作用，因为产品的核心部分是从东部和南部非洲共同市场自由贸易协定外部采购的。在这种情况下，成品很可能不符合东部和南部非洲共同市场自由贸易协定的原产地资格。

对第一种备选情景中重叠的原产地要求，在表 6.4 中进行了总结。

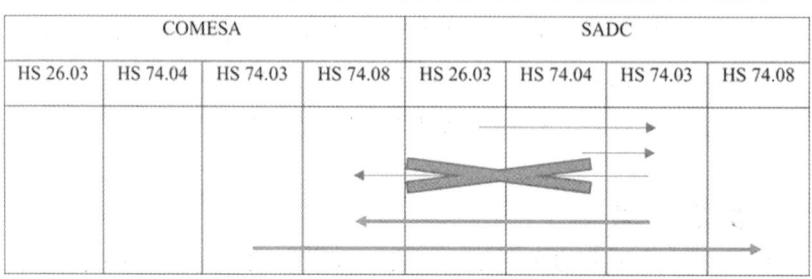

表 6.4　南部非洲发展共同体、东部和南部非洲共同市场重叠的原产地需求

COMESA				SADC			
HS 26.03	HS 74.04	HS 74.03	HS 74.08	HS 26.03	HS 74.04	HS 74.03	HS 74.08

注：细箭头代表了因为完全"自有"的原材料获得的原产地资格，由于最终产品的纯度超过 99%，因此可以满足 VNOM 最大标准 60% 并获得资格。

粗箭头表示由于关税税目的变更而获得的原产地资格。

备选情景 2：参与电解铜非洲内部贸易的国家属于东部和南部非洲共同市场自由贸易协定、南部非洲发展共同体自由贸易协定和阿加迪尔协定

再次回顾本章的目的：只观察原产地机制重叠的贸易。因此，在这一备选情景中，用埃及取代了赞比亚。埃及是东部和南部非洲共同市场自由贸易协定、阿加迪尔协定，三方自贸区[29]和欧洲—地中海联盟协定[30]原产地机制重叠的一个节点，而它们的电解铜供应商摩洛哥属于阿加迪尔协

第六章 非洲大陆自贸区、价值链以及重叠的原产地制度对非洲铜价值链领域的兼容性评估

定。埃及根据《联盟协定》向欧盟出口，根据东部和南部非洲共同市场自由贸易协定向肯尼亚出口，根据三方自贸区协定向南非出口（图6.7）。

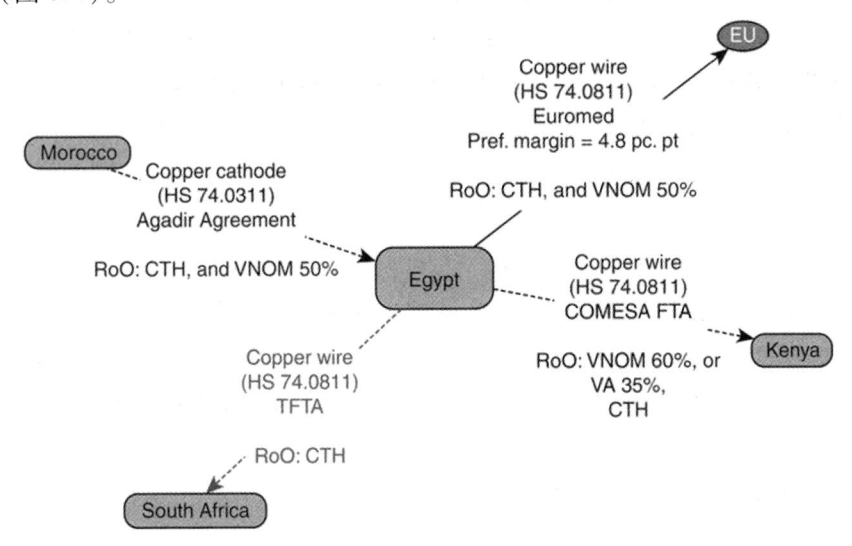

图6.7 备选情景2：东部和南部非洲共同市场、南部非洲发展共同体、阿加迪尔协定国家之间的铜贸易

在这一情景中，埃及将来自摩洛哥的电解铜制成线材，然后出口到欧盟、东部和南部非洲共同市场（在此为肯尼亚）和南部非洲发展共同体市场（在此为南非）。在备选情景2中，需注意以下交易模式：

- 埃及出口到欧盟的线材

　　在这种选项下，如果摩洛哥用完全自有的材料生产本土电解铜，则该电解铜在出口到埃及时，将符合阿加迪尔协定的优惠条件。但是，在摩洛哥用非原产地材料制成电解铜的情况下，从电解铜到线材的加工也将符合关税税目标准改变的要求，但不能满足最多50%非本地材料含量的要求。由于在阿加迪尔原产地协定下必须同时满足两个条件，因此电解铜将不符合原产地条件。

埃及对欧盟的线材出口过程中的进一步加工也将带来同样的问题。这是因为欧洲—地中海联盟协定下的线材的原产地规则与阿加迪尔协定下电解铜的相同；也就是说，两者都需要同时满足关税税目变化的要求和50%的最大非原产地材料含量要求。因此，尽管可以满足关税税目标准变更的要求，但不能满足非原产地物质标准价值的要求，也难以从欧盟的原产地规则中获益[31]。

· 埃及出口线材到肯尼亚

在这种选项下，埃及可以从摩洛哥采购电解铜，而不理会电解铜是否根据阿加迪尔协定获得了埃及的原产地优惠条件。实际上，从电解铜到线材的转变将满足东部和南部非洲共同市场自由贸易协定关税税目标准变化的条件。因此，电解铜将合乎原产地资格。

· 埃及出口线材到南非

同样，和线材出口到肯尼亚的情况一样，符合原产地规则关税税目的更改条件，此选项中的线材将符合南部非洲发展共同体自由贸易协定的优惠条件。

初步结果

在获取原产地资格的方法具有限制性的情况下，例如：既要满足关税税目变化，又要满足非原产地物质标准的价值限制（包括限制性物质价值比例）的要求，这些制度似乎是不兼容的。但是就欧洲—地中海协议的情况而言，却能够通过本章范围内未涉及的灵活方式，即累积而得以实现兼容。

从总体上看，虽然最大非原产材料含量要求标准似乎限制了从优惠政策中受益，但铜价值链上关税税目的变化似乎再次提供了灵活处理、从不同的原产地机制当中受益的机会。因此，在备选情景2中的分析结果与备选情景1中的结果相符。

第六章　非洲大陆自贸区、价值链以及重叠的原产地制度对非洲铜价值链领域的兼容性评估

识别问题

兼容性问题[32]

上述的三个情景显示：

· 原产地制度为生产商提供的规则选择更加灵活，它们扩展了可能匹配价值链更为严格的下游和上游规则的方法。比如说，东部和南部非洲共同市场规则可以满足所有单个标准原产地规则（无论上游还是下游）。

· 关税分类的变化，无论是关税子目的改变还是关税税目的改变，似乎都为铜价值链沿线提供了兼容的规则。由于所有主要交易的铜商品都属于不同的税目，因此使原产地获得标准跨体制可兼容。

· 考虑最大非原产地材料含量要求标准的情况，因为铜产品包含非常高的纯铜含量，而纯铜要求完全"自有"，沿着价值链的下游联系似乎是不可能的。在这种情况下，必须依靠超出本章范围的其他灵活处置才可以满足该标准。

因此，无论涉及什么实质性的转化（加工）标准，结果都可以从表6.5中找到解释。

可以看出，源自刚果（金）、赞比亚和埃及的产品价值链沿线的关税可能会因不同的进口市场而有所不同（见表6.6）[33]，人们可能猜想：是否存在镜像现象，反映在非洲大陆自贸区协议中，就是通过更严格的原产地要求来提供保护水平。

显而易见的是，这些国家之间似乎没有任何关税升级的迹象。埃及将电解铜（HS 740311）和线材（HS 740811）出口到韩国时会有例外，它们分别被征收3%和8%的关税，表明在这种情况下会以某种形式提升关税。关税潜在提升的唯一例外情况，是从刚果（金）向埃及的铜出口，线材的关税（5%）高于电解铜的关税（3%）。

表 6.5　　税目变更与最大非原产地材料含量要求的关系

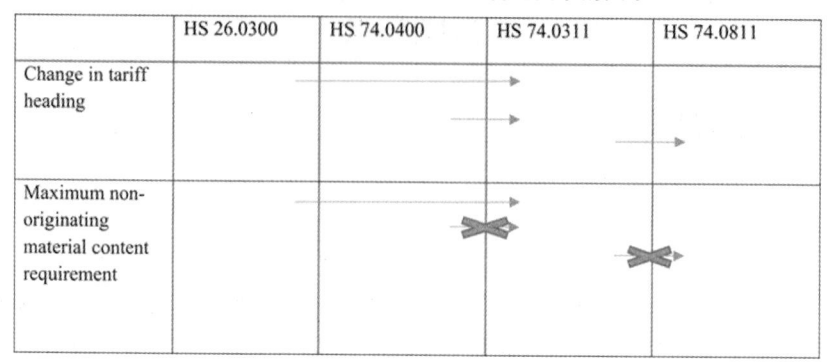

	HS 26.0300	HS 74.0400	HS 74.0311	HS 74.0811
Change in tariff heading	→	→	→	
		→		→
Maximum non-originating material content requirement		→	✗	
				✗

表 6.6　　刚果（金）、赞比亚和埃及在铜价值链出口市场面临的关税

	HS Code	EU	KOR	CHE	EGY	KEN	RSA	MOZ	DRC	NAM	MAR
DRC	HS 260300	0,0%	0,0%	0,0%	2,0%	0,0%	0,0%	0,0%	-	0,0%	2,5%
	HS 740400	0,0%	0,0%	0,0%	2,0%	0,0%	0,0%	0,0%	-	0,0%	2,5%
	HS 740311	0,0%	0,0%	0,0%	2,0%	0,0%	0,0%	0,0%	-	0,0%	2,5%
	HS 740811	0,0%	0,0%	0,0%	5,0%	0,0%	0,0%	0,0%	-	0,0%	2,5%
Zambia	HS 260300	0,0%	0,0%	0,0%	0,0%	0,0%	0,0%	0,0%	5,0%	0,0%	2,5%
	HS 740400	0,0%	0,0%	0,0%	0,0%	0,0%	0,0%	0,0%	5,0%	0,0%	2,5%
	HS 740311	0,0%	0,0%	0,0%	0,0%	0,0%	0,0%	0,0%	5,0%	0,0%	2,5%
	HS 740811	0,0%	0,0%	0,0%	0,0%	0,0%	0,0%	0,0%	5,0%	0,0%	2,5%
Egypt	HS 260300	0,0%	0,0%	0,0%	-	0,0%	0,0%	2,5%	5,0%	0,0%	0,0%
	HS 740400	0,0%	0,0%	0,0%	-	0,0%	0,0%	2,5%	5,0%	0,0%	0,0%
	HS 740311	0,0%	3,0%	0,0%	-	0,0%	0,0%	2,5%	5,0%	0,0%	0,0%
	HS 740811	0,0%	8,0%	0,0%	-	0,0%	0,0%	2,5%	5,0%	0,0%	0,0%

资料来源：国际贸易中心（ITC）。

第六章 非洲大陆自贸区、价值链以及重叠的原产地制度对非洲铜价值链领域的兼容性评估

从刚果（金）向埃及的出口，适用东部和南部非洲共同市场价值链沿线的优惠政策。因此，如果人们凭直觉想象"原产地扩大"将导致关税的提升，那么应该记得，东部和南部非洲共同市场原产地制度全面适用；因此，不能基于特定产品来评估东部和南部非洲共同市场规则的严格性。

埃及向韩国的出口不适用任何优惠。因此，即便要重申之前所作的假设，也找不到支持该假设的任何证据。

非洲大陆自由贸易区协议下的预期合理化

作为进一步增加区域内贸易，并在一系列原产地规则下提供一定灵活性的手段，"累积"的概念"允许优惠贸易协定中的国家共享产品并共同遵守相关原产地规则条款"[34]。

在阿加迪尔协议和与欧盟的关联协议的背景下，本分析暗示了一个事实，即尽管埃及与欧盟之间的关联协议所规定的条件没有得到满足，但得益于欧洲—地中海区域集团对条件的重视，幸亏有累积规则，线材仍将受益于优惠政策[35]。

虽然在原产地制度重叠的情况下，可能需要对累积规则进行更深入的分析，但备选情景2下的案例表明，将原料和生产集中在一起（将原产地区扩展为一个组合的区域集团）有助于吻合最终出口市场上更严格的规定。实际上，累积规则有助于线材遵守严格的双重标准规则。如果没有累积规则，线材交易可能没有优惠可言。

在这一点上，现有文献解释说，区域贸易协定限制了生产商的采购选择，以至于在原产地标准如此严格的情况下，由于遵守上述标准带来的成本超过了政策优惠的价值（Inama，2009）。同样，在轮辐式情况下（这使轮毂成为区域贸易协定网络中的一个结，而辐条成为网络的外围代理），研究表明，累积模式的变化已从星形网络（在这种状态下辐条之间没有相互连接）转变为通过扩展的累积系统将辐条连接在一起的网状网络，这极大地增加了辐条之间的贸易流量（Augier, Gasoorek & Lai Tong，2005）。随之而来的是，位于枢纽的生产商处于这样一种情况：如果它们的供应链分散在枢纽和辐条网络上，它们就需要

具有"足够灵活的生产结构，以满足每个自由贸易协定的不同原产地要求"（Cornejo & Harris，2007，p.5），从而增加了管理成本，最终增加了那些能够满足各种可能不同的原产地标准产品的生产成本；如果做不到这一点，不同区域贸易协定下生产商孤立的努力就无法同时适应不同的原产地优惠政策。观察到这些现象，并在企业界不断游说下，考虑到各种不同的原产地规则（包括各种累积选择）和制造过程的解绑相结合，为了协调欧洲—地中海的管理规章，促使欧盟对其原产地政策进行了改革（Baldwin，2006）。

最后，文献中讨论了解决重叠原产地制度问题的若干政策选择，包括：（1）在存在重叠的区域贸易协定的情况下，谈判促成更广泛的单一区域贸易协定[36]；（2）原产地规则的统一化[37]，这方面最好的例子就是泛欧洲—地中海公约中的原产地规则[38]；（3）累积（Cornejo & Harris，2007）；（4）原产地优惠政策的多边化（Estevadeordal，Harris & Suominen，2009）。

根据上述政策选择，在向非洲大陆以外出口时，在必要情况下，泛非累积可以弥合不同原产地制度之间的差距，可以优先考虑。

实际上，在大陆范围内检查累积政策时，现有的区域经济共同体提供了一些导向。例如，在南部非洲发展共同体自由贸易协定，东非经济共同体和东部和南部非洲共同市场自由贸易协定中允许完全累积，这将允许在参与区域贸易协定国家中进行任何加工操作。因为允许整合加工过程以获取原产地状态，这种类型的累积可能更有利于区域价值链。但是，在两国间存在包含相同的累积规则和含量比例条款的区域贸易协定情况下的"对角累加"，实施起来可能更容易；因为这只需要进口随附的原产地证明，而不需要加工过程所需的烦琐文件。在制度薄弱的情况下，这可能更易于管理（Brenton，2010）。

如果生产商要成功地在上游和下游活动中展开竞争，那么选择最适合其特性政策的能力就至关重要。同时要注意的是，如果出口到属于不同原产地区域的多个国家，它们要能够遵守多种规则。

在考虑合并泛非原产地制度时，在第三国制度下进行累积的应用更具挑战性，因为它取决于不一定能完全满足的附加条件。例如，根据最

第六章 非洲大陆自贸区、价值链以及重叠的原产地制度对非洲铜价值链领域的兼容性评估

近商定的经济伙伴关系协定的欧盟原产地规则，非洲、加勒比和太平洋国家集团的国家可获得优惠的累积条件。这些国家允许与经济伙伴关系协定国家、海外国家和地区、欧盟普惠制受益国以及当前和未来的欧盟特惠贸易协定国家进行累积[39]。其目的是鼓励非洲、加勒比和太平洋国家集团地区价值链的发展，但这将取决于非欠发达非洲国家是否签署了经济伙伴关系协定。

另一个示例可能是非服装产品的《非洲增长及机会法案》（AGOA）原产地规则，只要满足 35% 的本地要求，就可以通过允许从其他符合该法案的国家/地区进行采购来进行区域累积。尽管这看起来似乎很慷慨，但是当考虑推出该法案的动机和非洲的情况时，这个门槛就可能太高了。此外，法案中的非服装优惠未得到充分利用，意味着非服装商品的原产地规则应该修改到该地区在泛非原产地制度下更容易实现的水平。

尽管存在这些困难，但优惠方案下的泛非洲累积选项仍可能提供促进区域中间产品贸易以及提高优惠利用率的宝贵方案。

结 论

本章试图深入了解重叠的贸易制度带来的挑战，并评估在增加非洲参与价值链方面，重叠的制度是否构成问题。为此，检验了铜价值链沿线的一部分原产地要求的兼容性。

从原产地要求的确定中可以明显看出，由于铜产品的 HS 分类结构，关税分类的变化特别适合铜价值链——从前面阐述的两种情景中（铜价值链上的国家属于东部和南部非洲共同市场自由贸易协定和/或南部非洲发展共同体自由贸易协定以及阿加迪尔协定）可以明显看出这一点。在备选情景 1 中，合格标准是关税税目和子目的更改，它们都和铜价值链兼容。在备选情景 2 中，原产地资格的获取受到更多限制，需要双重转换或对材料价值含量有规定，不过转变关税税目作为替代标准仍可沿价值链提供灵活性。

关于不同地区之间的灵活性，备选情景 1 足以显示，考虑上下游

联动，关税分类的变化允许在最大非原产材料含量要求方面提供更大的灵活性。鉴于非原产材料的最大含量要求，由于铜价值链沿线产品包含高百分比纯铜量的事实，因为要求成分"自有"，因此很难满足最大非原产地材料含量的要求标准。因此，在南部非洲发展共同体与东部和南部非洲共同市场原产地规则之下，关税税目的变化迎合了跨原产地制度的贸易灵活性。对生产商而言，这表明提供规则选择的原产地制度更加灵活，因为它们允许在价值链的上游和下游进行更广泛的匹配。

在不适用 VNOM 和 CTH 的情况下，"累积"似乎可能会有所帮助。有鉴于此，允许在整个链条中授予优惠的泛非累积方案可以通过优惠政策来提高非洲的竞争力。累积模式与第三国制度的配合程度取决于非洲国家是否有资格根据各种协议进行累积。例如，在经济伙伴关系协定中，签署国必须是欠发达国家之外的国家；对于向美国的出口，该国家必须符合《非洲增长与机遇法案》优惠的条件。然而，一些单边计划，例如瑞士的普惠制，或某种程度上的欧盟普惠制，以及《非洲增长与机遇法案》，迎合了地区集团的区域需求。应当指出的是，到目前为止，这些方案下所有被考虑的区域集团都允许完全累积。因此，非洲大陆自由贸易区协议可以构成在这些单边方案下组成一个泛非区域集团的理由，也将具有减少跨区域原产地要求的优势。确实，尽管铜价值链在各个原产地制度中被认为是相对兼容的，但其他一些价值链（例如 HS 分类不能很好地反映产品加工转化顺序的那些价值链）可能无法享有相同的兼容性。

在今后的工作中，可以对上述方法进行完善，以对非洲不同的价值链进行类似的分析，进一步考虑不同原产地制度下的原产地问题。

注　释

1. 感谢以下编者的贡献：杰米·麦克林德（Jamie MacLeod）和大卫·卢克（David Luke）。此外，作者希望对以下人士的富有成果的讨论和内容丰富的工作表示感谢和赞赏：亚伯拉罕·赫塔丘（Abraham

第六章 非洲大陆自贸区、价值链以及重叠的原产地制度对非洲铜价值链领域的兼容性评估

Getachew)、科米·佐乌（Komi Tsowou）和奥戈（Ifeyinwa Nwanneka Ogo）。

2. 世贸组织法律规定不歧视是其基本原则之一。但是，为了在一定数量的条件下允许优惠待遇，例外也是存在的。这些例外是根据条款为货物贸易规定的，适用于关税贸易总协定第 24 条关于自由贸易协定和关税同盟内容下的商品贸易；或 1979 年 11 月 28 日关于"发展中国家给予差别和更优惠待遇的互惠和更充分参与的决定"（也称为授权条款）。对于服务性贸易，适用服务贸易总协定第 7 条。或例如 2016 年 12 月 7 日关于"美国给予尼泊尔的贸易优惠"的现行有效决定的特殊优惠。或 2011 年 12 月 17 日关于"对最不发达国家服务和服务提供商的优惠待遇"的决定。

3. 本章的重点是区域贸易协定。应将它们理解为自由贸易协定（FTA）或关税同盟（CU）。涉及单方面的优惠时，将明确提及。

4. （区域贸易协定）公告数量最多的地区是：欧盟拥有 40 个已公告的实际区域贸易协定，约占所有已公告的实际自由贸易协定的 14.3%；瑞士和冰岛为 30 个，分别占据 13.9%；挪威和智利有 29 个，各占 10.5%；挪威为 29，占 9.8%。另一方面，七个国家尚未公告任何实际的区域贸易协定。40 个国家仅公告 1 个，各占 0.3%。请参见预定义摘要页面（WTO，2018）。

5. 见摩洛哥页面（WTO，2018）。

6. 请参见非洲大陆自由贸易区协议签署列表（AU，2018）。

7. 见《关于暂停非洲区域经济共同体的决定》（AU，2006 年）。

8. 由于自由贸易协定的存在，尽管尚未开始运作，已将中部非洲国家经济共同体自由贸易协定包括在内。

9. 例如，摩洛哥—美国自由贸易协定规定了一项规则，适用于除了特定纺织品和服装产品、以及适用于特定规则的命名法中其他数量有限的产品之外的整个体系。

10. 为了说明选择一种类型而不是另一种类型的潜在影响，可关注东部和南部非洲共同市场、东非共同体和南部非洲发展共同体的情况，这些国家正在谈判三方自贸区，其中，类似于南部非洲发展共同体的产

品具体规则正在协商中。三方自贸区的这种方法大大延长了谈判时间，使得谈判更加复杂，并将产能最小的国家或其代表性最低的工业部门排除在外（Draper, Chikura and Krogman, 2016）。三方自贸区的这种做法，似乎是为了对某些敏感的国家产业确保足够水平保护的需要。尽管有这种明显的意图，Draper 等人仍然认为，在三方自贸区的背景下，与东部和南部非洲共同市场原产地规则下的通用规则相比，更复杂的、针对特定产品的、类似于南部非洲发展共同体的原产地规则不一定在防止贸易缺陷方面表现得更为有效。正如"一些评论家认为，在对南部非洲发展共同体原产地规则进行中期审查之后，该规则在实质性层面上与东部和南部非洲共同市场和东非共同体规则差别不大。换句话说，即使它们仍然更加复杂，但它们不一定比东部和南部非洲共同市场和东非共同体防止贸易缺陷的规则更有效。这表明，在三方自贸区统一过程中，担心东部和南部非洲共同市场规则松懈或缺乏严格性的担忧（因为它比南部非洲发展共同体规则更简单）是没有根据的"（Draper, Chikura & Krogman, 2016, p.8）。

11. 截至 2018 年 7 月，原产地规则附录在有关"船只和工厂船"、"增值"等术语的定义有关的一些悬而未决的问题得到解决之前得到了通过，同时通过特定产品获得原产地状态的方案。

12. 非洲大陆自由贸易区协议第 3 条，3（a）。

13. 非洲大陆自由贸易区协议第 3 条，3（g）。

14. 非洲大陆自由贸易区协议第 3 条，3（h）。

15. 中部非洲国家经济共同体和中部非洲经济和货币共同体的贸易政策文件正在协调进程中。

16. 西非国家经济共同体和西非经济和货币联盟的原产地规则已经协调（见 WTO, 2017），但尚未统一（ECOWAS, 2017）。

17. 非洲大陆自由贸易区协议货物贸易议定书附录 2 Art. 3（a）。

18. 非洲大陆自由贸易区协议货物贸易议定书附录 2 Art. 3（c）。

19. 有关更多信息，请参见"方法论"部分。

20. 依据全球 2018 年半成品最终用途数据集（ICA, 2018）计算。

21. 在本章中，铜产品是指 HS 2603 的矿石和精矿，HS 7404 的废

第六章　非洲大陆自贸区、价值链以及重叠的原产地制度对非洲铜价值链领域的兼容性评估

料，HS 7403 的电解铜，HS 7408 的线材和 HS 7409 的铜带。

22. 带材和管材的出口量低，因此未予考虑。

23. 南非排第一。

24. 电解铜由超过99%纯铜组成。

25. 新废料是指在相同生产过程中产生的废料。相反，旧废料来自不同的生产过程。

26. 见瑞士普惠制产品特定的原产地规则：www.admin.ch/opc/fr/classified-compilation/20110090/index.html#app1ahref0.

27. 东部和南部非洲共同市场使用 CTH 作为一般规则，但有一些例外。替代标准是 VNOM（都允许非原产材料含量达到产品价值60%），或价值阈值增加35%。请注意，这是一个先验陈述，因为增值计算方法可能因不同方案而异。

28. 有关其他详细信息，请参见前文。

29. 尚未生效

30. 阿加迪尔协定和埃及—欧盟联盟协议属于具有单一原产地制度的协议网络：泛欧洲—地中海原产地公约。

31. 然而，如果摩洛哥电解铜根据阿加迪尔协定有资格在埃及获得优惠，那么泛欧洲—地中海累积将使埃及线材受益于该优惠。有关该方法的局限性，请参见第2.2.3节中的第2点。

32. 尽管在基准情景的描述中曾经提到增值标准，但在上述情景中没有进一步讨论，因此也未予考虑。

33. 要注意的是，这些适用于最惠国待遇。

34. 请参阅世界海关组织的定义：www.wcoomd.org/en/topics/origin/instrument-and-tools/comparative-study-on-preferential-rules-of-origin/specific-topics/study-topics/cum.aspx.

35 累积基本上是一种灵活性，其中包括考虑从符合累积资格的地区进口的物料应被视为来自加工这些物料的地区。累积的类型包括双边原产地（在最终产品出口到合作伙伴之前，在伙伴国家中获得的原料）和对角线原产地（在最终产品返回到伙伴国家之前在第三国中获得的原料）。

36. 北美自由贸易协定与仅加入加拿大—美国自由贸易协定的不同

之处在于，建立包括三个国家的自由贸易协定的谈判，导致了一项全新协议的谈判。

37. 在这里，我们将区分"一致化"和"协调"二者的概念。前者是指针对该方案的所有参与者采用单一的原产地规则；而后者指对不同的原产地规则进行整合，但并不意味着单一的标准。

38. 《泛地中海优惠原产地区域公约》规定将"现有的原产地规则双边体系转变为多边框架"（参见该公约序言3）。该公约涉及21个缔约方（欧盟、冰岛、瑞士、挪威、法罗群岛、阿尔及利亚、埃及、以色列、约旦、黎巴嫩、摩洛哥、西岸和加沙地带、叙利亚、突尼斯、土耳其、阿尔巴尼亚、波斯尼亚和黑塞哥维那、前南斯拉夫的马其顿共和国、黑山、塞尔维亚和科索沃），在1995年发起新规则的首轮会谈，并于2011年结束，被称为巴塞罗那进程。考虑到"泛欧—地中海区域国家或地区之间现行的关于原产地规则的双边协议网络管理方面的困难，理想的作法是将现有的原产地规则大量双边制度转变为多边框架，而在相关协议或任何其他双边协议的原则中不存在任何偏袒"，公约第3条特别为这项庞大而漫长的工作提供了理由。

39. 这些累积机会存在于全面的经济伙伴关系协定中，即西非经济伙伴关系协定、南部非洲发展共同体经济伙伴关系协定和东非共同体经济伙伴关系协定。尽管如此，这些累积机会还是有一定条件的制约。

参考文献

AU (2006). *Declaration on the Moratorium on the Recognition of New RECs*. Banjul: AUC.

AU (2018). *OAU/AU Treaties, Conventions, Protocols & Charters*. Retrieved from African Union: https://au.int/en/treaties.

Augier, P., Gasiorek, M. & Lai Tong, C. (2005). The Impact of Rules of Origin on Trade Flows. *Economic Policy*, 569–624.

Baldwin, R. E. (2006). Multilateralising Regionalism: Spaghetti Bowls as Building Blocs on the Path to Global Free Trade. *The World Economy*, 1451 – 1518.

Bhagwati, J. (1995). *US Trade Policy: The Infatuation Woth FTAs*. New York: Columbia University.

Bioinformatics & Evolutionary Genomics (2018, July 5). *Calculate and Draw Custom Venn Diagrams*. Retrieved from Bioinformatics & Evolutionary: http://bioinformatics.psb.ugent.be/webtools/Venn/.

Brenton, P. (2010). Preferential Rules of Origin. In J. P. Chauffour & J.-C. Maur (Eds.), *Preferential Trade Agreement Policies for Development: A Handbook*. Washington, DC: World Bank.

Chauffour, J. & Maur, J. (2011). *Preferential Trade Agreement Policies for Development: A Handbook*. Washington, DC: The World Bank.

COMESA/EAC/SADC Tripartite Rules of Origin Database (2016). Retrieved from Rules of Origin.org: www.rulesoforigin.org/.

Copper Alliance Association Inc. (2018). *Copper Education*. Retrieved from Copper Alliance Association Inc.: www.copper.org/education/copper-production/.

Cornejo, R. & Harris, J. (2007). *Convergence in the Rules of Origin Spaghetti Bowl: A Methodological Proposal*. New York: Inter-American Development Bank.

Desta, M. G. & Gérout, G. P. (2018). The Challenge of Overlapping Regional Economic Communities in Africa: Lessons for the Continental Free Trade Area from the Failures of the Tripartite Free Trade Area. *Ethiopian Yearbook of International Law* 2017, 111 – 141.

Draper, P., Chikura, C. & Krogman, H. (2016). *Can Rules of Origin in Sub-Saharan Africa Be Harmonized? A Political Economy Exploration*. Bonn: Deutsches Institut für Entwicklungspolitik.

ECOWAS (2017). Le rôle des règles d'origine dans le processus d'integration régionale en Afrique de l'Ouest-CEDEAO. *WCO Origin Conference*. Addis Ababa: WCO.

Estevadeordal, A., Harris, J. & Suominen, K. (2009). *Multilateralising Preferential Rules of Origin around the World*. Washington, DC: IDB.

ICA (2018). Retrieved from Copper Alliance: http://copperalliance.org/.

Inama, S. (2009). The Economics of Rules of Origin. In S. Inama (Ed.), *Rules of Origin in International Trade* (p. 610). New York: Cambridge University Press.

ITC & WCO (2018). *Rules of Origin Facilitator*. Retrieved from Find Rules of ORigin: http://findrulesoforigin.org/.

Langner, B. E. (2014). The Value Chain of Copper: From Mining to Application. *Copper Worldwide Managerial Review*, 18–19.

UNECA (Forthcoming). *Economic Report on Africa 2019*. Addis Ababa: UNECA.

University of Arizona (2018). *Copper Mining and Processing: Processing of Copper Ores*. Retrieved from The University of Arizona: https://superfund.arizona.edu/learning-modules/tribal-modules/copper/processing.

WTO (2017). *Trade Policy Review: Report by the Secretariat: The Member Countries of hte West African Economic and Monetary Union (WAEMU)*. Geneva: WTO.

WTO (2018, July 5). *RTA Database*. Retrieved from WTO: http://rtais.wto.org/ui/PublicMaintainRTAHome.aspx.

附录一 重叠的原产地制度

表6.7—表6.9是使用来自世贸组织区域贸易协定信息系统数据库（2018）和由 Bioinformatics & Evolutionary Genomics （2018）开发的维恩图解的国家/地区数据编制而成的。

第六章 非洲大陆自贸区、价值链以及重叠的原产地制度对非洲铜价值链领域的兼容性评估

表6.7　　　　　　　　　　非洲内部重叠原产地制度

原产地制度	属于重叠制度的国家数量	国家
东南部非洲共同市场自由贸易协定	2	布隆迪
东非共同体关税同盟		卢旺达
中非国家经济共同体		
东南部非洲共同市场自由贸易协定	1	刚果（金）
中非国家经济共同体		
南部非洲发展共同体自由贸易协定		
中部非洲经济和货币共同体	6	刚果（布）
中非国家经济共同体		赤道几内亚
		乍得
		喀麦隆
		中非共和国
		加蓬
东南部非洲共同市场自由贸易协定	2	肯尼亚
东非共同体关税同盟		乌干达
东南部非洲共同市场自由贸易协定	6	马达加斯加
南部非洲发展共同体自由贸易协定		马拉维
		毛里求斯
		塞舌尔
		赞比亚
		津巴布韦
东非共同体关税同盟	1	坦桑尼亚
南部非洲发展共同体自由贸易协定		
西非国家经济共同体	8	贝宁
西非经济和货币联盟		布基纳法索
		几内亚比绍
		象牙海岸
		马里
		尼日尔
		塞内加尔
		多哥

续表

原产地制度	属于重叠制度的国家数量	国家
南部非洲关税同盟 南部非洲发展共同体自由贸易协定	5	博茨瓦纳
		莱索托
		纳米比亚
		南非
		斯威士兰
东部和南部非洲共同市场	5	科摩罗
		吉布提
		埃及
		利比亚
		苏丹
中非国家经济共同体	2	安哥拉
		圣多美和普林西比
西非国家经济共同体	7	佛得角
		冈比亚
		加纳
		几内亚
		利比里亚
		尼日利亚
		塞拉利昂
南部非洲发展共同体自由贸易协定	1	莫桑比克

表6.8　　　　　　　　　　跨地区重叠原产地制度

原产地制度	属于重叠制度的国家数量	国家
CA 经济伙伴关系协定 ESA 经济伙伴关系协定 欧盟—阿尔及利亚 AA 欧盟—埃及 AA 欧盟—摩洛哥 AA 欧盟—突尼斯 AA 加纳经济伙伴关系协定 IC 经济伙伴关系协定	1	欧盟

续表

原产地制度	属于重叠制度的国家数量	国家
南部非洲发展共同体经济伙伴关系协定		
阿加迪尔	1	埃及
埃及—欧洲自由贸易协会		
埃及—南方共同市场自由贸易协定		
埃及—土耳其自由贸易协定		
欧盟—埃及 AA		
泛阿拉伯自由贸易协定		
阿加迪尔	1	摩洛哥
欧盟—摩洛哥 AA		
摩洛哥—欧洲自由贸易协会		
摩洛哥—土耳其自由贸易协定		
摩洛哥—美国自由贸易协定		
泛阿拉伯自由贸易协定		
阿加迪尔	1	突尼斯
欧盟—突尼斯 AA		
泛阿拉伯自由贸易协定		
埃及—欧洲自由贸易协会	4	冰岛
摩洛哥—欧洲自由贸易协会		列支敦士登
南部非洲关税同盟—欧洲自由贸易协会		挪威
		瑞士
埃及—土耳其自由贸易协定	1	土耳其
摩洛哥—土耳其自由贸易协定		
南部非洲关税同盟—欧洲自由贸易协会	5	博茨瓦纳
南部非洲发展共同体经济伙伴关系协定		莱索托
		纳米比亚
		南非
		斯威士兰
阿加迪尔	1	约旦
CA 经济伙伴关系协定	1	喀麦隆
埃及—南方共同市场自由贸易协定	4	阿根廷

续表

原产地制度	属于重叠制度的国家数量	国家
		巴西
		巴拉圭
		乌拉圭
ESA 经济伙伴关系协定	4	马达加斯加
		毛里求斯
		塞舌尔
		津巴布韦
欧盟—阿尔及利亚 AA	1	阿根廷
加纳经济伙伴关系协定	1	加纳
象牙海岸经济伙伴关系协定	1	象牙海岸
摩洛哥—美国自由贸易协定	1	美国
泛阿拉伯自由贸易协定	11	巴林
		伊拉克
		科威特
		黎巴嫩
		利比亚
		阿曼
		卡塔尔
		沙特阿拉伯
		苏丹
		阿联酋
		也门
南部非洲发展共同体经济伙伴关系协定	1	莫桑比克

表 6.9　　　　　所有重叠的原产地制度

名称	总数	共同要素
CA 经济伙伴关系协定	1	欧盟
ESA EP		
欧盟—阿尔及利亚 AA		

第六章　非洲大陆自贸区、价值链以及重叠的原产地制度对非洲铜价值链领域的兼容性评估

续表

名称	总数	共同要素
欧盟—埃及 AA		
欧盟—摩洛哥 AA		
欧盟—土耳其 AA		
加纳经济伙伴关系协定		
IC 经济伙伴关系协定		
南部非洲发展共同体经济伙伴关系协定		
阿加迪尔	1	埃及
东部和南部非洲共同市场		
埃及—欧洲自由贸易协会		
埃及—南方共同市场自由贸易协定		
埃及—土耳其自由贸易协定		
欧盟—埃及 AA		
泛阿拉伯自由贸易协定		
阿加迪尔	1	摩洛哥
欧盟—摩洛哥 AA		
摩洛哥—欧洲自由贸易协会		
摩洛哥—土耳其 自由贸易协定		
摩洛哥—美国自由贸易协定		
泛阿拉伯自由贸易协定		
南部非洲关税同盟—欧洲自由贸易协会	5	博茨瓦纳
南部非洲关税同盟		莱索托
南部非洲发展共同体经济伙伴关系协定		纳米比亚
南部非洲发展共同体自由贸易协定		南非
		斯威士兰
阿加迪尔	1	突尼斯
欧盟—突尼斯 AA		
泛阿拉伯自由贸易协定		
CA 经济伙伴关系协定	1	喀麦隆
中部非洲经济和货币共同体		
中非国家经济共同体		

续表

名称	总数	共同要素
埃及—欧洲自由贸易协会	4	冰岛
摩洛哥—欧洲自由贸易协会		列支敦士登
南部非洲关税同盟—欧洲自由贸易协会		挪威
		斯威士兰
东部和南部非洲共同市场	4	马达加斯加
ESA 经济伙伴关系协定		毛里求斯
南部非洲发展共同体自由贸易协定		塞舌尔
		津巴布韦
西非国家经济共同体	1	象牙海岸
IC 经济伙伴关系协定		
西非经济和货币联盟		
东南部非洲共同市场自由贸易协定	2	布隆迪
东非共同体关税同盟		卢旺达
中非国家经济共同体		
东南部非洲共同市场自由贸易协定	1	刚果（金）
中非国家经济共同体		
南部非洲发展共同体自由贸易协定		
埃及—土耳其自由贸易协定	1	土耳其
摩洛哥—土耳其自由贸易协定		
西非国家经济共同体	1	加纳
加纳经济伙伴关系协定		
东部和南部非洲共同市场	2	利比亚
泛阿拉伯自由贸易协定		苏丹
南部非洲发展共同体经济伙伴关系协定	1	莫桑比克
南部非洲发展共同体自由贸易协定		
中部非洲经济和货币共同体	5	刚果（布）
中非国家经济共同体		赤道几内亚
		乍得
		中非共和国
		加蓬

第六章 非洲大陆自贸区、价值链以及重叠的原产地制度对非洲铜价值链领域的兼容性评估

续表

名称	总数	共同要素
东南部非洲共同市场自由贸易协定	2	肯尼亚
东非共同体关税同盟		乌干达
东南部非洲共同市场自由贸易协定	2	马拉维
南部非洲发展共同体自由贸易协定		赞比亚
东非共同体关税同盟	1	坦桑尼亚
南部非洲发展共同体自由贸易协定		
西非国家经济共同体	7	贝宁
西非经济和货币联盟		几内亚比绍
		马里
		多哥
		尼日尔
		布基纳法索
		塞内加尔
阿加迪尔	1	约旦
埃及—南方共同市场自由贸易协定	4	阿根廷
		巴西
		巴拉圭
		乌拉圭
欧盟—阿尔及利亚 AA	1	阿尔及利亚
摩洛哥—美国自由贸易协定	1	美国
泛阿拉伯自由贸易协定	9	巴林
		伊拉克
		科威特
		黎巴嫩
		阿曼
		卡塔尔
		沙特阿拉伯
		阿联酋
		也门
东部和南部非洲共同市场	2	科摩罗

续表

名称	总数	共同要素
中非国家经济共同体	2	吉布提
		安哥拉
		圣多美和普林西比
西非国家经济共同体	6	佛得角
		冈比亚
		几内亚
		利比里亚
		塞拉利昂

第七章

促使非洲大陆自贸区奏效的治理措施

巴伯基德（Babajide Sodipo）

简 介

2018年3月，44个非洲国家在卢旺达基加利举行的非盟首脑特别会议上启动并签署了非洲大陆自由贸易区（AfCFTA）协议，迈出了建立非洲大陆自由贸易区的重要一步。就非洲大陆自由贸易区的治理制度框架达成一致，是最重要的成就之一。考虑到非盟条约落实情况的参差不齐，支持落实非洲大陆自由贸易区的治理制度和机构至关重要。本章研究了非洲大陆自由贸易区不断进化的体制和治理框架，尤其是讲述该框架与非盟政治和体制背景之间关系的独特内容。本章将首先总结非洲大陆自贸区协议所设想的治理结构并分析其含义；其次对比其他非盟机构回顾非洲大陆自贸区的治理；最后概述非洲大陆自由贸易区的临时过渡性治理安排。

非洲大陆自贸区监管机构、职责及工作方式

《非洲大陆自由贸易区协议》（简称协议）第9—13条规定了非洲大陆自由贸易区的体制框架。协议的各种议定书和附件进一步阐述了管理协议中不同要素的体制安排。

协议第9条规定了由以下组成的体制框架：

1. （非盟）国家元首和政府首脑会议（简称首脑会议）

2. 非洲贸易部长理事会（简称部长理事会）
3. 高级官员委员会
4. 秘书处

在协议的不同议定书和附件下，也创建了各种委员会和机构，包括下列：

1. 服务贸易委员会
2. 货物贸易委员会
3. 贸易便利化、海关合作及运输小组委员会[1]
4. 原产地规则小组委员会
5. 技术性贸易壁垒小组委员会
6. 非关税壁垒（NTB）小组委员会
7. 贸易救济小组委员会
8. 卫生及植物检疫措施小组委员会
9. 争端解决机构

这些机构肩负着落实非洲大陆自由贸易区协定、其议定书以及其附件和附录的责任。以下分节概述了上述机构治理非洲大陆自由贸易区的职能。

（非盟）国家元首和政府首脑会议

这是非盟的最高决策权力机构，也将在非洲大陆自由贸易区承担相同的职能。首脑会议由非盟所有成员国的国家元首组成。必须指出的是，在首脑会议层面进行的非洲大陆自由贸易区相关讨论和决策将涉及非盟全体成员国，包括非洲大陆自由贸易区协议缔约国之外的非洲国家。由此可见，非洲大陆自由贸易区是非盟一体化议程的中心，从而确保全体非盟成员国坚持对此项目的政治承诺。此外还需指出，即使非洲大陆自由贸易区协定获得22个国家批准生效后，仍将对非盟所有成员国开放。预计最终全体非盟成员国都将成为非洲大陆自由贸易区的一部分。首脑会议的参与可确保非洲大陆自由贸易区的机构严格处于首脑会议的监督之下，与非盟机构保持一致。

预计首脑会议不会参与非洲大陆自由贸易区的日常行政管理，而是担当起提供政治和战略指导的作用。政治和战略指导的性质可参考首脑会议在非洲大陆自由贸易区协议谈判中所发挥的作用：首脑会议不直接参与技术谈判的细节，但会在谈判陷入僵局时为关键问题提供指导，包括对一个寻求增加关税自由灵活性的七国集团[2]进行特别处理，以及应对与非洲大陆自由贸易区秘书处结构及制度框架有关的问题。预计首脑会议在协议管理中提供的战略和政治指导会与首脑会议在谈判中所发挥的作用相似。首脑会议在谈判中所发挥的作用以及在整个程序中展开的政治监督很有帮助，确保了谈判的成功完成和成果的形成。

首脑会议预期还将根据部长理事会的建议采纳法律、财政和结构性的决定。实际上，只要部长层面就这些决定或建议达成共识，首脑会议即会趋向于自动采纳这些部长层面的建议。部长层面在有意见分歧或未达成共识时通常有必要获得政治指导或指令。

非洲贸易部长理事会

理事会是非洲大陆自由贸易区的主要决策机构。它将由非洲大陆自由贸易区缔约国的贸易部长或其他指定部长组成。理事会将通过非盟执行理事会[3]向首脑会议报告。实际上理事会向首脑会议递交报告的方式和其他非盟部长级理事会或委员会是一样的。非盟执行理事会由各国外交部长组成，在实际中，执行理事会通常会注意其他部长级报告，但在提交给非盟首脑会议之前不对其中的问题展开讨论。

部长理事会的任务是监督并成立非洲大陆自由贸易区秘书处以及其他委员会，发布与协议相关的指令和规章，审议并提议秘书处预算和结构供首脑会议采纳。协议第 10 条广泛概述了理事会的职能。必须指出的是，理事会需协调统一协议相关事宜的政策，并与其他非盟机构协作共事。

实际上部长理事会将是非洲大陆自由贸易区的主要决策机构，因为大多数决定都需由部长理事会批准。

高级官员委员会

成立该委员会的主要目的，是通过落实部长理事会的决定以及监督相关分支委员会来支持部长理事会的工作。委员会预计将由缔约国的高级官员组成，并将向部长理事会报告。按非盟惯例，通常先由高级官员机构就技术决策交换意见，之后才呈交给部长级机构考虑。高级官员委员会中需有区域经济共同体（RECs）的代表担任顾问。

其他委员会

此外，协议还规定了各种根据不同协定书和附件设立的委员会和机构，负责非洲大陆自由贸易区协议行政管理的各个方面。这些委员会和机构包括：

1. 争端解决机构（DSB）根据协议成立，以执行争端解决规则和程序议定书的规定。协定书还要求争端解决机构成立临时争端解决小组及上诉机构。

2. 服务贸易委员会：服务贸易协定书规定，部长理事会需成立该委员会，以落实服务贸易协定书及其目标。此委员会也有权在需要时建立附属机构和小组委员会。

3. 货物贸易委员会：货物贸易协定书规定，部长理事会需成立此委员会，以落实货物贸易协定书。该委员会预计将进一步建立一系列小组委员会，包括：

（1）原产地规则小组委员会——处理非洲大陆自由贸易区协议下有关原产地规则的问题，以及原产地规则附录产生的其他问题。

（2）贸易救济小组委员会——处理落实贸易救济附件所产生的问题。

（3）贸易便利化、海关合作及运输小组委员会[4]——处理非洲大陆自由贸易区协议附件及货物贸易协定书产生的贸易便利化、海关合作及运输问题。此外，缔约国需成立国家级贸易便利化委员会以促进国内协调并落实贸易便利化附件。

（4）非关税壁垒（NTBs）小组委员会——处理落实非关税壁垒附件以及非关税壁垒机制运作中产生的问题。除该小组委员会之外，缔约国还需成立国家级非关税壁垒中心，以及国家级非关税壁垒监督委员会。根据非关税壁垒附件设立一个机制：由国家中心和国家监督委员会通过与区域/经济共同体机构、非洲大陆自由贸易区非关税壁垒分支委员会以及非关税壁垒协调单位合作,发现并解决非关税壁垒问题。

(5) 技术性贸易壁垒（TBT）小组委员会——解决贸易技术壁垒附件产生的问题。此附件文本明确阐明了此小组委员会的其他职能,包括促进并协调缔约国在贸易技术壁垒方面的合作,并协调在国际论坛（如世界贸易组织）上的立场。

(6) 卫生及植物检疫措施（SPS）小组委员会——为解决卫生及植物检疫措施附件产生的问题而成立。与贸易技术壁垒小组委员会相似,附件文本也明确阐述了卫生及植物检疫措施分支委员会的职能,包括促进并协调缔约国在卫生及植物检疫措施方面的合作。

秘书处

协议规定由首脑会议成立秘书处,由部长理事会决定其作用和职能,以落实并管理协议。

谈判期间曾进行过激烈的辩论,主要焦点是：非盟委员会（AUC）是否应该兼任非洲大陆自由贸易区的秘书处,将秘书处的活动纳入现有非盟委员会的结构和系统中,还是应当成立特定机构作为非洲大陆自由贸易区秘书处。支持由非盟委员会作为非洲大陆自由贸易区秘书处的成员国以成本有效性为由,认为不必再为设立新机构筹资,而且强调,通过由非盟委员会管理,使非洲大陆自由贸易区活动成为非盟一体化议程的一部分的重要性。而有些成员国感觉有必要创建一个纯粹为非洲大陆自由贸易区服务的技术性秘书处作为专门机构,与非盟委员会的政治进程分离。最终各方达成共识支持后一种做法。

规定秘书处在日后成立,也为其设立进程提供了灵活性,以便随着执行工作的进展情况,满足缔约国的需求。

秘书处预计将是一个非盟体系中的职能自治机构,具有独立法人资格,其预算出自非盟预算。实际上它将拥有其他非盟机关［如泛非议会（PAP）和非洲法院］的地位。预计非盟委员会将担当临时秘书处的角色,直到秘书处完全成立。

"独立法人资格"是每个非洲联盟下属机构、机关、组织或办事处的标准条件，办公地点设在非盟总部之外，这是代表非盟机构签署谈判协议的一个特点，从而确保这些办事处、机关、组织或机构能够在所在东道国签署合同协议。

"职能自治"意味着非洲大陆自由贸易区秘书处可以作出行政和运营决策，无需等待非盟总部批准。这也是一个非盟专业组织、机构和机关的标准特征。需要注意的是，只要资金供应出自非盟预算，而非洲大陆自由贸易区秘书处的情况也的确如此，该机构就必须遵循非盟的财务规则，包括采购程序并使用非盟的采购委员会。不过，有先例表明，该机构的治理架构可能根据员工规则和规章改变机构员工的条件条款。因此非洲大陆自由贸易区部长理事会有权提议员工规则以及非洲大陆自由贸易区秘书处的财政规章，供首脑会议采纳。

举例来说，职能自治意味着非洲大陆自由贸易区秘书处将不依赖非盟委员会，自行负责其招聘并拥有自己的行政和人力资源部。这又是大多数非盟机构和机关的标准特征，包括非洲发展新伙伴关系（NEPAD）、非洲法院、泛非议会（PAP）等。

非洲大陆自贸区秘书处完全成立时将拥有50—70名专业人员和行政员工。非洲大陆自由贸易区将会参与管理协议范围下的问题，包括货物贸易（卫生及植物检疫、技术性贸易壁垒、贸易便利化、原产地规则、海关合作、贸易救济、非关税壁垒等）、服务贸易、争端解决、投资、知识产权以及竞争政策。但是成员国有可能会同意另设员工独立竞争执法机关。预计将有负责协议所有领域的专业员工和专家，以及全套辅助工作人员。预计员工数量中包括了一个含16到20位专业口译和笔译的团队，人事费用每年可高达500万到700万美元。[5]需要注意的是，秘书处结构和财政的相关问题和事宜将由缔约国部长理事会决定，因此这些数字和预测完全是指示性的。此外还需注意，秘书处在完成全部招聘工作、并充分发展其项目和工作之前，前几年的预算可能比上述预计低很多。

秘书长任命条款在谈判中经过辩论，最终达成一致，秘书处需有一位政治任命的技术长官。技术是指秘书长除行政和管理能力之外，还需具备国际贸易法和政策方面的技术能力，以便有效地参与非洲大陆自由贸易区协议所覆盖的实质性问题；预计将由部长理事会任命该秘书长，规定该职位的政治层面。考虑到秘书处在非盟委员会之外职能自治，经过又一番辩论，秘书长的报告职责及责任义务将由首脑会议和部长理事会在决定非洲大陆自由贸易区秘书处最终结构的时候完成。

国家级机构

如上所述，在特定情况下，如贸易便利化附件和非关税障碍附件所要求，作为协议规定的缔约国责任之一，缔约国需成立或保留国家级委员会或中心。这些国家级委员会与在非洲大陆层面成立的小组委员会互补且具备明确界定的关系。但是它们与一系列根据协议成立的国家级咨询点（包括卫生和植物检疫和技术性贸易壁垒问题）不同。预计国家级委员会将具有多方利益相关者性质，并具备明确规定的落实及管理协议的作用和责任。此外，2018年7月，首脑会议在毛里塔尼亚努瓦克肖特举行的非盟首脑会议上决定，非盟成员国应为非洲大陆自由贸易区成立国家级协调委员会，以协调并指导国家落实非洲大陆自由贸易区承诺。[African Union Assembly Dec. 692（XXXI）]

区域级/区域经济共同体级机构

虽然协议的序言部分称区域经济共同体是非洲大陆自由贸易区的"构架"，但这些共同体不会直接参与非洲大陆自由贸易区的行政管理。非洲大陆自由贸易区的体制框架是专门设定的，由协议的所有缔约国组成。但是在非关税壁垒附录和非关税壁垒监督机制这些特殊情况下，区域经济共同体需成立或加强自己的非关税壁垒监督机制。这些区域层面机制需与大陆层面机制合作落实协议，因此区域经济共同体被赋予了一个在非洲大陆自由贸易区体制框架中的间接职能，负责监督并消除非关税壁垒。

所有上述机构都承担着落实非洲大陆自由贸易区协议、其协定书及其附件的责任。如上所述，大多数与落实和管理协议相关的决定都将由协议规定的不同委员会和机构完成。

非洲大陆自贸区设想机构的主要影响

从非洲自由贸易协定的文本中可以得出一些有关实施方法的意见，包括以下：

1. 非洲大陆自由贸易区是非盟创建和实施的项目。非洲大陆自由贸易区的法律文本由非盟首脑会议采纳，且首脑会议仍是非洲大陆自由贸易区体制的最高政治决策机构。

2. 协议的行政管理由协议缔约国而不是非盟成员国负责。虽然非洲大陆自由贸易区谈判是涉及全体非盟成员国的非盟范围项目，协议生效时只会为签署并通过协议的缔约国设定权利义务，而不是全体非盟成员国。因此，即使全体非盟成员国可自由加入非洲大陆自由贸易区，协议的落实和管理仅涉及签署并通过协议的国家。体制框架强调了这一观点：不同机构和委员会的成员资格仅限于协议缔约国。首脑会议是一个明显的例外，非盟全体成员国皆可加入，这对落实协议造成了系统性影响，包括：非洲大陆自由贸易区缔约国之外的非盟成员国实际无法直接通过首脑会议影响协议的技术管理；如果它们随后加入协议，它们仍将受成为缔约国之前所做的决策约束；它们可以通过首脑会议参与决策程序，这一事实可能会引起一些矛盾，但如上文所强调，实际中极少有问题会上报到首脑会议层面进行决策。技术性质的问题将由技术委员会、高级官员委员会和部长理事会解决。因此，一旦协议生效，剩余非盟成员国将面临压力批准协议并成为缔约国，以免放弃对重要技术决策的影响。

3. 落实并管理协议的工作多半将由缔约国委员会完成，而非拥有决策权限权力的执行秘书处。虽然由非洲大陆自由贸易区执行秘书处决策可能会更快成本更低，但这将涉及减少对决策的主权，减少缔约国对决策的所有权。另一方面，由缔约国主导的委员会工作虽会给缔约国带来更多决策自主权，但这样做很耗费成本精力，例如缔约国主导时可能会面临聚齐开会法定人数的挑战。按照以往的经验，秘书处不资助成员国参会时通常难以获得足够的参与度来满足开会法定人数要求。（非盟的实际开会法定人数需要三分之二非盟成员）但是考虑到可能需要召开的会议数量，秘书处赞助所有缔约国参加每年最低要求的会议量所涉预算问题也是令人望而却步的。谈判时各方考虑了一系列解决此潜在挑战的选项，包括以下：

• 放宽非洲大陆自由贸易区机构的法定参会人数规则，从而更加灵活地决策，比如说，法定参会人数可以指协议缔约国的简单多数，或者正式授权区域经济共同体（REC）委员会成员代表他们的国家出席。在此情况下就需要重新考虑区域经济共同体在体制框架中的职能规定了。

• 在管理或落实协议的相关方面给予非洲大陆自由贸易区秘书处更大的决策权限或灵活性，比如说在发生争端时授权非洲大陆自由贸易区秘书长发起磋商或召开小组讨论，而非依赖争端解决机构，这将减少要求缔约国开会决策的次数。

• 谈判方还考虑了由正式常驻代表参加非洲大陆自由贸易区秘书处会议。在此情况下，缔约国需在非洲大陆自由贸易区秘书处设立的首都派遣正式常驻技术代表，作为其外交使团的成员，以确保有正式代表参与所有非洲大陆自由贸易区机构的会议。这一方法与世界贸易组织（WTO）在日内瓦的安排相似。

• 为解决可能需在非洲大陆自由贸易区东道国建立新外交使团的费用问题，可能将要求东道国具备一定数量的非洲外交使团，并探索其他无需成立完整外交使团便可请到正式代表的方法。

• 所有非洲大陆自由贸易区委员会和机构的会议将尽最大努力在非洲大陆自由贸易区总部召开，从而降低成本。此外，秘书长还可以拒绝赞助缔约国参会以降低费用。在会议于总部之外召开的情况下，可要求东道国承担额外费用。

由缔约国委员会管理协议意味着多项挑战，其中大多数需要在协议生效、待非洲大陆自由贸易区机构制订出工作方法后进一步明确。

4. 在某些情况下，体制框架会超出协议创建的权利和义务的相关问题范围，比如说，协议还创造了非洲大陆合作和协调框架，包括卫生和植物检疫及技术性贸易壁垒分支委员会的特殊案例。这些机制涉及在多边层面上协调缔约国谈判立场,比如说,非洲大陆自由贸易区附录6第13条(技术性贸易壁垒)规定,技术性贸易壁垒分支委员会需在适当情况下,协调世界贸易组织技术性贸易壁垒委员会和其他相关国际组织,采取缔约国的共同立场。

5. 在某些其他情况下,协议也涉及依照条约义务成立国家级机构或委员会,包括建立贸易便利化国家委员会和非关税壁垒国家委员会。

这些观察意见对管理和落实协议来说意义重大,包括非洲大陆自由贸易区机构将如何开展它们的业务、体制框架的融资、以及缔约国成功落实协议的能力。

与非盟机关和机构的关系

非洲大陆自由贸易区是由非盟创建的,其秘书处和机构将是非盟机关机构的一部分。如上所述,非盟成员国及协议缔约国将被明确地区分开。这对协议的机构框架以及协议的管理都有影响。

非盟的组织结构包括不同类型的机构,大体上可被分为四类,即:(1)机关(Organs);(2)专门机构(Specialized Agencies);(3)机构、以及(4)常驻代表团。没有明确的非盟决策来区分机关、专门机构和其他机构的特征,因此非盟成员国可自由设计一个适用的非洲大陆自由贸易区机构。按照非盟的政策机关授权,主要机关和附属机构通常被纳入非盟预算,但是其他机构拥有自己的预算程序或完全由自愿捐款资助。

协议表明,非洲大陆自由贸易区秘书处及其全部活动都将由非盟的总预算资助。这意味着作为非盟总预算的一部分,非洲大陆自由贸易区的预算,需遵循非盟预算程序提请非盟常驻代表委员会(PRC)批准。一旦预算获批,将直接从非盟预算向非洲大陆自由贸易区秘书处拨款。这和非盟机关,如泛非议会(PAP)、非洲法院及"非洲发展新伙伴关系"(NEPAD)机构的融资相似。这样一来,非盟的所有成员国,不管是否是缔约国,都将就财务和预算事宜做出贡献并决策,参与机构的融资。即使这可能会带来一个问题:即非缔约国非盟成员国参与非洲大陆

第七章　促使非洲大陆自贸区奏效的治理措施

自由贸易区的管理，而需要注意的是非洲大陆自由贸易区的治理结构将负责协议的实质性和技术性管理，非缔约国的影响将多半仅限于行政和财务问题。这和泛非议会和非洲法院等机关和机构相似，即完全由非盟资助，即使并非所有非盟成员国都是这些机关组织的缔约国。

还需注意的是，所有协议缔约国也是非盟常驻代表委员会预算小组委员会的成员，因此它们可以在有必要时保护非洲大陆自由贸易区秘书处的预算。

非洲大陆自由贸易区由非盟资助的好处是基金和资金可预测和可持续，最主要的缺点是非缔约国的非盟成员国会参与到非洲大陆自由贸易区秘书处的财务和预算决策中。非洲大陆自由贸易区缔约国之外的非盟成员国有可能会尝试通过非盟预算批准程序影响非洲大陆自由贸易区的行政相关问题。

谈判中考虑到的另一个融资选项是仅由缔约国资助非洲大陆自由贸易区秘书处，这与非洲同行审议机制（APRM）和非洲民用航空委员会（AFCAC）等非盟机构的安排相似。在这种情况下，缔约国除可控制治理结构，还可全权负责决定机构的预算和融资。这虽然有明显的好处——委员会工作的所有方面都由缔约国控制，但财务的不可预测性也是明显的坏处。在非洲大陆自由贸易区生效前还不能明确缔约国是谁或者缔约国将何时加入。因此机构的基金可能会全无实际保障，尤其是和非盟资金的可预测性相比。按照以往经验，所有曾采用此选项的非盟机构，如非洲同行审议机制，都曾遭遇过难以获得足够资金的困境。

考虑的第三个备选方案是非盟和缔约国混合融资。在此情况下，一方自主自愿的捐款将构成机构融资的主要来源，而另一方为辅助来源。若非盟是主要资助方则需使用非盟融资结构，若缔约国是主要资助方则机构融资拥有更大的灵活性，但也有更高的复杂性。在最坏的情况下，混合融资来源，但不明确谁承担主要责任可能会导致融资来源始终不明确。

就秘书处而言可以得出结论：秘书处的运营自治，再结合非盟资助，可表明秘书处的地位将与非盟"机关"相似。非洲大陆自由贸易区机构兼非盟机关的地位，并不意味着非缔约国可以参与协议管理。举例来说，安理会（PSC）是作为非盟机关成立，但安理会的成员仅限于批准或同意其协定书的非盟成员国。泛非议会（PAP）和非洲法院等机关也是同理。非洲大陆自由贸易区机构兼非盟机关的地位将加强该机构在非盟体制中的地位和自治性，给予和其他机构（如安理会和泛非议会）同等的地位。值得注意的是，非洲大陆自由贸易区秘书处并非唯一被指定为非盟机关的非洲大陆自由贸易区机构，而是非洲大陆自由贸易区的整个体制框架都被指定为非盟机关，包括非洲贸易部长理事会、高级官员委员会以及秘书处。

非盟机构框架，如贸易、工业和矿业高级官员委员会、现有的非洲国家贸易部长会议（AMOT）及非盟海关总局，没有协议管理和决策的职能。首脑会议的职能有限，如上所述，只提供总体政治指导，而实际决策是由协议缔约国通过相关技术委员会以及部长理事会来完成的。

但是还有一个确实存在的问题：部长理事会有职责和权力促进政策统一，并根据协议第十一条，也可能在与其他非盟部门或机构政策重复的领域，制定规章和指令。现有的贸易、工业及矿业特别技术委员会有责任就非盟广泛贸易问题和其他事宜做出非洲大陆层面的决策，而部长理事会的职责权力很可能与其重复。之所以说这是问题，是因为至少在最初，并非所有非盟成员国都是非洲大陆自由贸易区的缔约国，因此它们也不会加入其部长和技术委员会。但是全体非盟成员国都是特别技术委员会（根据非盟组织法成立）的成员。可能还存在着与现有非盟机构（如先前存在的海关总署委员会，以及协议设立的贸易便利化、海关合作和运输的贸易小组委员会）重复的可能性。在卫生和植物检疫方面，卫生和植物检疫小组委员会以及非盟委员会农村经济与农业事务部现有机构的职责也可能发生重复或产生冲突。

在服务贸易方面，基于初步确认的优先重点行业（交通、通信、旅游、金融和商业服务）的非洲大陆自由贸易区自由化和统一监管议程，必须与现有的、在不同部门（包括基础设施和能源部、经济事务部）处理相关问题的非盟高级技术委员会、部长委员会协调统一。协议第11条第（3）款（部长理事会职能）明确授权部长理事会与非盟相关主要机关和机构合作。因此在落实协议，涉及与现有机构共享权限的领域时，需有明确规定的工作方法并被非盟机关采纳。

另一个可能会有职责重复的领域是非洲大陆自由贸易区的争端解决。协议规定，在解决缔约国的协议权利与义务争端时，需使用按协议成立的争端解决机制。但是，本着同样的精神，根据《非洲正义与人权法院规约》成立的法院作为非盟的主要司法机构，对所有提交给它的争端，不管是关于释读和应用非盟条约及非盟框架下采用的法律工具，还是关于其合法性有效性，都具有管辖权。这一管辖权明显包含了非洲大陆自由贸易区协议，因为它是在非盟框架下采纳的条约。从表面上看，即使存在争端，似乎也不会阻止缔约国将与非洲大陆自由贸易协定有关的问题提交非洲正义与人权法院，但是并非所有非盟成员国都是该非洲法院规约的缔约国，这就进一步增加了复杂性。归根结底，这些都是最终落实协议时需要解决的问题。

非洲大陆自由贸易区依然是非盟的项目，因此其机构是在非盟旗下拥有自治性，与非盟的其他倡议和机关相似，例如非洲同行审议机制、非洲法院和泛非议会。当非盟全体成员国签署协议，批准并成为非洲大陆自由贸易协定的缔约方时，可能会需要审查非洲大陆自由贸易区体制框架，使其与非盟体制机构完全统一。

非盟委员会作为临时秘书处

非洲大陆自由贸易区第13条（2）款规定，非盟委员会（AUC）将担任非洲大陆自由贸易区的临时秘书处，直到独立秘书处全面投入运行。这意味着非盟委员会将根据非洲大陆自由贸易区第二阶段谈判结束的时间框架，管理就第二阶段问题的持续谈判，包括投资、竞争政策及知识产权，并同时通过前文所述各种机构和委员会管理协议的行政事宜。

由于第二阶段的谈判问题的授权对象是非盟成员国而非非洲大陆自由贸易区缔约国，预计第二阶段谈判将由所有非盟成员国展开（包括那些尚且不是协议缔约国的成员国），并将使用由首脑委员会设立的非洲大陆自由贸易区谈判机构（技术工作组、谈判论坛、高级官员委员会、非洲各国贸易部长）。

在担任临时秘书处的同时,非盟委员会也将承担向常设秘书处过渡的工作,包括谈判东道国协议并建立秘书处的独立法人资格、招聘和合约谈判、制定秘书处的结构和组织结构图、制定非洲大陆自由贸易区员工规则和规章,以及组织非洲大陆自由贸易区法定会议。

非盟委员会身兼双重职责,即进行第二阶段谈判,并担任临时秘书处,负责管理为落实协议所设立的众多委员会和组织机构,这种双重职责的奏效程度还需观察。另外还存在着时间掌控的问题,因为协议并未提及非盟委员会需担任临时秘书处多久。这又是一处植入协议的政治灵活性,以期非盟成员国决定它们想要的非洲大陆自由贸易区常设秘书处的结构和类型。

结　论

非洲大陆自由贸易区的体制框架和规定还需经历测试和考验,它们提出了在非洲大陆背景下制定一套有规可循的经济管理体制的尝试。随着协议的生效及落实,制度和管理方法也自然需要同时进化完善。出于这一实现审查、发展并适应的需求,协议本身即包含了审查程序的规定,从而能够在落实协议时取得的经验和进展的基础上,确保"有效性、实现更深层的一体化、并适应不断发展的区域和国际发展"。因此随着协议的落实进展,固定的授权和机会将通过随之不断适应和强化的体制,巩固非洲大陆自由贸易区治理机制。

注　释

1. 非洲大陆自由贸易区协议的最初文本设想是,根据相应附件,就海关合作、贸易便利化和运输分别成立小组委员会。为方便管理,并确保小组委员会的职能统一,成员国决定合并此三个小组委员会。

2. "七国集团"指吉布提、埃塞俄比亚、马达加斯加、马拉维、苏丹、赞比亚和津巴布韦。

3. 执行理事会是非盟的主要机构之一,由外交部长或其他指定部委或拥有广泛权力的部长组成，就非盟成员国所关注的问题展开协调和决策工作。

4. 非洲大陆自由贸易区协议最初文本设想是：根据相应附件，就海关合作、贸易便利化和运输分别成立小组委员会。为方便管理，并确保小组委员会的职能统一，成员国决定合并此三个小组委员会。

5. 根据非盟专业和行政工作人员的服务条件条款，采用类似于其他组织的结构。

参考文献

African Union Assembly Decision 692（XXXI）. 2018. Assembly/AU/Dec. 692（XXXI）.

The Agreement Establishing the African Continental Free Trade Area. 2018. AfCFTA, opened for signature 21 March.

AUC. 2018. Technical Note on the AfCFTA Institutional Framework.

The Constitutive Act of the African Union. 2000. AU Constitutive Act, Opened for signature 11 July, entered into force 26 May 2001.

Protocol on the Statute of the African Court of Justice and Human Rights. 2008. Protocol on the Statute of the African Court, Opened for signature 1 July.

第八章

变革中的非洲大陆自贸区贸易格局
——新兴市场经济体的崛起和非洲对出口市场的持续依赖

杰米·麦克林德（Jamie MacLeod）

非洲的贸易依赖

非洲的贸易一直依赖于出口品种不多的大宗商品，并局限在为数极少的几个市场经济体。2000年，初级产品占非洲出口的62%（CEPII, 2018），而68%的非洲出口仅流向美国和欧盟市场（CEPII, 2018）。自1962年和非洲去殖民化前夕以来，情况并没有多大变化，在非洲对外出口中，初级产品的份额约为63%，美国和欧盟占非洲出口的76%（IMF, 2018; UN, 2018）。事实上，一个多世纪以来，以上情形变化不大（Frederico & Tena Junguito, 2018）。

欧洲对非洲的殖民建立了以向大都会转移资源为重点的采掘机构（Acemoglu, Johnson & Robinson, 2001）。在这种情况下，贸易非但未产生积极影响反而对经济增长形成了阻碍。（Rodrik, Subramanian & Trebbi, 2004）

其中缘由是有据可查的。对数量有限的资源依赖使人受制于这些资源的价格波动以及出口市场的良性化与否的影响，从而造成实际汇率波动，阻碍投资并对政府财政收入的预测带来不良后果。（Van der Ploeg, 2011; Mehlum, Moene & Torvik, 2006）尽管受到国内和其他外部挑战的影响，对大宗商品的依赖是造成非洲20世纪80年代"失去的十年"

发展不利的一个重要因素（Adedeji，1991）。此外，资源开采只为极少数人带来好处，加剧了不平等，使得可持续发展前景恶化（Leamer, Maul, Rodriguez & Schott, 1999; Humphreys, Sachs & Stiglitz, 2007; Skoloff & Engerman, 2000）。

经济集中在品种匮乏的采掘资源中也可能带来对长期发展的挑战。机构薄弱，再加上这种资源集中，就为权利租赁、腐败、制度恶化提供了空间，阻碍了民主和问责制的实施，并导致冲突（Gylfason，2001；Sachs & Warner，1999）。以资源为基础的专业化生产可能会削弱其他更有利于可持续发展的经济部门，例如体现更大增长外延性的制造业（Matsuyama，1992）。因此，经济集中性可能会阻滞结构转型，无法获得长期增长。

当然，对品种有限的自然资源依赖并不一定会导致经济停滞。例如，大量的石油储备并未阻碍美国、挪威或博茨瓦纳经济的增长。如果利用得当，用适当的配套政策确保技能的发展并遏制不平等现象，自然资源可以促进经济发展（Wood & Mayer，1998）。在充分利用这些资源的背后，发展经济学家通常会指出"好的制度"。然而，即使在这种情况下，长期增长也往往伴随着经济的多样化和结构转型，而这又会通过多样化的出口组合来体现。

因此，非洲的贸易构成组合令人有些失望。在去殖民化的半个多世纪之后，非洲贸易收入的增减仍然依赖于少数大宗商品及其价格的变化（图8.1）。2000—2016年，非洲70%的出口收入来自"采掘资源"，其中包括金属矿产、有色金属、贵金属，特别是石油和天然气[1]。在整个大宗商品超级周期中，这些出口波动频繁剧烈，起起落落（图8.2）。正是这些产品的过度集中带来了对更长期发展的种种挑战，加剧了不平等，并引发了宏观经济管理问题。

新兴市场经济体的崛起

定义"新兴市场"有很多方式。在这里，新兴市场经济体（EME）的定义旨在针对自20世纪90年代以来对世界和非洲国家最重要的发展

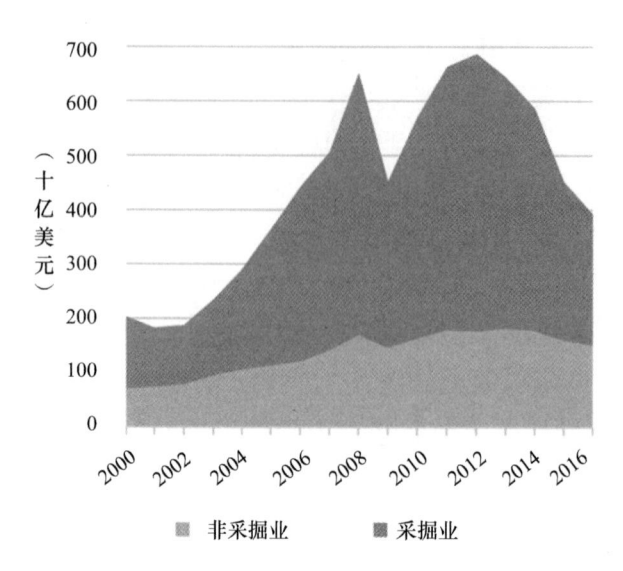

图 8.1　2000 年至 2016 年非洲的贸易概况及其对采掘资源的依赖，
以实际美元计

中国家。也就是那些符合 MSCI（摩根士丹利资本国际资本公司）新兴市场指数，但不属于勃兰特线定义的"全球北方"[2]国家（译注：勃兰特线是 20 世纪 80 年代提出的，根据人均 GDP 人为划出的一条分界线，以北纬 30 度为参考基线，涵盖了"全球北方"的发达国家，但到中部弯曲穿行，避开了非洲和印度，到大洋洲该线向南垂直下降，把南半球的澳大利亚和新西兰也包括其中，从而反映全球"南北"经济差异。勃兰特线源出于一份独立委员会报告，因主持该委员会并担任过西德总理的维利·勃兰特而得名）。这意在包括那些在非洲最近变化的贸易中影响最大的国家，但不包括在非洲有过较长经济轨迹的前苏联和东欧集团国家（见表 8.1）。

全球经济正处于巨大变革的阵痛之中。新兴市场经济体占世界 GDP 的比例从 1950 年的 17% 上升到 2016 年的 39%，就全球经济变化而言，这样的崛起甚至让苏联的衰落都相形见绌（图 8.3）。世界经济的这种不同寻常的演变标志着多极经济结构的发展，对世界贸易、投资流动、地缘政治和非洲的传统贸易格局具有重大影响。中国和印度是这一变化的先锋，这两个国家在 2016 年新兴市场经济体 GDP 中合计占 58% 的份

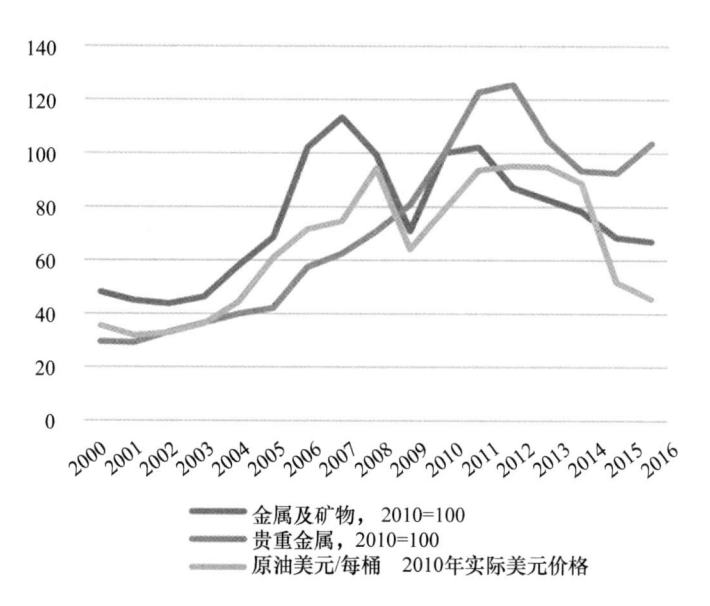

图 8.2　2000 年至 2016 年采掘性大宗商品价格

资料来源：作者根据 CEPII-BACI 数据集和世界银行商品价格数据计算。

图例：
- 金属及矿物，2010=100
- 贵重金属，2010=100
- 原油美元/每桶　2010 年实际美元价格

额（图 8.4）。

从非洲的进出口贸易中可以清楚地看到新兴市场经济体的崛起。从 2000 年到 2016 年，非洲出口到这些新兴市场经济体的份额从 15% 上升到 33%，而非洲从新兴市场经济体进口的份额增长更快，从 15% 上升到 37%（图 8.5 和图 8.6）。

新兴市场国家在非洲出口和进口中所占的份额越来越大，与此同时"全球北方"国家份额萎缩，这标志着非洲贸易格局从传统上由"全球北方"国家主导的局面出现了历史性转变。因此，非洲的贸易在很大程度上反映了全球的经济状况：全球经济影响力从"全球北方"向南半球增长极转移的再平衡。然而，与全球经济一样，这并不是零和游戏：非洲与全球北方的贸易实际上也有所增长，从 2000 年的 1510 亿美元和 1110 亿美元的进出口增长到 2016 年的 1920 亿美元和 2200 亿美元。反过来看，就像非洲的贸易增长一样，全球经济这块蛋糕总体上也有所增长，只是在新兴市场经济体中增长最快。非洲内部贸易也呈现出可观的增长，从 2000 年的 160 亿美元增长到 2016 年的

400亿美元,现在占非洲总出口的更大份额,但与新兴市场的发展相比,则黯然失色。[2]

表 8.1　　　　　　　　　新兴市场经济体名单

美洲	中东	亚洲	
巴西	卡塔尔	中国	巴基斯坦
智利	土耳其	印度	菲律宾
哥伦比亚	阿联酋	印度尼西亚	中国台湾
墨西哥		韩国	泰国
秘鲁		马来西亚	

资料来源:基于摩根士丹利资本对国际新兴市场的定义,不包括勃兰特"全球北方"国家(地区)。

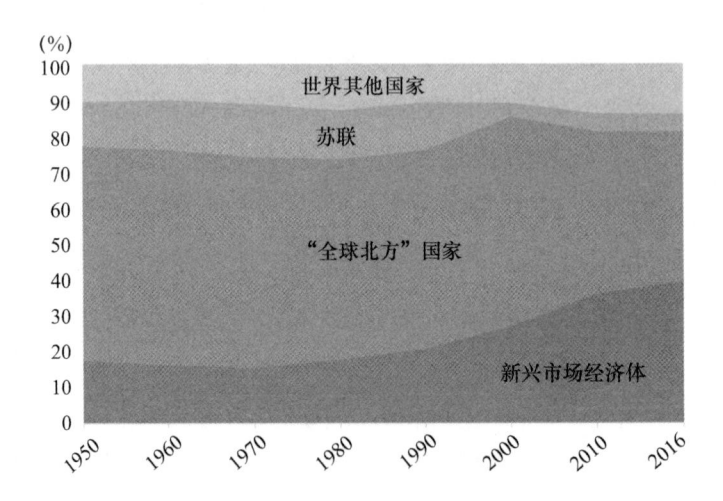

图 8.3　分组分析对世界 GDP 的贡献

资料来源:作者的计算基于麦迪森项目数据库(Bolt, Inklaar, Herman & van Zanden, 2018)[3]。

通过追踪非洲贸易格局变化的演变,可以发现两个显着特征(图 8.7 和图 8.8)。首先,从 2000 年到 2016 年,非洲的贸易大幅增长,出口增加了 1910 亿美元,进口增加了 3210 亿美元。新兴市场经济体是这一增长的核心,在此期间,占非洲出口增长的 52% 和进口增长的 48%。

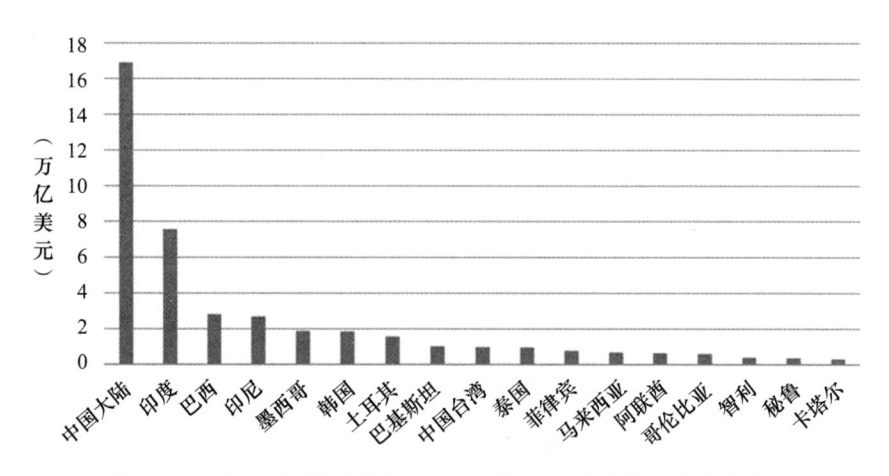

图 8.4 新兴市场经济体的经济构成，按 2016 年本地生产总值排列

资料来源：作者的计算基于麦迪森项目数据库（Bolt, Inklaar, Herman & van Zanden, 2018）。

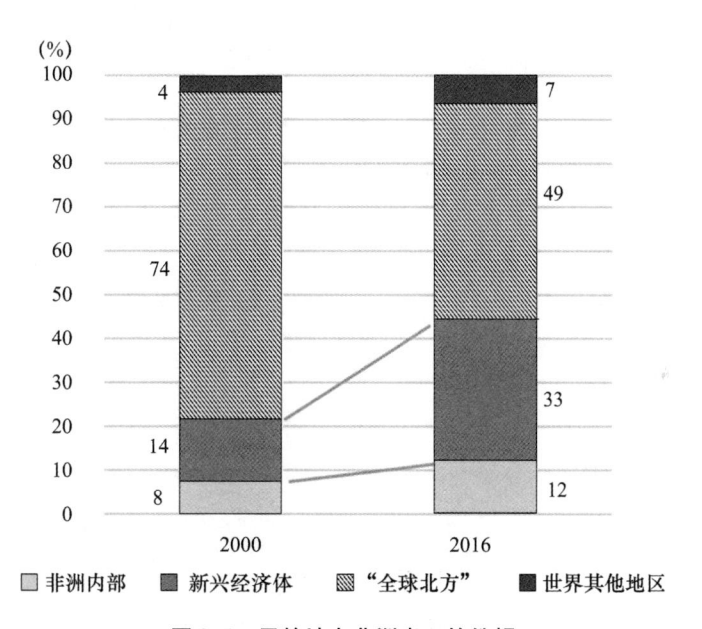

图 8.5 目的地占非洲出口的份额

其次，非洲的贸易——尤其是非洲的出口——一直不稳定，在过去 15 年里形成了一个"m"形。显然，在 2009 年全球金融危机，从 2010

年到2012年的反弹以及从2013年开始的第二次放缓（与大宗商品价格暴涨的结束）相吻合是这些贸易出口流动的最主要标志。

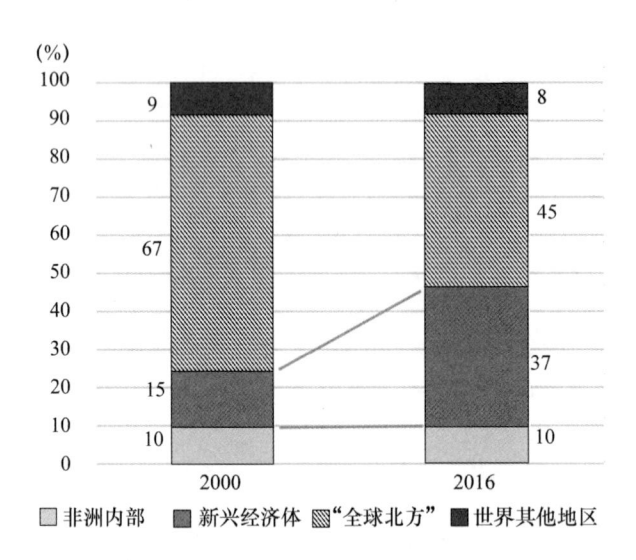

图8.6 非洲进口商品的原产地份额

资料来源：作者使用CEPII-BACI数据集的计算。

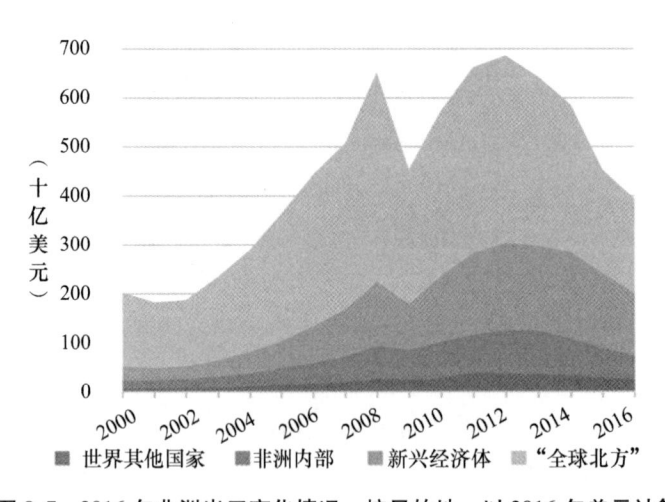

图8.7 2016年非洲出口变化情况，按目的地，以2016年美元计算

非洲对新兴市场的出口波动最大。比较变化系数，就会发现对新兴市场经济体的出口比非洲总出口的波动率高30%（表8.2）。相对稳定和成熟的全球北方经济体一直是非洲出口波动最小的市场。

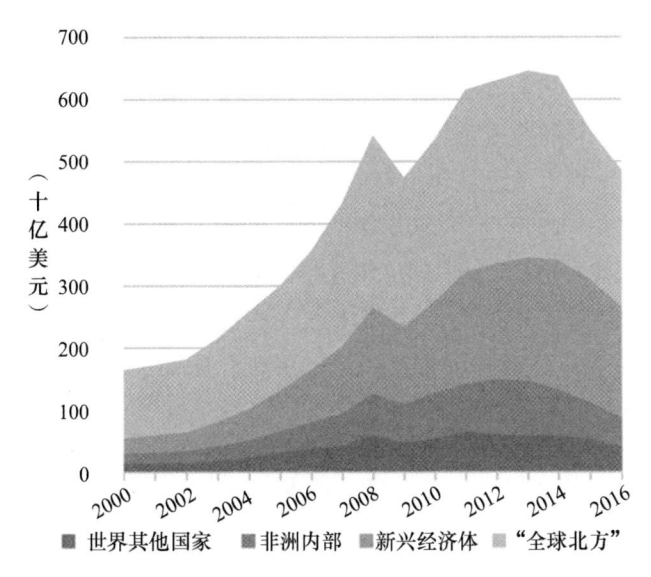

图8.8　非洲进口演变，按来源，以2016年美元计算

资料来源：作者使用CEPII-BACI数据集的计算。

表8.2　　　　出口波动率，按市场划分，2000—2016年

	相对于非洲总出口平均水平的出口波动率
非洲内部	19%
新兴经济体	30%
"全球北方"	−14%
世界其他国家	22%

资料来源：作者基于CEPII-BACI数据集的计算。

注：相对于非洲总出口的波动率计算公式为：$\left(\frac{标准偏差}{平均值}\right)_{目标地市场} \Big/ \left(\frac{标准偏差}{平均值}\right)_{总数}$

非洲的出口结构：新兴市场的崛起重塑还是强化非洲出口结构？

与非洲的传统贸易伙伴相比，新兴市场经济体不仅是非洲大量贸易的新市场，还代表着具有不同需求和供应特征的不同类型的市场。因此，它们以不同的方式影响着非洲的贸易。

非洲向新兴市场经济体出口的最显著特点是，它们在很大程度上以采掘资源为主。2000年至2016年期间，非洲对新兴市场经济体的出口中，采矿资源占83%（图8.9）。这标志着非洲出口在采掘资源方面的集中性甚至超过了以往向"全球北方"的传统贸易伙伴的出口集中性（图8.10）。新兴市场并没有充当新的多样化渠道，从而转变非洲历史上对大宗商品的依赖，反而加强了非洲贸易的这一特征。

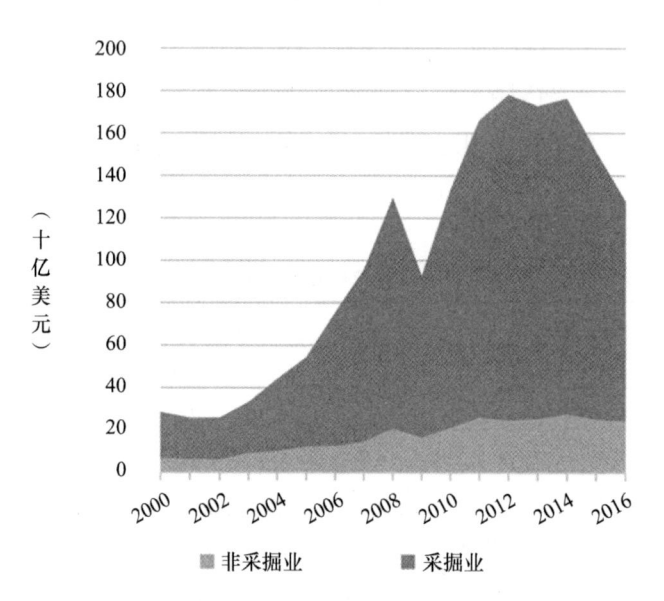

图8.9 2000年至2016年非洲对新兴市场经济体出口的构成

可以将其与非洲内部贸易进行对比（图8.11）。非洲内部市场一直是非洲出口中最不集中于采掘资源的市场，在2000年至2016年期间仅占

42%。将非洲的非采掘出口分解成广义经济类别（BEC）分组，可以发现：涉及初级产品加工最多的贸易，体现出更高的附加值和工业含量。例如，咖啡豆属于"初级食品和饮料"类别，因为它们是一种初级农产品，附加价值有限。相比之下，烘焙咖啡经过了足够的加工，可以归类为加工过的产品。同样，木材是初级产品，而刨过的木材则属于加工产品。电子线路（资本货物）、汽车（运输设备）和服装（消费品）同样是经过加工的产品。这一过程的内在价值是附加值，它有助于工业化发展和就业增加，并对贸易如何促进非洲工业化具有特别意义。

对"非采掘性"出口的构成进行更深入的分析，可以进一步证明上述观点（表8.3）。即使抛开开采资源不算，非洲对新兴市场经济体的出口也往往趋向于集中在初级产品。实际上，非洲与新兴市场经济体的贸易比其与传统的全球北方贸易伙伴的贸易更集中在初级产品上。

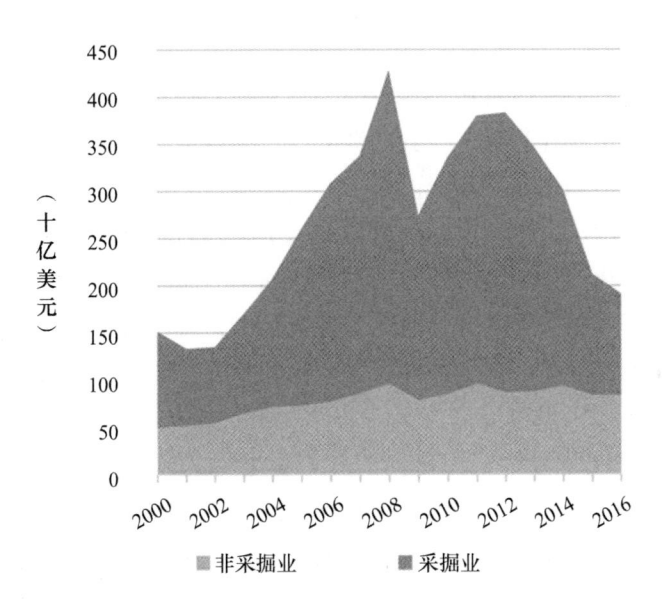

图 8.10　2000—2016 年，非洲对"全球北方"出口的构成

资料来源：作者使用 CEPII-BACI 数据集的计算。

同样，值得注意的特例是非洲内部贸易也集中在加工产品上。新兴市场也呈现出不同的贸易供应组合，相对于非洲与其他伙伴的

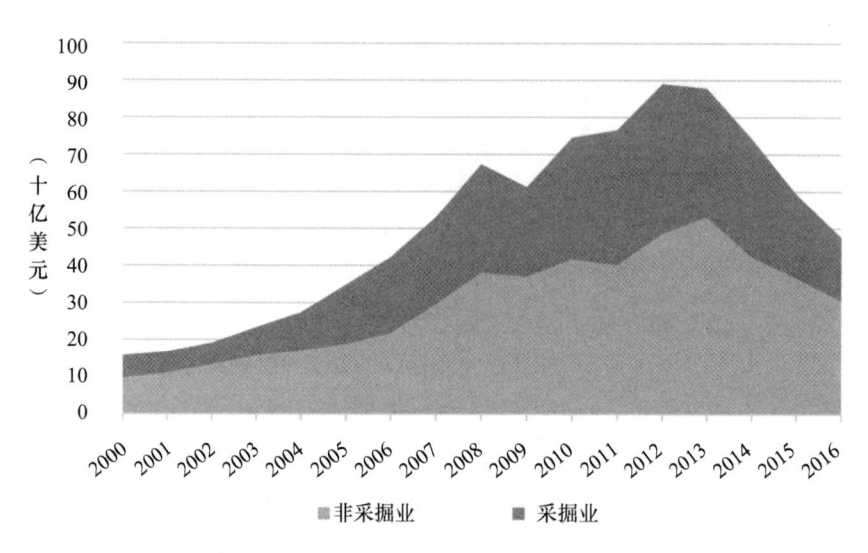

图 8.11　2000—2016 年非洲内部贸易构成

资料来源：作者使用 CEPII-BACI 数据集的计算。

贸易，其进口方式也有所不同（表 8.4）。与非洲对其他市场的贸易相比，从新兴市场经济体进口到非洲的，更多地集中在消费品上，而较少集中在半成品和资本货物上。

在某种程度上，制成品的进口取代了国内的制成品，并且初级商品出口在一定程度上影响那些在国内进行加工的商品。人们可能会怀疑非洲与新兴市场的贸易是否会削弱工业化水平，而这的确是一个在非洲经常被提出的问题。在传统的要素禀赋论的基础上，人们开始质疑，新兴市场经济体融入世界经济（其中许多拥有大量非技术劳工）是否可能冒着使非洲和其他欠发达国家"去工业化"的风险（Wood & Mayer, 2011）。图 8.12 展示了非洲与新兴市场经济体之间贸易增长与非洲工业占 GDP 份额之间的关系。尽管非洲的工业份额在国内生产总值中的确在下降，与新兴市场经济体的贸易也在增长，但两者之间的关系还远未明确或有定论。

表8.3　2014—2016年3年非洲平均"非采矿业"出口目的地市场的构成　　（%）

	非洲内部	新兴经济体	"全球北方"	世界其他地区
初级产品	37	62	53	42
加工产品	63	38	47	58

资料来源：作者使用CEPII-BACI数据集和联合国广义经济类别进行计算。

表8.4　　2014—2016年非洲进口产品分组分析 三年平均值　　（%）

	非洲内部	新兴经济体	"全球北方"	世界其他地区
初级产品	1	0	1	0
半成品	15	8	21	20
消费品	84	92	78	80

资料来源：作者使用CEPII-BACI数据集和联合国广义经济类别进行计算。

另一方面，非洲与新兴市场经济体的贸易（尽管主要集中在采掘和初级产品出口）为非洲带来了可观的金融资源。以美元计，非洲在2000年至2016年间向新兴市场经济体出口了1.7万亿美元（以2016年美元计算）。如果投资明智，这可能会有利于发展；如果把它浪费掉，往好里说，充其量不过是浪费，而往坏里说，最糟糕的就是，它加固了一个世纪以来破坏非洲发展的榨取型体制的地位。与更广义的非洲贸易概况一样，非洲的长期工业化将受益于出口的多样化和提升产品附加值的阶梯，以涵盖具有更高复杂性的产品。这里至少有一些乐观的理由：非洲与"全球北方"的贸易和非洲与新兴市场经济体的贸易相比，加工产品所占份额往往更大。随着新兴市场经济体持续不断的发展，它们将与"全球北方"的经济形态更加相似；如果非洲的贸易趋势也能紧随其后，就能体现更多的附加值和工业化含量。

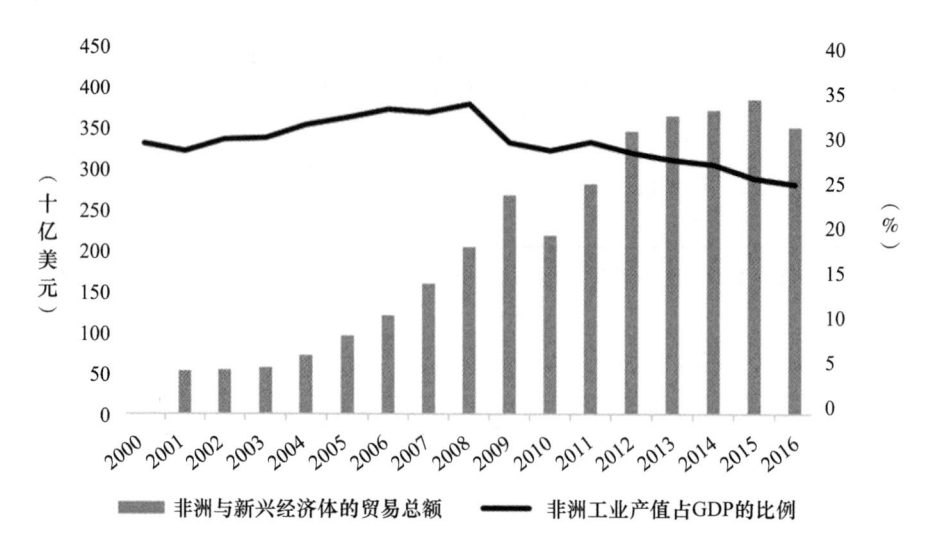

图 8.12　非洲工业在国内生产总值和 EME 贸易中所占比例下降（进口加上出口）

资料来源：作者使用 CEPII-BACI 数据集和世界发展指标进行计算。

结　论

自 20 世纪 50 年代以来，世界经济最大的变化是新兴市场经济体的增长。这些经济体占世界 GDP 的份额从 1950 年的 17% 增加到 2016 年的 39%，与非洲贸易份额的增长轨迹相一致。从 2000 年到 2016 年，非洲出口到这些市场的份额从 14% 上升到 33%，而非洲从这些市场的进口份额从 15% 上升到 37%。这种增长标志着非洲的贸易依赖从"全球北方"国家（尤其是欧盟和美国）转向更广泛的贸易伙伴，这是历史性的转变。但是，它并没有减少非洲对初级产品出口的依赖，尤其是对采掘资源的依赖。新兴经济体的持续增长加强也恶化了非洲对少数商品的依赖情况，即便是非洲出口这些商品的目的市场现在又多了几个，这种依赖性依然不变。

非洲对新兴市场经济体的出口比平均水平波动更大。非洲对这些市场的出口甚至超出了对采掘业的关注，尤其涉及初级产品。与之相反，非洲从新兴市场经济体进口的制成品集中度要比"全球北方"或世界其他地区高。非洲与"全球北方"国家的贸易体现了加工产品的更大份额;人们可能希望,随着新兴市场经济体开始越来越类似于"全球北方"国家,非洲与其他国家的贸易也可能因此而改善。

非洲的贸易因为新兴经济体而更加依赖于采掘资源。非洲与新兴经济体的贸易不断增长,而与此同时,非洲国内工业在 GDP 中所占的份额却在下降,尽管两者之间的联系尚不明确,而且还需要进一步的计量经济学评估。然而,不应忘记这种贸易所带来的巨额收入。2000—2016年,非洲对新兴市场经济体的出口收入超过 1.7 万亿美元,如果这些出口确实得到了明智的利用,并将继续保持,这些收入可能会推动增长。否则,它们可能是一种浪费,甚至会腐蚀非洲的机构。

新兴市场经济体的崛起并不是解决非洲依赖采掘出口的灵丹妙药,但在非洲内部贸易中发现了一个更有正能量的故事。非洲市场在非洲增值和工业出口中所占份额最大。这个市场也在迅速增长,从 2000 年的 160 亿美元增长到 2016 年的 400 亿美元。如果这个市场扩大,将有助于非洲的出口多样化和工业增长,而这正是非洲大陆自由贸易区所期待的结果。

注　释

1. 这里的采掘出口包括石油(SITC 33),天然气(SITC 34),有色金属(SITC 68),金属矿石和金属废料(SITC 28),粗肥和矿物(SITC 27),煤,焦炭和型煤(SITC 32),以及 HS 71 中剩余的贵金属,铀(HS 2844)和 HS7201—HS7206 的基本铁产品。

2. "全球北方"包括欧洲、北美、新西兰和澳大利亚,这里不包括苏联。

3. ICEPII-BACI 数据集估计的非洲内部贸易在非洲总贸易中的份额要小于贸发会议的统计数据。CEPII-BACI 数据集使用调节后的贸易流来纠正各国报告相互之间进出口的差异。

参考文献

Acemoglu, D., Johnson, S. & Robinson, J. (2001). The Colonial

Origins of Comparative Development: An Empirical Investigation. *The American Economic Review*, 1369 – 1401.

Adedeji, A. (1991). *Africa in the Nineteen-Ninties: A Decade for Social-Economic Recovery and Transformation or Another Lost Decade*. Nigerian Institution of International Affairs, Lagos, Nigeria.

Bolt, J., Inklaar, R., Herman, D. J. & van Zanden, J. L. (2018). Rebasing 'Maddison': New Income Comparisons and the Shape of Long-Run Economic Development. *Maddison Project Working Paper*, nr. 10, available for download at www.ggdc.net/maddison.

CEPII. (2018). *BACI: International Trade Database at the Product-Level*. CEPII, Paris, France.

Frederico, G. & Tena Junguito, A. (2018). Federico-Tena World Trade Historical Database: World Share Primary Products Exports and Imports, https://doi.org/10.21950/JKZFDP, e-cienciaDatos, V2.

Gylfason, T. (2001). Natural Resources, Education, and Economic Development. *European Economic Review*, 847 – 859.

Humphreys, M., Sachs, J. D. & Stiglitz, J. E. (2007). *Escaping the Resource Curse*. Columbia University Press, New York, USA.

IMF (2018). Direction of Trade Statistics. IMF, Washington, D. C., USA.

Leamer, E., Maul, H., Rodriguez, S. & Schott, P. (1999). Does Natural Resource Abundance Increase Latin American Income Inequality. *Journal of Development Economics*, 3 – 42.

Matsuyama, K. (1992). Agricultural Productivity, Comparative Advantage, and Eocnomic Growth. *Journal of Economic Throey*, 317 – 334.

Mehlum, H., Moene, K. & Torvik, R. (2006). Insitutions and the Resource Curse. *The Economic Journal*, 1 – 20.

Rodrik, D., Subramanian, A. & Trebbi, F. (2004). Institutions Rule: The Rrimacy of Institutions Over Geography and Integration in Econmoic Development. *Journal of Economic Growth*, 131 – 165.

Sachs, J. D. & Warner, A. M. (1999). Natural Resource Intensity and Eonomic Growth. In J. Mayer, B. Chambers & A. Farooq (Eds.), *Development Policies in Natural Resource Economies*. Cheltenham, UK and Northampton MA: Edward Elgar.

Skoloff, K. L. & Engerman, L. S. (2000). Institutions, Factor Endowments, and Paths of Development in the New World. *Journal of Economic Perspectives*, 217-232.

UN (2018). Comtrade Database. United Nations Statistics Division, United Nations, New York, USA.

Van der Ploeg, F. (2011). Natural Resources: Curse or Blessing? *Journal of Economic Literature*, 366-420.

Wood, A. & Mayer, J. (1998). *Africa's Export Structure in a Comparative Perspective*. Geneva: UNCTAD.

Wood, A. & Mayer, J. (2011). Has China De-Industrialised Other Developing Countries? *Rev World Econ*, 325-350.

第九章

非洲贸易区域援助、经济一体化和发展的催化剂

弗朗斯·拉默森（Frans Lammersen）
拉斐尔·莫里尔（Raffaela Muoio）
迈克尔·罗伯茨（Michael Roberts）

简　介

　　非洲国家越来越多地通过区域一体化与合作寻求贸易开放。这就要求多国和区域贸易援助议程和国家议程相辅相成。援助战略被认为有可能创造更多财富（WTO，2006），作为克服小而分散的非洲市场弊端的手段，与非盟、非洲开发银行，以及各区域经济共同体的议程一致。尽管推进贸易区域援助的理由无可争议，但存在许多实际挑战。绝大部分开发融资仍集中在国家层面，因此没有优先考虑对外项目或国际层面的项目。在区域层面实施得很好的贸易援助计划可能被忽视，因为从国家规划方式的角度来看，其成效不能被复制。此外，区域组织，特别是非洲区域组织的经验表明，一体化计划中的政治参与，并不总是能转换成实际行动，从而落实协定的承诺。这些落地方面的挑战，因为非洲区域一体化计划各成员国身份的重叠而更复杂化（OECD，2014）

　　本章将探讨贸易援助如何支持非洲区域一体化议程。特别将探讨如何加强国家、多国和区域贸易援助的问题判断，应对战略，相应政策和具体实施之间的联系。贸易援助实践如何才能最好地利用多国和区域一体化进程，以促进非洲大陆的可持续性经济增长和减少贫困。本章结构

如下：开篇分析区域贸易援助的优先重点，接下来介绍非洲区域贸易援助支出的趋势，然后审查若干已由不同援助方支持的非洲区域贸易援助项目，总结成功和失败之处，再以最近对各方案和项目评估得出的结论，作为以上调查结果的补充。两个部分一起，就如何增加援助的体量和提升其效果，提出一些建议。

一　区域贸易援助的优先事项

非洲国家已缔结一系列自由贸易协定（FTAs）和更深层次的一体化形式，包括如南部非洲关税同盟（SACU），东非共同体（EAC）和西非国家经济共同体（ECOWAS），甚至还有货币联盟，如西非经济货币联盟（UEMOA）。为了统一这些不同的一体化方式，非洲国家元首和政府首脑在2015年6月举行的非盟第25届首脑会议上，达成协议建立一个非洲大陆自由贸易区（AfCFTA）。而此泛非洲经济一体化道路也同时带来了严峻的政治、经济和法律挑战。本部分的剩余部分综合了若干区域经济共同体（RECs）、援助方和合作方就非洲区域一体化优先事项的看法，对这些挑战做了概述。

2011年，经合组织和世贸组织在贸易援助第三次全球审查背景下进行的监测性调查，吸引了萨赫勒—撒哈拉国家共同体（CEN-SAD）、西非国家经济共同体（ECOWAS）、南部非洲发展共同体（SADC）、北部走廊过境与运输协调局（TTCA-NC）和西非经济货币联盟（UEMOA）参加，这些经济体就非洲区域内和跨区域贸易的最大阻碍，从它们各自的角度做了反馈。

总体来说，反馈显示，缺少竞争力、出口缺乏多样性、以及交通连接问题，是贸易相关的最重要制约条件。在非洲所有地区都发现了与软硬基础设施相关的障碍；在一些区域，也发现贸易融资和出口缺乏多样性为重大阻碍。非技术性贸易壁垒，例如标准和合规问题，在非洲次区域的对外贸易中，也是反馈中重点强调的挑战。（OECD/WTO，2011b）

随后的2013年经合组织/世贸组织的监测调查收到51份反馈，包括来自非洲国家的30份，非洲区域经济共同体5份，活跃在非洲的援助方 16 份（8 份双边，8 份多边）。关于区域合作和一体化，对援助方的调查显示，3/4 的援助方正投资过境走廊，其活动同时基于区域和走廊战略。超过 3/4 的援助方表示，2005 年以来对区域贸易方案的援助需求显著增加。几乎所有援助方都指出，它们提供的支持与非盟的各项贸易倡议一致，特别是非洲生产能力倡议和非洲基础设施发展计划。超过 80% 的援助方报告称，它们参加了促进区域贸易合作和一体化的很多泛非项目，超过半数的援助方还参与了各种非洲次区域倡议（WTO/AU/UNECA，2013）。

随附的合作伙伴调查，收集了援助伙伴国（受援国）的意见，证实了许多以上调查结果。伙伴国认为，解决与贸易相关的基础设施和运输壁垒是区域贸易战略的重点优先事项，对于农业、服务贸易和出口支持服务也是如此。调查对象还报告说，它们的区域合作战略和需求评估是与援助方和区域伙伴协商后制定的，同时也强调，与国内外私营部门的对话是这一进程中的一个重要因素。区域合作的优先部门与援助方之前提到的类似。不过，受援国同时也认为，援助方提供的支持与自己的战略不大一致，只有 1/10 的受援国表示非常一致，2/3 的受援国称比较一致。2/3 的受援国坚称，它们并没有为非盟的倡议请求帮助。在区域贸易战略实施过程中提到的最大困难，是区域伙伴国在体制和人力方面的限制，其中的突出问题与区域公共产品有关，也与各国相关部委的执行力有关。

贸易成本是 2015 年经合组织/世贸组织问卷调查的重点。在来自东部和南部非洲共同市场、西非国家经济共同体、南部非洲发展共同体和东非商标组织的反馈中，强调了贸易成本在限制区域内和区域外贸易方面的核心作用。被确定为推高贸易成本的因素包括：边境程序、关税和非关税壁垒、运输和网络基础设施、融资渠道以及对自然人流动的限制。从该类成本的原因出发来解决问题，是区域和基础设施战略的高优先事项，而关于运输走廊的战略更是如此。据调查对象，国家和区域两级的公共、私营和公—私倡议，常获得优惠融资的支持，已成功减少了此类成本。然而，对于欠发达国家，微型、中小型企业（MSMEs）以及农产品贸易而言，贸易成本仍然很高（OECD/WTO，2015a）。

第九章 非洲贸易区域援助、经济一体化和发展的催化剂

二 区域贸易援助体量是多少？

研究表明，为使区域合作成功地促进区域经济一体化，需具备一些必要的先决条件（OECD，2014）。首先，援助效果将取决于成员国国内经济政策的稳健程度。其次，取决于交通、网络和电力基础设施的效率，贸易便利化以及其他非关税壁垒的现状。因此，为使区域贸易自由化取得成功，发展中经济体通常需要在贸易援助倡议中心主题下的各个领域做出相应的改善。例如，改善与贸易有关的基础设施、促进贸易、创造有利贸易的环境和建设生产能力。尽管预计非洲所有国家将从非洲大陆自由贸易区（AfCFTA）中获得巨大收益，但欠发达国家和内陆发展中国家（LLDCs）尤其需要协助，以建立个性定制化的途径从该协定中受益（Sommer et al.，2016），下一节将分析援助方对这些领域的支持。开篇将从更广阔的视角来看待开发性金融、政府开发援助（ODA）的作用及其对减贫的影响。

政府开发援助的分配和目标不同于其他国际资金流动。鉴于政府开发援助的主要任务是直接针对发展、改善福利和减少贫困，所以在支持援助许多非洲国家方面仍必不可少，特别是难以获得民间融资和国内资源水平较低的最贫穷国家。实际上，政府开发援助仍是人均收入低于2000美元国家的最大国际资源，其中包括35个非洲低收入国家（LICs）（图9.1）。

尽管9个非洲中等偏下收入国家（LMIC）和10个非洲中上收入国家（UMIC）的政府开发援助，对比民间投资的相对重要性正在下降。但它仍可以通过动员民间资金流动、利用民间投资和促进贸易来为其发展做出贡献。如果发展中国家希望吸引大量资源来开发贸易能力，则需要跳出固有思维，考虑政府开发援助资金如何吸引其他民间资源（OECD/WTO，2011a Monitoring Exercise case story no. 85）。

经合组织 OECD（2013）从贸易援助项目中确定了三个层次的发展成果：(1) 直接成果，如改善商业环境；(2) 中间成果，如竞争力、多样化和贸易一体化的改善；(3) 最终成果，如增加收入和就业。但

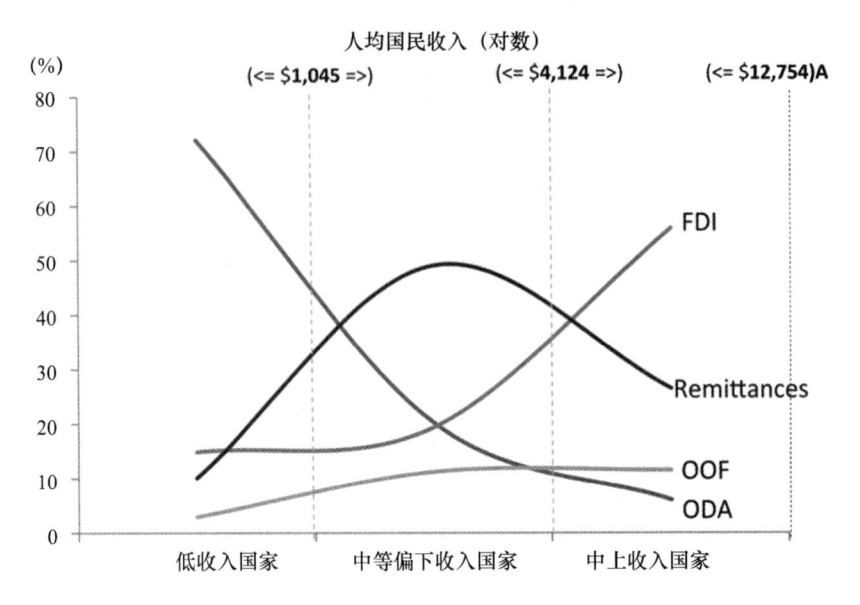

图9.1 发展援助委员会和国际金融机构的发展资金流量：人均国民总收入份额

资料来源：经合组织/发展援助委员会债权人报告系统（CRS）。

是，就减贫方面建立与最终成果的直接交互仍很复杂。关于减贫的高质量数据的缺乏，使贸易援助项目对减贫的影响评估进一步复杂化。尽管如此，援助方正在努力追踪和衡量贸易援助方案对赤贫人口和妇女的影响，并使用到了各种指标，从简单的事后评估到随机对照试验。为衡量贸易援助对减贫的影响，需要结合多种方法以建立可靠的证据基础。

从2011年以来，非洲一直是贸易援助的主要受援地。2016年，非洲大陆收到总援助支出的37%，总额超过140亿美元，是2006年的两倍多。虽然其中只有一小部分直接针对区域方案，但国家方案的目标是建立贸易能力，这是区域一体化的基本先决条件。从行业层面来看，与贸易援助总体资金流相比，区域和次区域贸易援助支出有很大差异。

自2002年以来，经济基础设施平均占贸易援助总支出的50%以上；2006—2016年，用在建设生产能力的份额为41%—49%波动。2016年，生产能力建设占总贸易援助支出的43%（图9.2）。

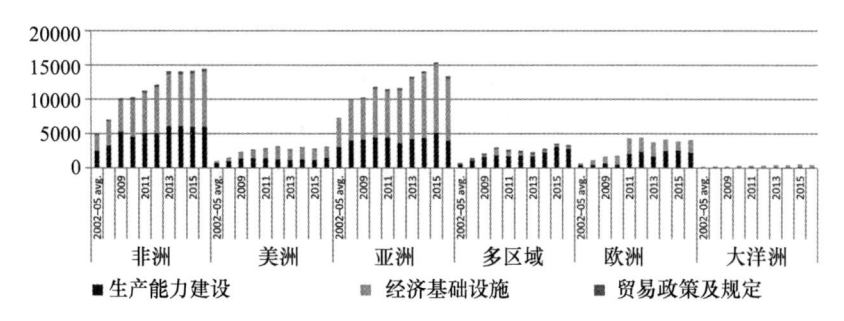

第九章 非洲贸易区域援助、经济一体化和发展的催化剂

图 9.2 按区域和领域划分的贸易援助支出（10 亿美元，2016 不变价格）

资料来源：经合组织/发展援助委员会债权人报告系统（CRS）。

由经合组织债权人报告系统所定义的，以特定区域或次区域为重点的贸易援助计划，在贸易援助总资金流中所占的份额相对较小，但自 2006 年贸易援助计划启动以来，一直呈稳步增长。2002 到 2005 年，区域和次区域贸易援助支出总额平均为 14 亿美元。在 2006—2016 年增长了 4 倍，在 2016 年达到 64 亿美元。因此，区域和次区域贸易援助占援助总额的比例，从 2002—2005 年的 9%，增长到 2016 年的 17%（图 9.3）。

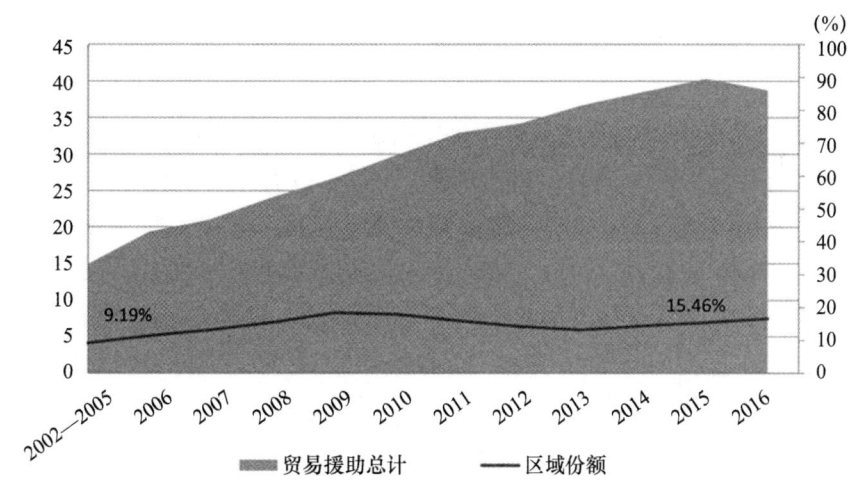

图 9.3 区域和次区域贸易援助份额（10 亿美元，2016 年不变价格）

资料来源：经合组织/发展援助委员会债权人报告系统（CRS）。

贸易援助支出在各援助类别之间的分配，因区域和次区域而异。其中多区域援助方案为最大类别，2006—2016年间平均占总援助支出的48%。其中近70%与德国为气候投资基金提供的资金有关，该基金是一个83亿美元的资助计划，为72个发展中和中等收入国家提供资源，以应对气候变化的挑战，减少温室气体排放。在区域和次区域一级，向非洲提供的贸易援助份额比对亚洲平均高四倍。这也毫无疑问地反映了非洲领导人对区域一体化的高度重视（图9.4）。

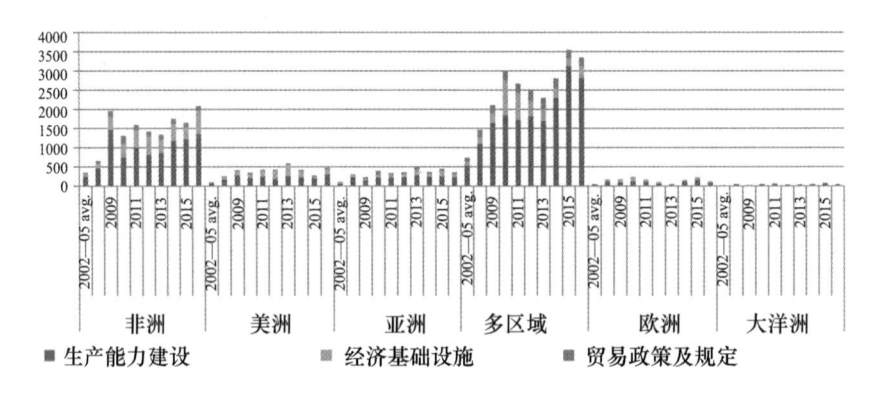

图9.4 按区域和领域划分的区域和次区域贸易援助支出
（百万美元单位，2016不变价格）

资料来源：经合组织/发展援助委员会债权人报告系统（CRS）。

自2006年以来，区域贸易援助支出翻了两番，2014年达到近64亿美元，其中生产能力建设为主导领域。不过，政府开发援助投资于非洲区域经济基础设施的比例，仍高于全球平均水平，从18%到34%不等。尽管各领域所占份额随着时间变化有所波动，但建设生产能力和经济基础设施始终主导着区域贸易援助的资金流。有关贸易制约因素的文献表明，偏重于这些方面是值得的，下面的案例研究里展示了一些成功的项目（图9.5）。

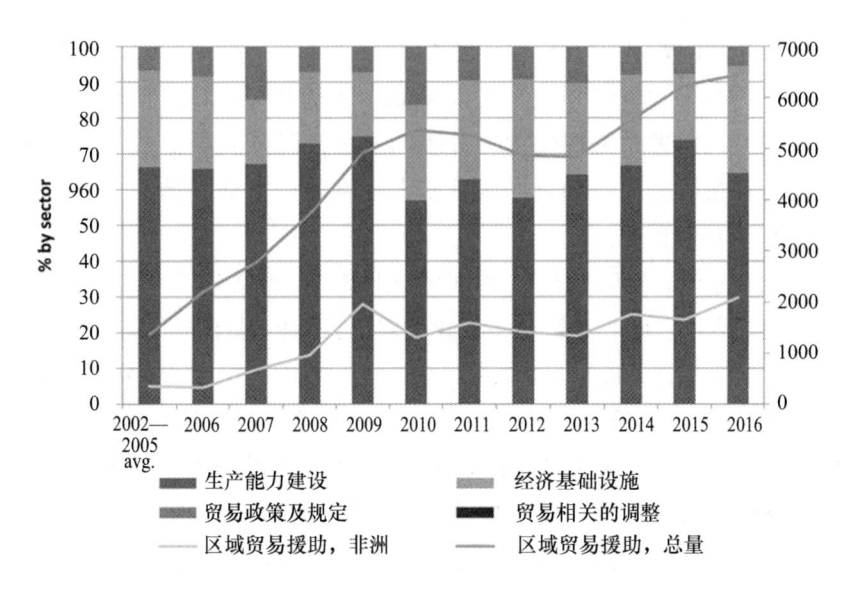

图 9.5 按区域和领域划分的贸易援助支出（百万美元单位，2016 不变价格）

资料来源：经合组织/发展援助委员会债权人报告系统（CRS）。

三 支持区域经济一体化

本部分总结从促进区域经济一体化方案中吸取的教训。特别着眼于为建设人力资源和机构能力、解决非关税壁垒、改善运输走廊，以及参与全球价值链方面的技术援助方案。这些方案中的大多数是在 2015 年和 2017 年，经合组织和世贸组织联合开展的贸易援助监督评估工作的背景下，作为案例提交的。

人力资源和机构能力建设

非洲开发银行（AfDB）通过区域基础设施和贸易发展方案支持区域经济一体化，还为贸易便利化措施提供支持，包括进入边境之前和之后的问题，一站式边境站，边境协调管理以及海关的改革和现代化。结合这些方案，非洲开发银行正在采取运输走廊沿线的非关税措施，并在区域经济共同体（RECs）和区域成员国内部倡导改革（AfDB，2015）。非洲贸易基金由加拿大提供种子基金（启动资金），交给非洲开发银行托管，旨在促进公—私部门间的磋商，以消除边境的瓶颈、减少等候时间并提升安全保障。该基金与边境机构合作，简化边境流程，推进海关现代化，升级物流以及降低贸易商成本。这些方案表明，在解决硬性和软性区域基础设施障碍方面，运输走廊办法比国家方案更为有效。

世界银行与非洲区域经济共同体（RECs）和非盟（AU）密切合作，实施撒哈拉以南非洲区域一体化战略。该战略基于四大支柱：建设区域软硬基础设施，促进经济一体化的国际合作，提供区域公共产品，提升区域规划与国家规划之间的一致性。所提供的多方面支持包括：为区域投资方案提供金融和咨询服务，为一体化问题提供技术援助和分析工作，为区域机构的能力建设提供方案（World Bank，2011）。一项独立评估发现，在有关区域基础设施发展、经济一体化的机构合作和区域公共产品管理方面，呈现出良好绩效（IEG，2011）。

如东非共同体（EAC）的区域经济共同体中，各自完全不同的产品标准对贸易构成了挑战，因为制造商需要满足不同市场的不同要求，如此增加了经营成本。应对这一挑战的一种方式则是统一标准。东非商标组织（TMEA）在2011年启动了标准协调和一致性测试计划，以支持国家标准局（NSB）实现区域各标准的统一和提高其测试方面能力。该计划已帮助将无公告认证标志产品的合格评定审批时间，从2010年的38天缩短至2014年的10天，将有公告认证标志的缩短至0.5天［OECD/WTO（2017a）Monitoring Exercise case story no.］。

三方自由贸易区的启动吸引了大量援助方的支持。例如，英国通过南部非洲商标组织（TMSA）和南部非洲开发银行的三方信托账户，为基础设施发展、行政管理和技术能力建设提供了资金（OECD/WTO，2011d Monitoring Exercise case story no.142）此外，南部非洲商标组织（TMSA）支持东南部非洲共同市场（COMESA）、东非共同体（EAC）和南部非洲发展共同体（SADC）建立了一个基于网络的门户，用于识别、报告、监测和消除非关税壁垒。在区域经济共同体内消除非关税壁垒的挑战，往往涉及区域法律框架的差异和政策在国家层面执行方面的

第九章 非洲贸易区域援助、经济一体化和发展的催化剂

差距。会员国似乎正在权衡短期实施成本与改革带来的潜在长期收益（OECD/WTO，2011c Monitoring Exercise case story no. 145）。英国根据援助影响独立委员会的建议，决定于2013年关闭南部非洲商标组织（TMSA）（ICAI，2013）。

德国通过向不同的区域经济共同体提供技术和机构支持，以促进区域合作和一体化。例如，东非共同体（EAC）秘书处收到援助，开发一个互认专业资质的模板，以促进劳动力和服务的自由流动。德国还支持了东非的一个项目，为区域质量评估创建一个与世贸组织兼容的法律框架，以减少非关税壁垒。最后，还为加强关于非关税壁垒的公—私对话提供了支持。结果表明，为建立多区域自由贸易区的总体战略提起了支持效果。但是，在私营机构中，利益相关者的缺乏参与不足以营造出主人翁意识（OECD/WTO，2015d Monitoring Exercise case story no. 67）。

日本对非洲区域一体化的支持包括对区域经济共同体（RECs）和区域开发银行的能力建设，以便更好地规划、资助和执行基础设施方案。日本国际协力机构也派遣了技术专家支持各区域机构，包括东非共同体、南部非洲发展共同体、西非经济货币联盟、非盟和非洲开发银行；以帮助协调政策与监管，如与车辆超载控制和流程相关的政策法规监管。一项就一体化提供支持的初步评估调查强调，国家优先事项需要进行更好地协调，并需地方当局落实更多承诺（OECD/WTO，2015c Monitoring Exercise case story no. 7）。

欧盟透过非盟计划为区域经济一体化提供支持，该计划涵盖非洲—欧盟联合战略的所有优先事项：如可持续和包容性发展、经济增长和大陆一体化、以及民间投资、基础设施和大陆一体化。欧盟在这些优先领域与非盟开展合作有两个目的，一是加强欧盟与非洲在有共同利益的关键政策领域的对话，二是支持非盟在大陆战略的各领域落地实施中发挥指导作用。欧盟的支持包括向非盟提供技术专长；提供关于非洲大陆自由贸易区谈判的专家研究；建立私营部门磋商机制；从更大范围来看，也为非盟的运营预算提供大量支持。欧盟提供的支持还有助于实施《促进非洲内部贸易行动计划》（其重点是贸易便利化和提高生产能力），并加强非盟在实施世贸组织《贸易便利化协定》

方面的作用。

贸易法中心（TRALAC）的一项评估发现，非关税壁垒项目与东非共同体（EAC）和大多数国家的优先事项非常一致。大量的非关税壁垒被确认和移除（虽然各自重要性不尽相同）；但是，也有一些移除后又恢复了，这说明采取的办法必须要有更多的政治远见。评估也发现，交易的时间和涉及的成本都有所减少，但收益不能只归因于非关税壁垒项目，同时非关税壁垒项目在惠及大量受益者方面也存在挑战。国家标准机构仍很依赖东非商标组织的支持，但在很大程度上已经很好地整合进入了现有的一体化体制结构。因此，关键挑战是可持续性问题。评估认为，总体而言，各个项目将得益于将更多战略重点聚焦在最有问题的非关税壁垒上，并促进由地方主导的这一变化进程，以永久消除这些壁垒（Tralac，2016）。

为提升区域贸易一体化，瑞典政府已与贸易法中心合作，在非洲开展与贸易有关的能力建设工作。贸易法中心通过为非洲大陆上的贸易政策制定者、谈判代表和其他贸易政策利益相关者撰写和分享研究报告，以支持货物和服务贸易的同步谈判。瑞典政府还帮助非洲大陆自由贸易区（AfCFTA）制定关于服务、工业发展和区域一体化的相关规定。鉴于目前仍处在非洲大陆自由贸易区的初级阶段，现在评估贸易法中心的信息对谈判议程的影响还为时过早。然而，瑞典方认为，贸易法中心已经引发了讨论，激发了进一步的参与；并为研讨会参与人员提供了相关工具和信息知识，以更好地参与21世纪的服务贸易和产业政策议程（OECD/WTO，2017c Monitoring Exercise case story no.81）。

从2002年以来，美国国际开发署（USAID）一直在资助非洲西部、东部和南部的区域贸易中心。这些中心通过提供区域平台，为适用于多国办法解决的问题提供与贸易有关的技术援助。其提供的支持特别用于落实区域经济共同体协议和改进海关程序，以促进贸易和区域进一步的一体化。在国家和地方层面，采用了多方利益相关者模式，以加强区域规划在国家和地方层面的合法性。很多活动是专门针对私营部门参与的，无国界联盟就是这种方式的一个很好的例子。该联盟是私营部门运营商（贸易商、运输商、生产商）与公共机构一起合作的平台，倡导加强西非的区域贸易一体化。联盟确定了影响区域贸易的非关税壁垒，并用数据驱动决策的制定。西非贸易中心提供金融资源和技术专长以加强联盟倡导的影响力（OECD/WTO，2015b Monitoring Exercise case story no. 65）。美国国际开发署发现，私营部门的参与可帮助建立更强的政治意愿以解决与既得利益相关的问题，但可能造成激励机制的不对称。因此，对激励结构的理解和事前分析是规划有成效的贸易相关的活动的基础，并可能帮助避免执行阶段的复杂性问题（OECD/WTO，2011f Monitoring Exercise case story no. 175）。

中非合作论坛自2000年成立以来就一直在积极运作，中国通过该论坛支持区域一体化。从南南合作的援助提供方来看，中国可以说是非洲区域一体化最引人注目的支持方。其他南南援助提供方的参与方式是在其贸易、投资和发展援助干预措施之间建立联系和连接，但没有哪个新兴经济体用制度化的方式来参与非洲的区域一体化，中国是唯一的例外，而且和其他合作伙伴提供的方式明显不同（Dube，2016）。根据约翰霍普金斯大学中非研究所的报告，中国对外援助支出在过去10年增速稳健，从2003年的6.31亿美元增至2015年的近30亿美元，年均增长率高达14%。

改善运输走廊

过境和运输走廊对于内陆国家的贸易和发展尤为重要（UN-OHRLLs，2018）。对交通问题的早期关注主要集中在公路、铁路和桥梁等实体基础设施上。最近的项目和计划已经扩展到包含有助于消除过境瓶颈，以及直接或间接减少过境时间和成本的措施；例如，协调边境管制，改进技术和通信，减少所需的文书工作，以及提高政府机构和边境人员的效率。用区域的方式发展过境走廊是有效率的，但在政治上往往是具有挑战性的。各国所占交通走廊的份额和项目成本的不同，在走廊项目上对有限的资金和资源的投入与其他国内项目相比，在动机上存在不对称性，特别是在规划预期哪个国家"获益最多"这个问题上往往存在高度争议，而此时诸如开发银行或多方援助方案就可以扮演调解人角色，帮助克服这个问题。

非洲基础设施联合会（ICA）就是这样一个倡议，旨在应对区域基础设施一体化中存在的差距。该联合会作为一个平台，撮合捐助者增加对非洲基础设施项目和方案的资助。由非盟委员会、促进非洲发展的新伙伴关系规划和协调局、非洲开发银行、非洲基础设施发展计划，联合国非洲经济委员会和区域经济共同体，共同制定的非洲基础设施发展计划（PIDA），旨在交通、能源、信息通信技术（ICT）和跨界供水领域，加速区域和大陆基础设施项目的交付。

自2010年以来，东非商标组织的投资者已出资5.6亿美元，用于在布隆迪、卢旺达、南苏丹、乌干达和坦桑尼亚的约150个运输走廊相关项目的交付。东非商标组织预估，每1美元的投入，10年期的回报为30美元。提高乌干达税务当局效率的海关业务系统改进项目就是一个例子，该项目与改革相结合，将货物从到港至清关的时间，从平均18天缩短为4天，从而提升了竞争力、降低了经商成本，并预计每年节省3.73亿美金（OECD/WTO，2015e Monitoring Exercise case story no.9）。

2016年对英国非洲自由贸易倡议（UK African Free Trade Initiative）的调查显示，由英国国际发展部资助的不同项目，已在改进硬性和软性贸易基础设施，通过海关系统的现代化以减少关税和简化流程，以及协调区域贸易安排方面取得进展。该倡议还帮助促进了各方协调、减少投资相关成本，并调动利用了来自开发性金融机构的私营部门的投资资金。不过，调查发现，为进一步减少关税和非关税壁垒，并磋商建立一个有信用的、广泛的非洲大陆自由贸易区，仍需许多工作。他们也认为，加强非洲国家和企业，在全球和区域价值链上的参与很重要，并要逐渐摆脱非洲绝大多数为初级产品出口国的现状，更多地参与生产更高附加值的产品（APPG，2016）。

2016年，非盟委员会与中国签署了一项五年行动计划，以一体化高速铁路网将其所有首都和主要城市连接起来。肯尼亚的新标准轨距铁路是中国最著名的一带一路倡议项目之一。第一期工程从蒙巴萨到内罗毕，由中国提供36亿美元贷款，占合同总额的90%。2015年承诺为第二期工程再提供15亿美元的贷款，把铁路从内罗毕修到马拉巴，并计划进一步延伸至乌干达和布隆迪，以作为更广泛的东非交通网络的一部分。埃塞俄比亚也是一带一路倡议下重要的非洲合作伙伴。亚的斯亚贝巴—吉布提铁路（亚吉铁路）将内陆国家埃塞俄比亚和吉布提港口连接起来，该项目83%的资金来自中国的贷款融资。亚吉铁路通车后，陆上运输时间将由3天缩短为12个小时，对出口行业带来巨大的好处。在中国新一轮基础设施融资的推动下，吉布提作为非洲之角转口港的重要性得以进一步大幅提升。新的港口项目包括一个多功能码头、一个牲畜码头和一个促进盐出口的内陆盐湖码头。中国为吉布提的最大一笔贷款是4.92亿美元的优惠贷款，用于亚吉铁路吉布提段的铁路建设，由内陆国家埃塞俄比亚提供担保（译注：中国财政部官网资料显示，埃塞俄比亚段铁路70%的资金和吉布提段铁路85%的资金来自中国进出口银行贷款。埃塞俄比亚方和吉布提方分别为贷款向中国出口信用保险公司投保信用保证保险）。

参与全球价值链

运输走廊的建设，贸易的便利化和非关税壁垒的减少，是让非洲公司连接进入全球价值链的重要条件。东南亚已经成功地促进了区域内贸易，并通过此举参与了全球价值链，部分归因于基于通过生产网络形成的零散贸易生产架构（Hynes & Lammersen, 2016）。相比之下，很大数量的非洲经济体在历史上更多地从事大宗商品贸易，如自然资源的出口。值得注意的是，很多东南亚经济体在他们发展的早期阶段，也始于行业间贸易，随着国家往价值链上游发展，其多元化的进程也向前发展。和非洲一样，东南亚的区域内贸易在初期也因连通性问题而受到限制。东南亚国家和它们的发展伙伴们将连通性问题作为优先事项，将大量资源用于加强跨境公路和铁路的连接，发展桥梁设施以及软基础设施，以降低区域内的贸易往来成本，取得了巨大的成功。随着一些非洲经济体开始降低与运输和贸易便利化相关的贸易成本，出现了区域内贸易多样化和增长的迹象，令人鼓舞，尤其是在东非（图9.6）。

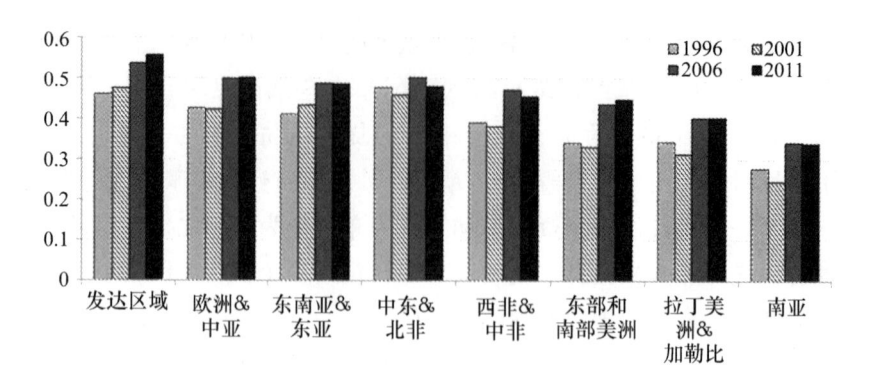

图9.6 区域全球价值链平均参与指标（1996—2011）

资料来源：经合组织（OECD，2015）。

非洲的首脑和援助方已意识到非洲的公司更广泛参与全球价值链的必要性。例如，由西非共同体领导的出口促进和企业贸易竞争力倡议（ExPECT）于2010年启动，目的在于开发和促进高价值链潜力的出口。该倡议旨在创建和加强技术的、管理的和体制的结构和能力，以帮助实现区域贸易发展议程中关于全球价值链的领域。2011年，该倡议扩展到提高中小企业在价值链中的竞争力（OECD/WTO，2011e Monitoring Exercise case story no. 41）。

四 为什么区域项目困难重重？

尽管以区域方式解决贸易相关制约问题产生了正面影响，但这些项目在非洲贸易援助总额中所占比例显得不那么理想。公共和私营部门的变革型领导人推广了一个颇有积极影响力的东非经验，他们在关键的机构中，以边境内外的改革刺激了地区经济。在非洲，区域贸易援助似乎仍未得到各利益相关方的充分理解和赞赏。这对将其纳入国家发展的主流计划造成了重大困难。在某些情况下，在建立区域机构之前，对建立强有力的国家自主权和承诺没有给予足够的重视；在其他情况下，区域计划里对成本和利益的分配不均，使得针对多国和贸易相关壁垒的区域方式的优先事项的确定变得复杂化。此外，区域内生产力和政治环境的异质性,也增加了区域计划落地执行的复杂程度。最后,参与了不同一体化进程的国家,更加难以使国家政策与不同的区域框架保持一致,非洲大陆自由贸易区可能是解决这一问题的重要途径。

另外一个反复出现的问题是,援助方通常倾向于支持区域机构,而不是直接解决区域内与贸易相关的制约因素。这些机构在人力资源,法务和机构能力上表现各不相同。此外,即使是由同一个援助方资助的情况下,国家和区域发展计划之间也通常缺乏协调。总体来说,当几个援助方同时参与进同一个区域一体化计划时,通常相互之间会缺乏协调统一。私营机构和民间团体参与区域方案的发展时,合作与协调方面的挑战就更加突出。若要利用区域计划中的各利益相关者的比较优势,需要管理高层清晰的沟通和计划,以及交付成果和指标的共享,以方便对结果进行评估。同样,非洲大陆自由贸易区或可帮助解决此类问题。

五 结论:哪些方面可以改进?

区域经济一体化方案是贸易援助倡议的成功事例之一。发展中国家及其发展伙伴将政治和财政资本用于区域公共品,对这些一体化计划的资助已增长了四倍。但是,由于国家对大多数援助方案的关注点不同,以及国家优先事项与区域计划对接存在的各种障碍,要将其主流化仍是一个挑战。多国和区域贸易援助,对促进区域经济一体化,促进经济发展,提高其影响力以及相关方的利益都至关重要。强调利益相关方的主导权和主人翁意识,是确保区域项目成功的首要任务。

为使多国和区域贸易援助行之有效,监管上往往需要对等起来,这对区域贸易援助来说是一个挑战,但同时也是提升区域一体化程度的潜在机会。将援助国、受援国以及相关利益方的目标同轨非常重要——尤其是在区域贸易援助项目的设计阶段。

为确保区域和次区域方案的国内协调顺利进行,有必要建立体制机制。能力方面的制约可能不利于区域贸易援助的执行,特别是在项目涉及到经济发展水平的不同国家的情况下。与区域合作和一体化有关的机构已出现在次区域和区域一级，虽然它们需要大量的支持，但也表明区域贸易援助的作用是明确的，对这些机构的支持是有效的。

综上所述，本章非常赞同和强调将区域贸易援助作为重点手段，以改善区域经济一体化和发展的前景。尽管区域贸易援助面临许多具体落实方面的实际挑战，但经验表明，相关问题并非不可克服，同时也确实需要政策制定者进行全面规划、认真制定项目和确定优先事项。非洲大陆自由贸易区将是对此可信度的一次重大考验。

参考文献

African Development Bank (2015), *Integrating Africa: Creating the Next Global Market*, Regional Integration Policy Strategy 2014 – 2023, African Development Bank Group, Abidjan (Côte d'Ivoire).

All-Party Parliamentary Group for Trade out of Poverty (2016), Inquiry into the UK's Africa Free Trade Initiative, APPG, London.

Brautigam, D., et al. (2016), "Eastern Promises: New Data on Chinese Loans in Africa, 2000 – 2014". Working Paper No. 2016/4. China-Africa Research Initiative, School of Advanced International Studies, Johns Hopkins University, Washington, DC. www.saiscari.org/publications.

Dube, M. (2016), *Could Emerging Economies Accelerate Regional Integration in Africa?* Bridges Africa Volume 5, Issue 7 – September 2016, International Centre for Trade and Sustainable Development (ICTSD), Geneva.

Hynes, W. & Lammersen, F. (2016), "Donor Support for Connecting Firms in Asia to Value Chains", In: Wignaraja, G. (ed), *Production Networks and Enterprises in East Asia*, ADB Institute Series on Development Economics, Springer, Tokyo. https://doi.org/10.1007/978 – 4 – 431 – 55498 – 1_13.

Impact Commission for Aid Impact (2013), "DFID's trade development work in Southern Africa", http://icai.independent.gov.uk/wp-content/

uploads/DFIDs-Trade-Development-Work-in-Southern-Africa-Report. pdf.

Independent Evaluation Group (2011), World Bank the Development Potential of Regional Programs; An Evaluation of World Bank Support of Multi-Country Operations.

OECD (2013), *Aid for Trade and Development Results: A Management Framework*, The Development Dimension, OECD Publishing, Paris. http://dx. doi. org/10. 1787/9789264112537-en.

OECD (2014), *Regional Perspectives on Aid for Trade*, OECD Publishing, Paris. DOI: http://dx. doi. org/10. 1787/9789264216037-en.

OECD/WTO (2011a), "Aid for Trade and Blended Finance", Monitoring Exercise Case Story No. 85. www. oecd. org/aidfortrade/47722147. pdf.

OECD/WTO (2011b), *Aid for Trade at a Glance* 2011: *Showing Results*, WTO, Geneva/OECD Publishing, Paris. DOI: http://dx. doi. org/10. 1787/9789264117471-en.

OECD/WTO (2011c), "The COMESA-EAC-SADC Comprehensive Tripartite Trade and Transport FacilitationProgramme (CTTTFP)", Monitoring Exercise Case Story No. 145. www. oecd. org/aidfortrade/47407250. pdf.

OECD/WTO (2011d), "Establishing a Regional Non-Tariff Barrier Reporting and Monitoring Mechanism", Monitoring Exercise Case Story No. 142. www. oecd. org/aidfortrade/47407106. pdf.

OECD/WTO (2011e) "Exports Promotion & Enterprise Competitiveness for Trade Initiative", Monitoring Exercise Case Story No. 41. www. oecd. org/aidfortrade/47479782. pdf.

OECD/WTO (2011f), "USAID Aid for Trade Programming: Regional Trade Facilitation Implemented by the African Trade Hubs", Monitoring Exercise Case Story No. 175. www. oecd. org/aidfortrade/47434962. pdf.

OECD (2015), *OECD Global Value Chains Indicators-Participation Indices*, *OECD Stat*, OECD, Paris.

OECD/WTO（2015a），*Aid for Trade at a Glance* 2015：*Reducing Trade Costs for Inclusive*，*Sustainable Growth*，WTO，Geneva/OECD Publishing，Paris. DOI：http：//dx. doi. org/10. 1787/aid_ glance-2015-en.

OECD/WTO （2015b），"Borderless Alliance：From Campaign to Network，a Demand Drive Project"，Monitoring Exercise Case Story No. 65. www. oecd. org/aidfortrade/casestories/CaseStory2015_ 65_ USAID_ TradePolicies. pdf.

OECD/WTO （2015c），"Capacity Building for the Customs Administrations of the Eastern African Region"，Monitoring Exercise Case Story No. 7. www. oecd. org/aidfortrade/casestories/CaseStory2015 _ 07 _ EastAfrica_ TradePolicies. pdf.

OECD/WTO （2015d），"Support the EAC integration process in Africa"，Monitoring Exercise Case Story No. 67. www. oecd. org/aidfortrade/casestories/CaseStory2015_ 67_ Germany_ TradePolicies. pdf.

OECD/WTO （2015e），"Trade Facilitation through the Uganda Revenue Authority Customs Business Systems Enhancement Project（CBSEP）"，Monitoring Exercise Case Story No. 9. www. oecd. org/aidfortrade/casestories/CaseStory2015_ 09_ Uganda_ TradePolicies. pdf.

OECD/WTO（2017a），"Contribution of StandardsHarmonisation and Certification towards Reduction in the Conformity Assessment Clearance Time and Cost of Testing-the Case of the EAC"，Monitoring Exercise Case Story 78. www. oecd. org/aidfortrade/casestories/casestories-2017/CS-78 OECD/.

WTO （2017b），"DFID-G-Soko market system"，Monitoring Exercise Case Story No. 70. www. oecd. org/aidfortrade/casestories/casestories-2017/CS-70-DFID-G-Soko-market-system%20. pdf.

OECD/WTO （2017c），"Services Trade，Industrial Development and the African Continental Free Trade Area"，Monitoring Exercise Case Story No. 81. www. oecd. org/aidfortrade/casestories/casestories-2017/CS-81-Services-Trade-Industrial-Development-and-the-African-CFTA. pdf.

Sommer，L. & Luke，D. （2016），*Priority Trade Policy Actions to*

Support the 2030 *Agenda and Transform African Livelihoods*, International Centre for Trade and Sustainable Development (ICTSD), Geneva.

Tralac (2016), "Formative Evaluation of TMEA Projects on Non-Tariff Barriers to Trade", www. tralac. org/images/docs/9533/formative-evaluation-of-tmea-projects-on-non-tariff-barriers-to-trade-february-2016. pdf.

Un-OHRLLS (2018), "Infrastructure Development, Transit Transport Corridors and Trade Facilitation: Challenges and opportunities of LLDCs", http://unohrlls. org/custom-content/uploads/2018/06/Inaugural-Meeting-for-ITT-Background-note-for-Session-3. pdf.

World Bank (2011), "Africa-Partnering for Africa's Regional Integration: Progress Report on the Regional Integration Assistance Strategy for Sub-Saharan Africa", World Bank, Washington, DC. http://documents. worldbank. org/curated/en/151701468006936079/Africa-Partnering-for-Africas-regional-integration-progress-report-on-the-regional-integration-assistance-strategy-for-Sub-Saharan-Africa.

World Trade Organization (2006), *Recommendations of the Task Force on Aid for Trade*, WT/AFT/1, Geneva.

WTO/AU/UNECA (2013), "Building Trade Capacities for Africa's Transformation a Critical Review of Aid for Trade", United Nations Economic Commission for Africa, Addis Ababa. www. wto. org/english/tratop_ e/devel_ e/a4t_ e/global_ review13prog_ e/gr4_ rep2013_ e. pdf.

第三编
为非洲大陆自由贸易区第二阶段谈判作准备

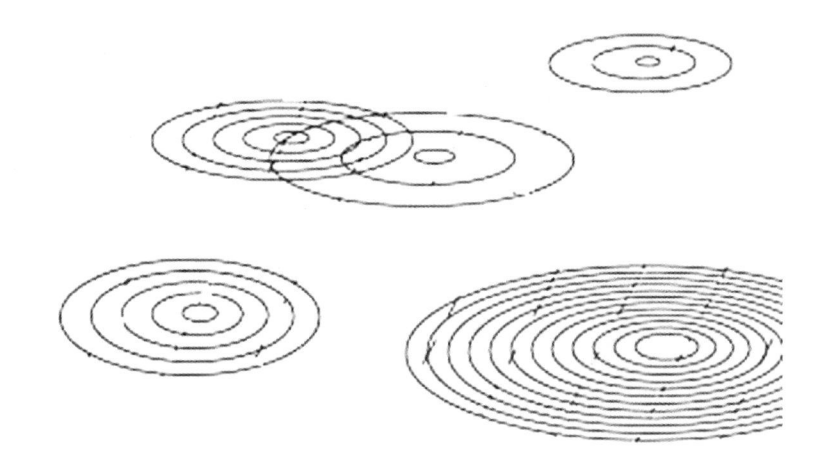

第十章

在非洲大陆自贸区实施竞争政策

伊丽莎白·加丘里（Elizabeth Gachuiri）

简　介

在自由市场中，企业开展竞争时应当在心中把消费者视为最终受益者。因此，竞争和消费者保护法律及政策有多重目标：促进竞争、保护消费者权益、使市场通过知情消费者的积极参与更好地运行、提高个别市场的效率以及促进单一市场中的企业竞争。

把竞争和消费者保护当作一个整体中目标相近的两个部分，是很有启发意义的。竞争让企业置于持续的压力之下，使其以尽可能最优的价格提供最优良的商品和服务，目的是让消费者受益。消费者保护为消费者提供信息并赋予权利意识，履行针对不公平和误导性商业行为的法规，提升产品安全性，并整合所有经济部门的消费者利益，目的是平衡企业与消费者之间存在的关系错位。

应对非洲的反竞争行为

发展中国家属于受反竞争影响最严重的国家。例如，美国律师协会2004年发布的数据表明，发展中国家受卡特尔（垄断联盟）潜在影响的进口总额高达511亿美元。这是由于发展中国家消费中，来自国际卡特尔的产品的消费者占比更大。对发展中国家的生产商来说，这也是必然的代价，包括限制技术准入，因此抬高准入门槛，也进一步扭曲了这样的市场。

根据国际消费者团结与信赖协会（CUTS）2003年提供的文件，6个发展中国家（印度、巴基斯坦、肯尼亚、南非、坦桑尼亚和赞比亚）的维他命消费者受损额高达2亿美元。虽然反竞争行为的代价和危害尽人皆知，但令人惊讶的是，即使卡特尔（垄断联盟）已经被揭露，发展中国家政府相关部门或消费者也几乎没有对这些卡特尔采取什么行动。

又如约翰内斯堡大学2012年的一项研究发现，在夸祖鲁—纳塔尔省，以2007年价格战和后卡特尔时期为基准，建筑材料的卡特尔加价为51%—57%（Khumalo et al., 2014）。

联合国贸易发展会议（UNCTAD）研究平台：针对1996年至2013年20个发展中国家249个卡特尔的研究

在联合国贸发会议研究平台（RPP）的主持下，根据所选发展中国家的数据，发布了一项研究结果，这些数据显示，1995年至2013年期间，20多个发展中国家的249个主要"核心"[1]卡特尔被起诉。一种原创性的简单方法被开发出来，可以从两个方面用来评估卡特尔带来的经济危害，一方面是过度收费，另一方面是消费者的利益损失。

这项研究针对卡特尔对所选发展中国家的经济影响进行了评估[2]，结果证实，从与国内生产总值（GDP）相关的销售方面看，尽管平均水平不同（2002年南非为0.01%至3.74%，最高可达6.38%），但都可以观察到严重的影响。研究进一步显示，在韩国和南非，2002年卡特尔额外利润对GDP的影响均达到1%的水平。卡特尔运作的其它危害性后果包括造成相关行业生产水平下降15%，以及影响消费者的通胀压力。根据这项研究，威慑率约为24%，这意味着实际的损害可能至少要高出4倍。

资料来源：联合国贸易发展会议研究平台报告（UNCTAD RPP report）：发展中国家卡特尔经济影响评估 [Measuring the Economic Effects of Cartels in Developing Countries (Khimich et al., 2011)]。

在应对这些挑战的竞争框架下，非洲大陆采取了许多措施，包括制订法律、规章和设立相应的机构，特别在1980年代、1990年代和2000年代这三十年相当引人注目。像非洲北部的埃及和突尼斯，西部的冈比亚和象牙海岸（科特迪瓦），东部的肯尼亚和坦桑尼亚以及南部的马拉维、赞比亚、南非和纳米比亚等国家都制定了竞争法和/或消费者保护法。2010年，博茨瓦纳通过了一项竞争法案，而肯尼亚废除了本国的竞争法，采用新的法律取而代之，还建立了一个独立的竞争管理部门。近期一个可喜的新进展是，2017年12月，尼日利亚通过了联邦竞争和消费者保护委员会法案。不管是从人口还是从市场规模来衡量，尼日利亚都是非洲的一个巨型经济体，考虑到该国在非洲相应的地位，能制订出竞争和消费者保护法律，可谓迈出了重要的一步。但是，非洲还有些国家仍需要适当的立法［如加纳和刚果（金）等国，参见 图10.1］。

此外，有些国家虽然有这类法律，但难以实施和执行，这也是一大挑战。该挑战也成为解决非洲大陆层面上竞争问题的一个障碍：非洲大陆自由贸易区（AfCFTA）必须设计出一个能适用于机构能力不同而又各具特色的国家的竞争框架，以期有效地应对竞争问题。

在消费者保护方面，非洲各国都存在不公平商业行为，不像范围较广的竞争法，很多国家没有具体的消费者保护立法。此外，消费者保护事务已经在非洲受到持续的重视，虽然其进展不如竞争立法那么快。另外，现在消费者的权益意识更强，从已建立起的很多消费者保护团体就可以看到这一点，这些团体在许多发展中国家不断开展消费者权益诉讼。有许多国家，像南非、埃及、赞比亚、埃塞俄比亚、肯尼亚、坦桑尼亚、博茨瓦纳，已经在不同程度上实施了消费者法律，同时非洲大陆涉及消费者的法律正在制定之中。

可持续消费行为是消费者保护领域需要审视的问题，也是一大挑战。环境问题是绿色经济的头等大事，可持续消费意识也是联合国消费者保护所倡导的。非洲的政策制定者要把增进可持续性的消费者政策和促进清洁环境的消费者责任两者联系在一起，比如，不可降解塑料在许多非洲国家都是一个相当大的环境问题。

图 10.1　按竞争法分布的非洲形势

资料来源：东南部非洲共同市场（COMESA）竞争委员会。

正如纳尔逊·曼德拉大学的"对话非洲"中所指出的（The Conversation，2017），世界各国都在针对消费者保护的关键领域修订消费者立法，这些领域也包括补偿机制。随着各国将新出现的问题纳入修订法规范围，可持续消费规定也将成为一个好的趋向。

除此之外，修订版《联合国消费者保护准则》（UNGCP）还包括两类重要消费者保护事项：电子商务和金融服务（UNCTAD，2016）。《联合国消费者保护准则》（UNGCP）是一套有借鉴价值的原则，有助于确定有效的消费者保护法规、执行机构和补偿体系的主要特征，有助于意向成员国制订并实施适于其自身经济、社会和环境条件的国内和区域性法律、法规和规定，也有助于促进成员国之间的国际性执法合作，并鼓励分享消费者保护方面的经验。当前，人人都欢迎新的数字技术、网上购物、移动支付及转账和共享经济交易，但这类交易中的消费者补偿问题仍然是一头雾水，特别是在非洲，政府还没有准备好去全面解决这类问题，尽管阻止消费者使用这类交易并不容易。一份联合国贸易发展会议（UNCTAD）在线的消费者保护法规全球声明汇编指出：

尽管消费者对"企业对消费者"（business-to-consumer，B2C）电子商务的信心很重要，但许多发展中和转型中经济体仍然缺少法律来保护在线消费者。多达 67 个国家难以获得数据，在线消费者保护的问题并未得到彻底解决。在 125 个有数据的国家中，97 国（其中的 61 国为发展中或转型中经济体）已经实施了与电子商务相关的消费者保护法规。从区域分布上看，消费者保护法出台率在非洲特别低。

[联合国贸易发展会议（UNCTAD），全球在线消费者保护立法]

所以，非洲大陆自由贸易区（AfCFTA）在设计所需草案以便实施时，必须重点审查消费者保护这一领域。

需要区域性方案解决卡特尔、兼并、收购和滥用市场主导地位等问题

非洲竞争主管部门处理的反竞争行为正在日益增多，这些行为具有区域特征，包括卡特尔和滥用主导地位的案例。非洲竞争论坛的一项研究发现，在博茨瓦纳、肯尼亚、纳米比亚、南非、坦桑尼亚和赞比亚的水泥行业存在反竞争行为。这项研究在南部非洲关税同盟（SACU）五国，即博茨瓦纳、莱索托、纳米比亚、斯威士兰（斯瓦蒂尼）和南非，也发现了类似的情况。这表明水泥是一种整个地区都能被卡特尔垄断的商品，这为卡特尔如何在区域层面勾结串通发挥作用提供了强有力的案例研究。2005 年在南非破获的著名面包行业卡特尔，也曾影响了其他

南部非洲关税同盟（SACU）国家（莱索托和斯威士兰）（SAFLII，2010）的面包价格。这种情形由于这些跨境公司的存在而增多，也因此把这些行为的危害扩散到区域范围内。

　　以上案例表明区域一体化对于处理跨境反竞争行为的重要性。在解决反竞争行为问题的安全措施缺位的情况下，企业和特别具有主导性的公司，无论国内国外，特别是那些外国公司，都可能滥用其市场的主导地位。这种滥用可能以不同的形式出现，包括遏制了当地竞争的掠夺性行为，包括价格垄断的卡特尔和其他瓜分市场的协议。这类反竞争行为减少了选择，抬高了价格，也因此剥夺了消费者和其它生产商应得的贸易自由化利益。如果市场在自由化之后呈开放状态，那么货物和服务既流入本国也同样流出到他国、创造工作机会及人员在区域间和国际间流动就成为期待的结果。另外，反竞争行为制造了市场准入壁垒（卡特尔和滥用主导地位），把竞争对手赶出市场（掠夺行为），挤压了就业市场并且控制了影响消费者利益的市场价格。

　　在非洲大陆自由贸易区（AfCFTA）内，若按领土大小、公司数量和发展水平来衡量，则各成员国的能力存在巨大差异。市场主导地位很可能成为联合市场中的一个问题。在非洲大陆自由贸易区（AfCFTA），边境开放和人员、货物及服务的自由流动已经成为现实，随之而来的是本国范围内的卡特尔可能会走向区域化，肯尼亚在贸易协会和其成员之间搞价格垄断便是如此案例。肯尼亚竞争局（CAK）在 2015 年大力推行了"特别合规方案"（SCP），目的是检查一些金融、农业及农产品加工行业贸易协会成员单位的行为。特别合规方案（SCP）要求这些行业中的贸易协会对照检查自己的经营活动，也留给他们机会遵守竞争法条款，从而让这些协会免遭巨额罚款和/或五年牢狱之苦。竞争局认为生活成本高与卡特尔类型的商业环境不无关联，在这样的环境里，正常的商业行为就能产生市场勾结机会，进而损害到消费者。

　　持续的挑战是国内竞争法律都是在"领土的"基础上施行的。这些法律能够处理外国行为主体在该国国内市场上的反竞争行为，但不能应对本国行为主体在别国领土上所做的受限行为。那些被怀疑存在反竞争行为的利润丰厚的行业——例如农业领域，尤其是化肥；通信领域，有可能存在通讯服务的价格垄断；航空运输、能源、零售、陆路运输等等——适合将来在由竞争机构或研究人员开展的研究中进行审查。

非洲的区域性竞争机构

有些区域性实体在非洲也有开展涉及竞争和一些消费者保护的使命，非洲大陆自由贸易区（AfCFTA）也可以利用借鉴它们正在开展的工作。这类实体有东南部非洲共同市场（COMESA）竞争委员会，该组织已经运行了数年并已经制订出一套判例法来应对跨境兼并，还有东非共同体（EAC），该组织已于2017年1月建立起一个共同体竞争监管署。另外还有南部非洲发展共同体（SADC）协定，虽然没有建立起区域性监管机构，但据此协定构建了一个执法合作网络，该网络在南部非洲发展共同体（SADC）竞争委员会领导下，正在不断将其成员聚集在一起进行研讨、交流执法经验和能力建设方案。南部非洲关税同盟（SACU）协定第40条涉及竞争政策，提倡成员国应在竞争法律执行方面开展合作。在西部非洲，西非国家经济共同体（ECOWAS）的区域竞争监管署于2018年4月开始在冈比亚的班珠尔成立（ECOWAS，2016）。

与此相似，在西非国家经济共同体（ECOWAS）法语国家中运行的西非经济和货币联盟（WAEMU）竞争委员会，凭借超国家机构设置已经运作了十多年。在非洲中部，中部非洲经济和货币共同体（CEMAC）协定中也有竞争条款，而区域竞争及消费者保护方面的法律正在制订之中。联合国贸易发展会议（UNCTAD）的一项能力建设方案近期正在拟订之中，目的是使中部非洲经济和货币共同体（CEMAC）成员国认识到制订国内竞争法的必要性，因为这些国家中的大多数都还没有这类法律。这个项目在竞争和消费者保护方面雄心勃勃，其目标是在这两个领域内都建立起区域法律框架。一份中部非洲经济和货币共同体（CEMAC）区域消费者保护倡议，早已为各成员国所批准，将在地区内改进消费者保护工具并赋予消费者做出更明智选择的权利。

交叉框架及协调不同法律系统

以东非共同体（EAC）为例，新建立起来的竞争监管署必须要评估应当采用何种机制来实施东非共同体（EAC）竞争法案，因为现在只有肯尼亚和坦桑尼亚设有能运作的国内竞争管理部门。卢旺达和布隆迪在建立国内竞争管理部门的道路上已经走在前列，而乌干达正在努力使一项新的竞争法案生效。这种情况对非洲大陆自由贸易区（AfCFTA）来说极具启发意义，它还需解决相关立法和机构能力进步程度不同的一系列国家的竞争问题。因为各国的竞争管理机构体系不同，必须从大陆层面讨论并协商如何将有关竞争的措施落实安排。

另一大挑战将是如何处理非洲各国不同的法律体系，特别是涉及到法律条款的解释和协调方面，从而建立起彼此协调的合作体系。非洲各国法律体系各不相同，其中两大主流是英美法系和大陆法系。正如一篇华盛顿大学法学文章所说，"这两个法律体系之间的主要差别在于，在英美法系国家，判例法——其形式是公布的司法意见——是最为重要的，而在大陆法系体系中，已编成法典的成文法占支配地位"。（Washington University Law，2014）非洲国家的法律体系建立在与两种法律体系国家的联系上，要么是英美法系国家，比如美国、英国、印度和加拿大，要么是像中国、日本、德国、法国、西班牙和葡萄牙这些大陆法系国家。

《非洲法律及商业杂志》一篇针对东非共同体（EAC）竞争监管署的文章就强调，布隆迪、卢旺达和乌干达非常需要制订和/或实施竞争法律（ALB，2016）。这篇文章指出了东非共同体（EAC）和东南部非洲共同市场（COMESA）之间的相互影响，因为有些国家成员身份重叠，另一些国家却缺乏法律，还要考虑如何处理早已发生的跨境反竞争行为。东南部非洲共同市场（COMESA）始终积极应对跨境并购问题。已经处理了涉及众多行业领域的并购案，比如农业、电子、制药、能源、汽车、建筑、矿业、保险、物流、信息技术、航空、酒店、通信、包装、支付系统、水处理、零售、饮料、大宗商品贸易和纺织等。有了像东南部非洲共同市场（COMESA）这样的组织，好处之一是该组织通过处理从一国审判权到另一国审判权的问题，填补了国内竞争法律无法施行的治外法权应用的空白。第二，它减轻了区域级别兼并案通报的监管负担，节约了时间和金钱。第三，通过消除可能会变化的结果和不同的时间安排，增强了确定感和可预测性。在西部非洲，西非国家经济共同体（ECOWAS）和西非经济和货币联盟（WAEMU）之间同样存在着框架交叉重叠的情况，这一点也必须加以考虑。西非经济和货币联盟（WAEMU）已经运作了多年，而西非国家经济共同体（ECOWAS）竞争委员会是2018年7月才在班珠尔成立的。

在思考非洲大陆自由贸易区（AfCFTA）的同时，现有区域性团体的运作方面的现状，及成员身份交叉重叠的问题，都应当加以考虑，并且应当在非洲大陆层面建立起一个系统来处理这类问题。

支撑非洲大陆自由贸易区（AfCFTA）的大陆竞争框架

为了贯彻在非洲大陆自由贸易区（AfCFTA）谈判中要求制订竞争法律和政策草案的决议，很有必须设计一个有效的竞争框架。关键是要考虑到国内和区域层面上现有的竞争政策和立法情况〔例如，东南部非洲共同市场（COMESA）和东非共同体（EAC）、中部非洲经济和货币共同体（CEMAC）、西非经济和货币联盟（WAEMU）、南部非洲发展共同体（SADC）竞争执法合作协议和南部非洲关税同盟（SACU）经费安排〕。这些可以成为考虑每种方法的出发点，以及对实践的反思，从而为非洲大陆自由贸易区（AfCFTA）提供最佳解决方案。

还有现行区域经济共同体（REC）的措施都没有触及的领域，比如管理民间交易限制的规则。正如本章前面提到的，东南部非洲共同市场（COMESA）是唯一已经制定了跨境兼并判例法的区域经济共同体（REC）。在跨境层面上的限制性商业行为还有待于探讨。其它区域经济共同体（REC）正在为此而努力，但还没有达成目标。非洲大陆自由贸易区（AfCFTA）提供了填补这类空白的契机，从而在国内和区域间强化现有的竞争法律框架，建立可执行的规则或促使成员国同意实施填补立法和执法框架上空白的措施；并允许没有竞争法律的国家去制订一些符合达成共识做法的法律。

根据非洲大陆自由贸易区（AfCFTA）成员国具体和紧迫的优先事项，应重点解决以下问题：

• 就非洲大陆自由贸易区（AfCFTA）竞争框架寻求达成的共同目标达成共识。

• 确定和理解现有竞争法律框架的条款，找出每种方案的差距，并针对非洲大陆自由贸易区（AfCFTA）协议框架内所有系统，制订使之合理化的措施。

• 建立法律的其他参数或范围，以便支持非洲大陆自由贸易区（AfCFTA）竞争框架的实施，并构建这些法律的关键特征，使它们与所选的方案同步以便有效执行。其中一些可能包括消费者保护、设置标准和海关法律执行等方面的规则，国家援助和补助金、采购法规、裁判及纠纷解决体系和规则（法院、程序规则、管辖权规则、企业及消费者开展私人诉讼的规则等）。

• 确保不同成员国及其执行机构、裁判机构以及区域一级已经存在的监督机构和裁判机构的合作。消费者保护也同样要确保合作。

• 公共国际法、区域法和国内法等法律法规可能会影响非洲大陆自由贸易区（AfCFTA）竞争框架的合法性，要对其中存在的问题进行合理化改革，从而为各成员国进行有效的签署/合作铺平道路。

• 审议现有的特设网络，例如非洲竞争论坛（ACF），从竞争法执行、分析、意识提升和能力建设等方面的技术合作来检查其近期作用。非洲竞争论坛（ACF）现有34个成员，包括30个国家的竞争机构和4个区域级机构。非洲竞争论坛（ACF）可以成为一个衡量基准，指明与超国家机构相比较，哪种系统、合作网络更适合于非洲大陆自由贸易区（AfCFTA）。

· 审议世贸组织（WTO）法律、双边贸易和/或成员国参与的投资协议这三者约束的竞争和消费者保护相关规则，可将此作为初始范围。

· 关注消费者保护问题，识别其关键领域，明确如何把它们与竞争和处理立法及组织安排多样化的方式区别开来。

· 要从非洲消费者保护对话方案中学习，这是美国联邦贸易委员会（FTA）和非洲消费者保护组织发起的一个倡议，某些情况下这些保护组织和解决竞争问题的组织是相同的机构。非洲对话实际上是一个平台，借助这个平台，非洲机构可以沟通消费者法律执行方面（包括案例、联合研究）的信息，并就消费者保护众多领域的最佳实践展开交流。由美国联邦贸易委员会（FTC）主持召开的每月网络研讨会使这些交流沟通更为方便。对话还特别重视年度大会，来自非洲大陆的消费者保护机构和其他相关利益方齐聚一堂，就影响消费者的相关问题进行面对面的互动。2018年3月，第9届非洲消费者保护对话大会在冈比亚首都班珠尔召开。大会将非洲消费者保护和竞争机构聚集在一起，共同讨论跨境商务活动，这些活动开辟了前进的道路、促进了创新，从而影响消费者利益，也鼓励非洲、美国和世界其它地区的执法机构进行合作。非洲大陆自由贸易区（AfCTA）通过检讨非洲对话的工作将会学到很多，这是指向非洲大陆消费者保护事务跨境合作的正确方向。

非洲大陆自贸区竞争法律和政策上执法合作草案的提议

在仔细分析了每个成员国的竞争状态后，应当制定一个草案。建议通过类似于欧盟竞争网络的合作网络使之生效，并由非洲大陆自由贸易区（AfCFTA）秘书处来执行，而这个秘书处应当建在由其成员国选定的地点。或者，成员国也可以建立一个超国家竞争和消费者保护机构，承担区域和国家层面的工作。在与现有的框架组织协调方面，这方面更为复杂，包括与非洲大陆自由贸易区（AfCFTA）框架下的大陆性努力相协调，代价也会比较高。还可以考虑采取分阶段的方法，即在成员国为最终成立超国家机构做准备时，先采用一个竞争性的合作网络，这样的话，该网络会持续发挥作用。

还需要拟订一份消费者保护方面的初步草案。应当与修订的《联合国消费者保护指南 2015》（如前所述，该指南现已包括电子商务和金融服务）保持一致，即需要适当关注消费者保护问题。有必要就消费者保护进行深度分析，以便设计出非洲大陆自由贸易区（AfCFTA）所需的合适的文件。

注　释

1. 卡特尔（Cartels）是两个或更多竞争者之间的协议和/或共谋行为，通过垄断采购或销售价格或其它交易条件、垄断生产配置或销售配额、瓜分市场（包括操纵投标），限制进出口和/或针对其它竞争者的反竞争行为等手段，以达到协调它们在市场上的竞争行为和/或影响竞争相关条件的目的。核心卡特尔（hardcore cartels）一般指的是垄断价格、瓜分市场、操纵投标、生产或销售限额等。参见：http：//ec. europa. eu/competition/international/multilateral/template. pdf.

2. 作为样本的国家包括巴西、智利、哥伦比亚、印度尼西亚、南非、墨西哥、巴基斯坦、秘鲁、俄罗斯、韩国、乌克兰和赞比亚。

参考文献

ALB（African Law and Business），2016. *Competition law developments in Africa in* 2016，viewed 6 November 2018，www. africanlawbusiness. com/news/6944-competition-law-developments-in-africa-in-2016.

The Conversation, 2017. *There's still a gap between consumer protection and sustainability in Africa*，viewed 6 November 2018，http：//theconversation. com/theres-still-a-gap-between-consumer-protection-and-sustainability-in-africa-81641.

ECOWAS (Economic Community of West African States), 2016. *Signing of a head quarters agreement between the republic of the Gambia and the ECOWAS*, viewed 6 November 2018, www. ecowas. int/signing-of-agreement-between-republic-of-the-gambia-and-ecowas-dakar-senegal-4th-june-2016/.

Khimich, A., Ivaldi, M. and Jenny, F., 2011. *Measuring the economic effects of cartels in developing countries*, viewed 6 November 2018, http: // unctad. org/en/Pages/DITC/CompetitionLaw/ResearchPartnership/Measuring-Cartels. aspx.

Khumalo, J., Mashiane, J. and Roberts, S., 2014. Harm and overcharge in the South African precast concrete products cartel. *Journal of Competition Law and Economics*, 10 (3), pp. 621 – 646.

SAFLII (Southern African Legal Information Institute), 2010. *Competition Commission v Pioneer Foods (Pty) Ltd (15/CR/Feb07, 50/CR/May08) [2010] ZACT 9 (3 February* 2010), viewed 6 November 2018, www. saflii. org/za/cases/ZACT/2010/9. html.

UNCTAD (United Nations Conference on Trade and Development), 2016. *United Nations Guidelines for Consumer Protection*, New York and Geneva, United Nations.

Washington University Law, 2014. *What is the difference between common law and civil law?* Viewed 6 November 2018, https: //onlinelaw. wustl. edu/blog/common-law-vs-civil-law/.

第十一章

非洲大陆自由贸易协议中知识产权和创新的原则性方略

凯罗宁·恩库伯（Caroline Ncube）、
托拜厄斯·舒文特（Tobias Schonwetter）、
杰里米·德·比尔（Jeremy de Beer）、
奇迪·乌古曼纳姆（Chidi Oguamanam）[1]

简　介

随着 2018 年 3 月 21 日非洲大陆自由贸易区（AfCFTA）协议的签署，以及建立非洲大陆自由贸易区（AfCFTA）基加利宣言的发表[2]，非洲联盟（非盟，AU）国家和政府首脑会议决定结束针对竞争政策、投资和知识产权（IP）的磋商谈判，并向 2020 年 1 月首脑会议提交法律草案，以期通过司法和法律事务专门技术委员会审查后正式采纳[3]。

本章探讨与非洲大陆自由贸易区（AfCFTA）和泛非知识产权组织（PAIPO）二者相关的知识产权（IP）方面的问题、展望和重点，这些也应贯穿于知识产权的磋商谈判中。公平且平衡的非洲大陆知识产权（IP）系统能够激发创新、增长和竞争，要创造这样一个系统，本文认为过程和实质同样重要。为此，本章所建议的框架在很大程度上借鉴了双边和区域协议中的《马克斯—普朗克知识产权条款原则》[4]，（针对知识产权条款的原则，或简称原则）以适应独特的非洲环境。

第十一章 非洲大陆自由贸易协议中知识产权和创新的原则性方略

一 背景与环境

1.1 全球化分崩离析

非洲的一体化进程正在加深，而世界其它地区的经济伙伴关系却经历了失败或正承受着重压。自从世界贸易组织（WTO）多哈回合谈判失败后，多边贸易在全球范围内显然难以取得进展[5]。但是像英国决定脱离欧盟和美国退出《跨太平洋伙伴关系协定》（TPP）这些最近发生的事件，正深刻改变着全球的经济格局[6]。近来贸易战频发，表明多边贸易不仅仅是陷入停顿，更是分崩离析。例如，美国从2018年7月6日起开始执行对中国的惩罚性关税[7]。

我们认为，在不同环境下知识产权问题在程序上和实质上的失败，在很大程度上导致了对贸易协定的普遍抵制。自从世贸组织展开《与贸易相关的知识产权协定》（TRIPS）的谈判以来[8]，引发的担忧就一直在积聚，人们认为，该协定偏袒最发达国家的利益，以换取向世界最不发达国家提供的虚假奢望。最不发达国家在该协定谈判中的地位并没有多大改变，所以许多人批评《与贸易相关的知识产权协定》（TRIPS）未能使发展中国家和最不发达国家从中受益。

专家、学者和商界领袖指出，《跨太平洋伙伴关系协定》（TPP）将会对创新产生巨大阻碍，并造成知识产权、数字化和文化政策方面的重大损失。[10]非政府组织也强烈批评该协议对电子商务和互联网政策的冲击。[11]专利对获得药品的影响也是该协定的一大问题。实际上，《华盛顿邮报》编委会指出："在最后一轮谈判中——或者说是在针对《跨太平洋伙伴关系协定》（TPP）的一般性政治辩论中，没有哪个问题比美国制药业的知识产权问题和其它保护问题引发更多争议。"[12]美国从该协定中的退出，并未完全消除这些潜在的负面影响。的确，2018年3月8日由仍保留在《跨太平洋伙伴关系协定》中的11个国家（TPP11）[13]签订的《跨太平洋伙伴全面进展协定》（CPTPP）包含了在美国退出《跨太平洋伙伴关系协定》（TPP）时仍保留在该协定文本中的大部分知识产权条款。《跨太平洋伙伴关系协定》（TPP）中好几个条款被暂缓执行，并最终从《跨太平洋伙伴全面进展协定》（CPTPP）中剔除。其中包括《跨太平洋伙伴关系协定》（TPP）第 18.63 节中针对著作、表演或录音版权期限外加 70 年的规定。其他暂缓执行的条款涉及到数据保护[16]和专利期限延长[17]。

错误的知识产权政策导致了在《跨太平洋伙伴关系协定》（TPP）上的进退失据，而仅仅强调知识产权问题的协议其效果也同样糟糕。在《反仿冒贸易协定》（ACTA）谈判中，有些国家试图通过不民主的过程来推进不明智的知识产权政策，因此出现了最明显的失误。这个过程的主要缺陷与谈判和小范围磋商所附带的保密性有关，而批评者认为这种会议本应吸纳更广泛的利益相关方参与。在《反仿冒贸易协定》（ACTA）众多精选参与国中，摩洛哥成为唯一的非洲国家[18]，其经历也许向非洲大陆其他国家敲响了警钟。数十份工作报告[19]、一份特刊[20]甚至是一本书[21]等文件中，对《反仿冒贸易协定》（ACTA）中程序性和实质性问题有充分阐述。有人戏称之为"如何不达成强制性国际合作协议的指南"。[22]

同理，不妨把东非共同体（EAC）反仿冒政策和规定方面的经验当作有教益的故事。东非共同体（EAC）拟定了一份针对反仿冒、反盗版和其它知识产权违法的政策草案，以及东非共同体（EAC）反仿冒法案，但二者均未被采纳[23]。对其主要批评是，它们支持《与贸易相关的知识产权协定＋》（TRIPS＋）的条款，而这些条款并不适用于东非最不发达国家（LDC）成员国[24]。肯尼亚通过了《反仿冒法》[25]，该法案包含相同的反仿冒条款，而这些条款被肯尼亚最高法院否决（所审案件为：帕特里夏·阿斯鲁奇—肯尼亚总检察署）[26]。东非的失误在于低估了知识产权问题的复杂性，导致对游说团体说辞的错误依赖，而且与当地专家和市民的沟通也不够。

从这些情况中，我们都能观察到保护主义情绪抬头，以维护国家对知识治理的主权，限制信息的商品化，并保护公有领域。这个方面有个共同主题：自从 20 世纪 90 年代《与贸易相关的知识产权协定》（TRIPS）谈判以来，在民权组织更加积极参与的帮助下，处在发展中各阶段的国家，在将知识产权纳入国际贸易协定方面变得更加谨慎。

第十一章 非洲大陆自由贸易协议中知识产权和创新的原则性方略

不过,问题依然存在。谈判者和评论者都清楚什么不起作用,但究竟该用哪些政策来代替20世纪过时的知识产权模板,却是理不清晰思路。不仅如此,非洲人如今也生活在一个知识经济时代,知识产权方式对这个大陆来说,从来没有像今天这样重要。

尽管几个有缺陷的协议无果而终,包含知识产权在内的区域贸易一体化仍然有望实现。加拿大和欧盟为挽救《综合经贸协定》(CETA)而克服了巨大困难[27]。澳大利亚、中国、印度、日本、新西兰、韩国和东盟十国之间的《区域全面经济伙伴关系协定》(RCEP)谈判还在进行之中[28]。《跨太平洋伙伴关系协定》中的11个国家(TPP11)已经从失败的《跨太平洋伙伴关系协定》(TPP)中挽救了《跨太平洋伙伴全面进展协定》(CPTPP)。此外,非盟国家和政府首脑决定把知识产权草案作为非洲大陆自由贸易区(AfCFTA)第二阶段谈判中的一个议题,由此可见,泛非洲经济一体化中知识产权的前景还比较乐观。

1.2 非洲的机遇与挑战

非洲大陆自由贸易区(AfCFTA)知识产权议定书为非洲审慎地构建新的知识治理方式提供了机会[29]。知识治理包括但不限于知识产权,除此之外还包括正式或非正式的法律、经济、社会、文化、政治和技术结构,这些因素决定谁能够使用或获取知识,以及如何使用或获取知识[30]。在这个过程中,针对影响南北半球的贸易协议中的知识产权问题,非洲可以重新制订谈判议程。为此,非洲国家必须首先理清他们在知识产权方面的关键优先事项,其方式要反映这个大陆的创新协作动态[31]。

现在,非洲的知识产权规则框架是支离破碎的。因此,非洲大陆自由贸易区(AfCFTA)涉及知识产权的协议必须力求解决三个层次上的难题:多个次区域知识产权组织,区域经济共同体(REC)中知识产权事务的骤增,以及与非洲大陆整体发展进程的错位。

第一个难题是有两个次区域知识产权组织:非洲区域知识产权组织(ARIPO)和非洲知识产权组织(OAPI)。此外,还有几个游离于这两个次区域知识产权组织之外的非盟(AU)成员,比如埃及、尼日利亚和南非。

语言是另一个割裂非洲区域知识产权组织（ARIPO）和非洲知识产权组织（OAPI）的问题，因为前者主要在英语国家而后者则在法语国家中运行，两者还有结构上的差异，非洲区域知识产权组织（ARIPO）成员国拥有不同的知识产权框架，而非洲知识产权组织（OAPI）成员国认可的是统一的知识产权法律系统。不过，两大组织已经签署了一份谅解备忘录，旨在尽量协调彼此的行动、促进相互合作。非洲区域一体化第七次评估（ARIA VII）找出了两个区域性知识产权组织的普适模式，这两个组织不依赖区域经济共同体（RECs），也不受区域一体化议程的约束，由此带来一大挑战[32]，造成的困难体现在四个方面[33]：

- 政策和机构性松散；
- 重视专利权的批准，而忽视了对行使这些权利的有效指导[34]，相比之下，区域经济共同体（RECs）努力聚焦于政策引导，比如在如何充分利用灵活性方面的指导；
- 追求协调一致有时会压缩成员国可以利用的政策空间；
- 当成员国签署"为达成双边贸易和投资协议而建立的知识产权合作框架"中的协议时，其中的规定会导致政策空间进一步压缩。

泛非知识产权组织（PAIPO）的可操作性可能有助于解决部分问题，但是，任何一个新的组织要有效运作，必须要有一个指导性的框架。泛非知识产权组织（PAIPO）是个大陆性知识产权组织，由非盟（AU）国家首脑共同决定创建，组织章程已被采纳[35]，但因尚未达到签署国法定数量而未生效。章程需要15国签署才能生效。截止2018年7月，只有塞拉利昂、加纳和科摩罗三个国家签了字。非洲大陆自由贸易区（AfCFTA）需要认识到这些进展，因为它们与知识产权议定书息息相关，某种意义上说，它们规定了非盟（AU）的一个组织机构，而这一机构势必受到草案中知识产权相关实质性条款的影响。此外，任何根据草案建立的组织，都不应与泛非知识产权组织（PAIPO）重叠或冲突。

第二个难题是，有多个正在由不同区域经济共同体（RECs）主导或计划的、与知识产权相关的倡议，不包括现有的或拟议的区域知识产权组织。至少八个不同的区域经济共同体（RECs）在某种程度上试图解决知识产权问题[36]。这类区域经济共同体（REC）倡议的一个例子是三方自由贸易区（TFTA）知识产权议程。非洲知识产权组织（OAPI）和非洲区域知识产权组织（ARIPO）越来越多地参与到区域经济共同体（REC）倡议中，例如，南部非洲发展共同体（SADC）近来就在为制订一个知识产权框架而努力。

第三个要解决的难题是在非洲大陆自由贸易区（AfCFTA）、泛非知识产权组织（PAIPO）和《2063年议程》之间协调一致[37]。《2063年议程》为非洲大陆自由贸易区（AfCFTA）和泛非知识产权组织（PAIPO）设定了清晰的实施目标。为统一非洲的框架和机构，建立非洲经济共同体（AEC）和泛非知识产权组织（PAIPO）成为当务之急[38]。

旨在协调三个层次的非洲大陆自由贸易区（AfCFTA）知识产权议定书，应当借助贸易协议尽力保护现有政策空间免受侵蚀，应当支持各国努力精心制订适当的知识产权立法和政策框架并管理好区域合作。

二 解决知识产权问题的框架

2.1 长期存在的限定性因素

非洲大陆自由贸易区（AfCFTA）知识产权协议应当主要是一个内部区域性倡议，应当成为签约国对非洲大陆知识产权事务看法的约束性宣言。它也应当成为这些国家与非洲大陆以外国家开展自由贸易协定（FTA）谈判时的一个重要对外指南。换言之，这些内部问题将影响或指导签约成员国与其它国家或区域集团展开的贸易协议谈判。

非洲大陆自由贸易区（AfCFTA）谈判上的总体原则早已得到各方同意，这些原则已在非盟（AU）关于大陆自由贸易谈判目标和指导原则的声明中确定[39]。这些原则也同样适用于非洲大陆自由贸易区（AfCFTA）议定书。此外，我们认为，遵循其中知识产权条款的相关原则，有助于为非洲大陆自由贸易区（AfCFTA）知识产权草案打下基础。这些原则是由来自世界几乎各个地区的国际知识产权专家组成的工作组制订的，在马克斯·普朗克创新与竞争研究所（the Max Planck Institute for Innovation and Competition）的推动下运行[40]。这些原则反映出，"涉及把知识产权条款当作国际贸易谈判中讨价还价筹码方面的核心关切，[…] 和在谈判过程中缺少透明性和包容性，并推荐能确定更好的、互利的、平衡的国际知识产权规则的国际准则和程序"。[41]

基于这些原则的建议，针对的是程序和实质的问题。例如，谈判规则制订过程中的透明度、磋商、公众参与以及谈判程序都至关重要。实质上，这些原则特别强调灵活性、过渡期的重要性和政策空间的维护，旨在确定适合处于不同经济发展阶段国家的限制条件和例外情况。

虽然这些原则是在大规模多边贸易谈判的基础上确立的，但它们可能也适用于指导涉及以下两种情况下的知识产权谈判，一是比较广泛的社会经济发展研讨（例如以联合国可持续发展目标和/或《2063年议程》为中心的发展议程），另一个是针对特定问题和组织［例如泛非知识产权组织（PAIPO）、让视障人士获取药物和/或获取受版权保护的著作］的范围较窄的协议。[42]其灵活性和普适性使之非常适于指导制定非洲大陆自由贸易区（AfCFTA）的知识产权协议。

2.2 知识产权政策中以非洲为中心的方式

应当以兼顾非洲大陆的环境和期望的独特的方式，来拟定非洲大陆自由贸易区（AfCFTA）知识产权草案。参与谈判的各方应当广泛分享相似的愿景，并要与其它贸易协议有所区别，因为在那些协议中，为在"全球北方"知识产权净出口国和"全球南方"知识产权净进口国之间求得平衡，知识产权事务总是被当作讨价还价的筹码。如果不考虑传统知识，非盟（AU）成员国都是知识产权净进口国家，它们的发展背景和期望大体相同。这些问题里隐含着一个根本担忧，那就是如何拟定一项协议来摆脱依旧困扰非洲知识产权框架的殖民遗产[43]。大多数非洲国家很少去修正或修订那些它们在殖民时期就引进的知识产权法规。知识产权草案的谈判，将对构思知识产权框架提供契机，而这个知识产权框架由非洲国家在后殖民时代的非洲来构建，因此应要重视它们自己的当务之急，而不是先考虑其它国家。

2.3 程序性原则

在知识产权草案谈判之前，非盟（AU）成员国要与利益相关方，比如民权组织和包括中小企业（SMEs）在内的工商界，进行广泛而充分的磋商，这一点非常重要。这些磋商将确保在非盟（AU）层面的谈判中，一个成员国的谈判代表所持的立场完全受到该国的支持。不仅如此，一旦非洲大陆的谈判开始，成员国应能不断获得国内利益相关方的反馈意见，这一点也很重要。要做到这一点，可以分享或公布谈判文本，以保证利益相关方的参与，谈判代表也因此可以与之互动。次区域知识产权组织和一些区域经济共同体（RECs）是应当吸纳到磋商中的其它重要支持者，因为它们有知识产权立法和机构性监管框架制定的工作经验。

关键是不要重复世界范围内法律和政策制定者犯过的程序性错误，它们已经破坏，或者说，在某些情况下最终扰乱了知识产权相关文件的结论，不管是国内立法［例如美国的《禁止网络盗版法案》（SOPA）和《保护知识产权法》（PIPA）］还是双边、多边贸易协议和协定［例如《反仿冒贸易协定》（ACTA）、《跨太平洋伙伴关系协定》（TPP）或《跨大西洋贸易与投资伙伴协议》（TTIP）］。实际上，针对这些失败文件谈判的过程，主要的批评是它们在民主程序上不合法，原因如下：

- 这些谈判秘密进行，因而缺乏透明度；
- 缺乏将利益相关方包括在内的磋商，相反，谈判各方似乎遵循一种选择性的磋商程序，这样的程序常常把民权组织排除在外；
- 谈判游离于现有的国际组织和论坛之外，比如世界知识产权组织（WIPO）和世贸组织（WTO），而这些组织已经建立了让公众参与和分享信息的规则；
- 忽视、隐藏或故意贬低对个人自由的重视，例如言论自由和隐私保护；

·过程仓促[《禁止网络盗版法案》（SOPA）就是一例]，对复杂的问题和困难提出的解决方案似乎过于简单。

2012年，非洲知识产权专家在草拟泛非知识产权组织（PAIPO）规章时就提出了类似的程序性的问题[45]。泛非知识产权组织（PAIPO）的谈判明显与《知识产权条款》的原则不一致，也因此受到严厉批评[46]。然而，也必须注意到，贸易谈判历来都是以相当秘密的形式进行的，通常由政府代表严守外交程序闭门磋商。考虑到上述批评意见，应当用更开放、更全面、更透明、充分包括所有相关利益方的进程所取代。因此，必须调整非洲大陆自由贸易区（AfCFTA）各项谈判的方式，确保通过民主、公开、透明、包容和勤奋的过程，比如公开磋商和辩论，制定出良好的、公平的、平衡的和广受支持的政策。世界知识产权组织（WIPO）这类国际组织和国家立法者所遵循的程序与方法，就包括了公众可获取草案文件和公开的听证会，堪称典范。在接受非洲大陆自由贸易区（AfCFTA）的过程中，尼日利亚在商界抗议之后决定不签署这一协议，这个案例展示了进行广泛的国内协商的重要性。尼日利亚商界认为他们的观点并未得到充分考虑，尼日利亚在这个阶段签署非洲大陆自由贸易区（AfCFTA）协议无法为商界和国家带来最大利益。

2.4 实质性原则

虽然目前就谈判者应该在知识产权协议中该采取怎样的实质性立场和策略给予指示，既不适宜也为时尚早，但我们建议，达成非洲自由贸易协定的知识产权框架的实质性内容应以若干总体观察意见为指导：

其一，非洲的创新明显不同于任何世界其他地方的创新。由来自像非洲开放创新研究网络（Open AIR）这类网络的专家主导的观察研究清晰地表明，在非洲，"创新和创造力并不是在市场经济监督背景下不可避免的尝试。"[47]通过市场机制出现的创新，与遍布非洲大陆经济活动中的非正规经济密不可分。对于非洲非正规经济领域内充满活力的创新，既有明显证据也有专家见解，而全球贸易和知识产权的政策制定者

第十一章　非洲大陆自由贸易协议中知识产权和创新的原则性方略

最近才开始意识到这一点[48]。

在这样的环境里，正规的知识产权保护措施即便就算是适宜（而实际并非如此）的，研究表明，这样的措施也"无法在缺少强有力制度的情况下存在，这些制度包括注册、披露和培训方面的知识产权官员，也包括尊重和强化知识产权的文化"。[49]只要知识产权法律上的实质条款与非洲的日常生活现实相去甚远，就无法建立起这样的尊重。例如，在一项针对版权对八个非洲国家接受教育的影响方面的比较研究中，研究者得出结论，版权方面的难点不在于缺少法律保证，也不在于这些国家中现有版权法律不符合国际标准。难点在于"缺乏对版权的认识、执行和利用"。这项研究得出进一步的结论，即使在有版权原则意识的地方，如果这些原则不能反映其社会经济现实，人们也不会遵守这些原则[50]。非洲大陆自由贸易区（AfCFTA）知识产权协议若要取得成功，必须认识到，实施能反映非洲人民价值观和经验的政策很重要，因为这些政策毕竟是为非洲人民服务的。

尼日利亚的电影业诺莱坞（Nollywood）就是个绝佳的例子，其惊人的增长不是借助知识产权，而恰恰是不顾及知识产权[51]。尽管对诺莱坞的作用褒贬不一，但没有多少人会否定，正是这一行业不严格的知识产权制度，催生了尼日利亚非正规电影发行网络中行业与演员间创造性的契约模式。强有力但失衡的知识产权措施只会排斥并孤立这个非正规网络的成员，把他们当作非法盗版的罪犯。这个行业通过持续产生创造性产品的方式来影响这些被孤立的演员的签约潜力和伙伴关系，而这些演员如今是诺莱坞价值链上关键的利益相关方。一些业内人士认识到，虽然知识产权可能是非常需要的，但失衡的知识产权政策的贯彻执行却常常只为行业中极少数人带来利益，却以文化环境为代价，而这种文化环境更重视集体创造，并有利于艺术家和创造者个体突显自我的持久愿望。人们意识到，通过为该行业所有利益相关者提供公平经济利益的各种选择，这种突显自我为创作者的独立性提供了更大的机会和潜力。诺莱坞还在继续逐步发展，提醒人们在知识产权政策制定时要注意务实和环境敏感性，从而拒绝那种千篇一律的模式。有证据表明，埃及针对独立音乐家的模式与此类似[52]。研究表明，这些音乐家依靠演出和品牌销售而不是靠卖CD来挣钱。因此，这个行业的增长并不只归因于知识产权框架。非洲蓬勃发展的文化产业提供了一个契机，借此可以探索如何在真实的非洲创新和创造力的背景下以响应的方式最好地定制知识产权政策，关键是要促进对非洲文化向世界其他地区输出的尊重，而非向说客低头或相信一些谣言——即所谓拉各斯或内罗毕的盗版情况比伦敦或纽约更为猖獗。在包括非洲在内的新兴经济体中，因为作品（受知识产权保护的商品或服务）定价过高，加上这些作品的版权持有者在市场推广和分销方面做得不够，盗版问题与其说是知识产权问题不如说市场失灵问题[53]。消费者为解决不可获得性问题，自然就会求助于侵权性的拷贝。

这些观察涉及正在涌现的广泛证据，贯穿于全世界的知识产权政策制定过程中。[54]下列具体的建议就建立在这些证据之上，如果作为非洲大陆自由贸易区（AfCFTA）知识产权草案条款加以实施，那么，非洲将会在适于21世纪全球知识经济的先进知识产权政策方面走在世界前列。

（1）版权

制订国家的版权框架，使之平衡、合理、连贯一致、切实可行、因地制宜并响应数字技术要求，以促进最大程度的创造。这就需要与保护范围直接相关的适当条款，包括例外和限定，以及保护期限。关于例外和限定，必须要包括适用于视障人士、阅读障碍者和其他残疾人的条款，也要有临时拷贝、平行进口、版权不明的作品和文本，以及数据挖掘等方面的条款。

（2）专利

该议定书不应寻求在创新评级系统中为提高非洲的评级名次而简单地试图获取更多的专利批准。非洲大陆需要通过专利法来批准更好的专利，专利法应充分应对国家和大陆的当务之急，比如获得药物的需求。这需要更加强有力的措施来发挥现有的灵活性，并更好地利用政策空间。有些区域经济共同体（RECs）已经在这方面起到了带头作用。这类具体的例子有，东南部非洲共同市场（COMESA）的知识产权政策，东非共同体（EAC）利用世贸组织（WTO）《与贸易相关的知识产权协

第十一章　非洲大陆自由贸易协议中知识产权和创新的原则性方略

定》(TRIPS)在公共健康方面提供的灵活性和同步采用国家知识产权立法的区域知识产权政策[56]，以及《东南部非洲共同市场—东非共同体—南部非洲发展共同体（COMESA-EAC-SADC）三方自由贸易协定》——附录9——知识产权附录[57]。非洲大陆自由贸易区（AfCFTA）知识产权草案应当（通过整合）巩固这些前期成果而不是试图重新制订相应的政策和/或指南。国家的专利法律应当需要实质性的审查，而专利部门的能力和专利处理程序则需要加强，其目的是使这样的审查既可靠又有效。

（3）商标

非传统型的商标战略，比如公共商标，能更好地将非洲生产商的开发设想转化成可市场化的发明创造，因为它们把外部保护的因素与内部适合于当地条件的开放、包容与合作的因素结合了起来。但是，这种战略在非洲目前并未得到充分利用。支持其应用和保护的国内框架还比较缺乏。现有的法律框架比较适于保护传统商标。非洲大陆自由贸易区（AfCFTA）知识产权的谈判为促进知识产权政策提供了平台，这些政策经修订后就成为某种形式的特殊框架，可用来保护国家层面上的非传统型商标。

（4）传统知识（TK）

从知识产权和贸易政策的角度看，传统知识（TK）一直是非洲大陆的一个突出优势。传统知识（TK）体现在创新和知识产品等主要领域，包括医药、农业、生物技术和食品领域。非洲大陆不仅在全球舞台上发挥了强大作用，提高了全球传统知识（TK）保护的地位，而且还采取了旨在实现传统知识（TK）区域统一的举措，这一点从上述讨论中提到的区域和次区域草案和指南里可得到印证。这就要求谈判者在非洲大陆自由贸易区（AfCFTA）的背景下草拟一项知识产权政策时，要考虑到在这些草案和指南中的观点和政策声明。

（5）竞争

重要的是要认识到，针对那些为更多接触到受知识产权保护的知识和技术并降低其价格而制定的知识产权和贸易规则，如果利用得当，竞争法可以在这些规则的基础上起到补充作用。要取得效果，必须平衡知识产权规则和竞争原则。为此,《与贸易相关的知识产权协定》（TRIPS）早已包含了直接针对知识产权保护和反竞争行为之间的联系的条款，包括第 8 条、第 31 条（K）项和第 40 条，它们是必不可少的，也应当在非洲大陆自由贸易区（AfCFTA）知识产权谈判中加以考虑。

（6）人权

知识产权与人权法律交叉地带比较复杂，当然，在非洲也未得到充分研究。但是，国际法和政策制定者再也不能忽视知识产权相关法律和政策中的人权内涵，尤其是因为人权诉求在批评像《反仿冒贸易协定》（ACTA）这类文件中已经起到核心作用。

诸如《世界人权宣言》（UDHR）、《公民权利和政治权利国际公约》（ICCPR）和《经济、社会和文化权利国际公约》（ICESCR）等关键国际人权文件都包含众多人权，而这些人权都以各种方式与知识产权相互作用。强烈的知识产权保护与一些重要的人权义务相矛盾，比如《世界人权宣言》（UDHR）中的第 19 条（"意见和言论自由"）和第 27 条（"有权自由参加社会的文化生活，享受艺术，并分享科学进步及其产生的福利"），同时，像《世界人权宣言》（UDHR）这类文件也保护在科学、文学和艺术产品中创造者的"精神和物质利益"。

非洲大陆自由贸易区（AfCFTA）这类国际性协议文件中，人权义务与知识产权保护之间存在矛盾，找到解决矛盾的最佳方案至关重要，特别是涉及非洲的问题，包括获得教育资料和医疗保健。虽然在这一点上还没有清晰的答案[58]，但至少在未来知识产权法律和政策制定过程中要把人权思想更好地融合进去，这一点似乎必不可少，因此，应把知识产权从贸易这类问题中分离出来。

这种方式的一个可能后果是，可以考虑引入知识产权保护的最高标准，而不是先前遵循的仅规定成员国可以按其愿望超越标准，或者在此后进行补充。也可能是另外一个结果，即要求成员国引入一套强制的、以用户为中心的灵活标准，比如例外和限定。最终，目标必须是在国际知识产权框架和文件下，公正地平衡冲突的利益，并更好地促进人权。

第十一章 非洲大陆自由贸易协议中知识产权和创新的原则性方略

三 结论和建议

非洲创新研究告诉我们，创新往往出现在非正规领域，也不过分依赖诸如知识产权这类知识治理及利用的传统方法。知识产权规则框架的研究强调对法律和政策的需要，而这种法律和政策要与社会经济实际相协调，还要由资源充足的机构来维护。任何关于非洲大陆自由贸易区（AfCFTA）知识产权草案内容与形式的探讨，都必须从以非洲为中心的发展和重视人权的角度来考虑问题。

除了上述2.4节中总结的实质性重点领域外，还需要遵守某些程序性原则。首先最根本的是要确保民主合法性。可以通过公开、透明、包容、协商的程序促进公开辩论和参与，从而实现这一目的。通过发布会议简报和/或视频对这样的过程进行报道，也是广泛参与的一个关键方面。这就允许那些不能亲自参与的人可以了解进展情况，进而提供他们的反馈意见。

在谈判过程中选择国家代表也极为重要。许多政府部门都与创新、贸易、健康和知识产权事务密切相关，这就需要一些国家部委之间进行合作，以确保国家的代表能反映所有这些部门的立场。尽管非盟（AU）成员国最终会成为协议的缔约方，但为公开和全面协商起见，把来自次区域知识产权组织和区域经济共同体（RECs）的一些代表包括在磋商和谈判过程中，仍不失为一种审慎的做法。

非洲大陆自由贸易区（AfCFTA）知识产权协定的草拟，为将次区域知识产权组织与区域经济共同体（RECs）和区域一体化倡议协调起来提供了一个良好契机，其方式是针对知识产权事务形成一个整体性的、恰当的非洲大陆方案。巩固已经完成的和正在进行的倡议，例如东非共同体（EAC）和西非国家经济共同体（ECOWAS）针对《与贸易相关的知识产权协定》（TRIPS）的灵活政策，以及非洲区域知识产权组织（ARIPO）"关于将《马拉喀什条约》纳入国内法的准则"（the Domestication of the Marrakesh Treaty），将有助于加快知识产权草案谈判和完成的进程。

一体化进程和知识产权相关贸易协议在全球范围内受挫,在此背景下,非洲反而获得了大好时机,可以精心制定独特的知识产权治理措施,以满足非洲特殊的环境和需求。这是一个可以达到的目标,因为非洲各国有共同的利益,而且,现有谈判领域与各方两极分化、利益冲突时期相比也更均衡,"全球北方"输出国与"全球南方"输入国谈判时就经常发生两极分化与利益冲突。我们认为,重视上述实质性和程序性问题,将使非洲各国为知识产权协议顺利谈判和批准的努力更有成效,这一协议将与非洲大陆的总体发展议程协调一致。

注　释

1. 本文中表述的任何意见、发现和结论或建议均由作者负责,NRF(南非国家研究基金会)不承担相应的责任。作者感谢德新蒙德·奥里亚霍巴(Desmond Oriakhogba)在研究和编辑上的帮助。

2. 非盟(AU),"非盟成员国在基加利集体签署《非洲大陆自由贸易区协议》,从而创造了历史"公报发表(2018年3月21日)https://au.int/sites/default/files/pressreleases/34053-pr-pr_-_au_member_countries_create_history_at_the_afcfta_extraordinary_summit_in_kigali_f.pdf accessed 16 June 2018.(2018年6月16日浏览)

3. 关于创建非洲大陆自由贸易区(AfCFTA)协议草案的决定(Doc. Ext/Assembly/AU/2(X), 21 March 2018)Para 12(iii).

4. Henning Grosse Ruse-Khan, et al.,"在双边和区域协议中知识产权条款的原则"'Principles for Intellectual Property Provisions in Bilateral and Regional Agreements'(2013)44(18)*IIC* 878.

5. 多哈回合谈判简史及其僵局分析,参见 Sungjoo Cho,'The Demise of Development in the Doha Round Negotiations'(多哈回合谈判进程的终结)(2010)45 *TILJ* 573. 也可参考 Fredrik Erixon,'After the Bali Agreement: Lessons of the Doha Round for the WTO's Post-Bali Agenda'(巴厘协定之后:世贸组织后巴厘议程之多哈回合的教训)(2014)ECIPE Policy Briefs No. 2/2014 www.ecipe.org/app/uploads/2014/12/

第十一章 非洲大陆自由贸易协议中知识产权和创新的原则性方略

PB02. pdf accessed 16 June 2018.（2018 年 6 月 16 浏览）

6. 参见国际货币基金组织 IMF,'World Economic Outlook Update'（最新世界经济展望）（19 July 2016）www. imf. org/external/pubs/ft/weo/2016/update/02/pdf/0716. pdf accessed 16 June 2018（2018 年 6 月 16 日浏览）；Yuan Q. Mui,'Withdrawal from Trans-Pacific Partnership Shifts U. S. Role in World Economy'*The Washington Post*（23 January 2017）华盛顿邮报 2017 年 1 月 23 日"退出跨太平洋伙伴关系协定改变美国在世界经济中的作用"www. washingtonpost. com/business/economy/withdrawal-from-trans-pacific-partnership-shifts-us-role-in-world-economy/2017/01/23/05720df6-e1a6-11e6-a453-19ec4b3d09ba_ story. html？utm_ term = . 3320d7661378 accessed 16 June 2018.（2018 年 6 月 16 日浏览）

7. 美国贸易代表办公室（USTR）,"为回应不公平贸易做法美国贸易代表办公室针对中国产品征收关税"'USTR Issues Tariffs on Chinese Products in Response to Unfair Trade Practices' https：//ustr. gov/about-us/policy-offices/press-office/press-releases/2018/june/ustr-issues-tariffs-chinese-products accessed 23 July 2018.（2018 年 7 月 23 日浏览）

8. 关于知识产权与贸易相关方面的协议 Agreement on Trade-Related Aspects of Intellectual Property Rights 1994, 33 ILM 1197.

9. Peter Drahos and John Braithwaite, *Information Feudalism：Who Owns the Knowledge Economy*？（信息时代的封建主义：谁拥有知识经济？）（Earthscan Publications Ltd 2002, London）

10. Jim Balsilie "为国际贸易常务委员会提供的证据" 加拿大第 42 届议会第 1 次会议, 第 15 号（2016 年 5 月 5 日）, 'Evidence to the Standing Committee on International Trade' 42nd Parliament of Canada, 1st Session, No. 15（5 May 2016）www. parl. gc. ca/HousePublications/Publication. aspx？Language = e&Mode = 1&Parl = 42&Ses = 1&DocId = 8245091 accessed 16 June 2018.（2018 年 6 月 16 日浏览）；Michael Geist "为国际贸易常务委员会提供的证据" 加拿大第 42 届议会第 1 次会议, 第 15 号（2016 年 5 月 5 日）'Evidence to the Standing Committee on International Trade' 42nd Parliament of Canada, 1st Session, No. 15（5 May 2016）www. parl.

gc. ca/HousePublications/Publication. aspx? Language = e& Mode = 1&Parl = 42&Ses = 1&DocId = 8245091 accessed 16 June 2018. （2018 年 6 月 16 日浏览）

11. 电子前线基金会"跨太平洋伙伴关系协定"Electronic Frontier Foundation, 'Trans-Pacific Partnership Agreement' www. eff. org/issues/tpp accessed 16 June 2016. （2016 年 6 月 16 日浏览）

12. 'A Debate over U. S. Pharmaceuticals Is Snagging the Trans-Pacific Partnership Deal' *Washington Post* （10 August 2015）（"针对美国制药业正在阻碍跨太平洋伙伴关系协定（TPP）机遇的讨论"华盛顿邮报，2015 年 8 月 10 日）www. washingtonpost. com/opinions/a-hiccupin-trans-pacific-partnership-negotiations/2015/08/10/1c0a9584-3d37-11e5-9c2ded99 1d848c48_ story. html? utm_ term = . 5b6a29473181 accessed 16 June 2018 （2018 年 6 月 16 日浏览）；H. I. Oguanobi. 'Broadening the Conversation on the TRIPS Agreement：Access to Medicines Includes Addressing Access to Medical Devices'（拓宽针对《与贸易相关的知识产权协定》（TRIPS）的对话：获取医药包括应对获取医疗设备）（2018）21 *J World Intellect Prop* 70 – 87. https：//doi. org/10. 1111/jwip. 12091.

13. 澳大利亚、文莱、加拿大、智利、日本、马来西亚、墨西哥、新西兰、秘鲁、新加坡和越南。

14. Matthew P. Goodman, 'From TPP to CPTPP'（8 March 2018）（从跨太平洋伙伴关系协定（TPP）到跨太平洋伙伴全面进展协定（CPTPP），2018 年 3 月 8 日，www. csis. org/analysis/tpp-cptpp accessed 23 July 2018（2018 年 7 月 23 日浏览）；Martin Khor, 'The New CPTPP Trade Pact Is Much Like the Old TPP'（7 March 2018）[新的跨太平洋伙伴全面进展协定（CPTPP）中贸易条约更像是旧的跨太平洋伙伴关系协定（TPP）] www. ipsnews. net/2018/03/the-new-cptpp-trade-pact-is-much-like-the-old-tpp/ accessed 23 July 2018. （2018 年 7 月 23 日浏览）

15. 《伯尔尼公约》规定增加 50 年。

16. 《跨太平洋伙伴关系》（TPP）中的第 18. 50 条和第 18. 51 条。

17. 《跨太平洋伙伴关系》（TPP）中的第 18. 46 条和第 18. 48 条。

18. 反仿冒贸易协定（ACTA）缔约国：澳大利亚、美国、日本、欧盟 27 个成员国、瑞士、加拿大、韩国、新西兰、摩洛哥和墨西哥。

19. 参见 PIJIP 研究论文系列，http：//digitalcommons. wcl. american. edu/research/ accessed 16 June 2018.（2018 年 6 月 16 日浏览）

20. 'Focus Issue：Intellectual Property Law Enforcement and the Anti-Counterfeiting Trade Agreement（ACTA）'"焦点问题：国际产权法执行及反仿冒贸易协定（ACTA）"（2011）26（13）*AUILR*http：//digitalcommons. wcl. american. edu/auilr/vol26/iss3/ accessed 16 June 2018.（2018 年 6 月 16 日浏览）

21. Pedro Roffe and Xavier Seuba（eds.），*The ACTA and the Plurilateral Enforcement Agenda：Genesis and Aftermath*（《反仿冒贸易协定和多边执行议程：开端及后果》）（Cambridge：Cambridge University Press 2015）.

22. KimberleeWeatherall，'Politics, Compromise, Text and the Failures of the Anti-Counterfeiting Trade Agreement'（反仿冒贸易协定中的政治、妥协、文本和失败）（2011）33 *SULR* 229.

23. Caroline B. Ncube，*Intellectual Property Policy, Law and Administration in Africa：Exploring Continental and Sub-Regional Co-Operation*（非洲知识产权政策、法律和管理：探索大陆性和次区域性合作）（Abingdon, UK：Routledge 2016）81.

24. 同上。

25. 2008 年第 13 号发令。

26. HCCC 请愿书，2009 年第 409 号。

27. 综合经贸协定（CETA）于 2016 年 10 月 30 日签订。参见欧盟，"欧盟—加拿大综合经贸协定（CETA）" http：//ec. europa. eu/trade/policy/in-focus/ceta/ accessed 16 June 2018（2018 年 6 月 16 日浏览）。围绕综合经贸协定（CETA）上的一些主要争议，一般可参考 Jeremy de Beer "把最佳实践经验应用于国际知识产权的法律制定中"（2013）44 *IIC* 884；Daniel Drache 和 Stuart Trew "加拿大—欧盟综合经贸协定中的陷阱和承诺"（2010）https：//papers. ssrn. com/sol3/papers. cfm？abstract_id=

1645429（2018年6月16日浏览）；Jim Miles：《欧盟—加拿大综合经贸协定（CETA）》《不公开的援助和秘密谈判》，《环球研究》2016年11月3日，www. globalresearch. ca/the-eu-canada-comprehensive-economic-and-trade-agreement- ceta-backroom-ministrations-and-secret-negotiations/555441（2018年6月16日浏览）。

28. 日本外务省，"全面区域经济伙伴第22轮谈判"（2018年4月25日）www. mofa. go. jp/press/release/press4e_002009. html accessed 16 June 2018（2018年6月16日浏览）。2012年11月20日，在柬埔寨展开了区域和全面经济伙伴关系（RCEP）的谈判。参见澳大利亚外交和贸易部，"区域和全面经济伙伴关系"，http：//dfat. gov. au/trade/agreements/rcep/Pages/regional-comprehensive-economic-partnership. aspx accessed 16 June 2018.

29. "知识治理"的概念参见 For a conceptualisation of 'knowledge governance' see Chris Armstrong and Tobias Schonwetter, 'Conceptualising Knowledge Governance for Development' （诠释追求发展的知识治理）（2016）19 *AJIC* 1，http：//wiredspace. wits. ac. za/handle/10539/21749 accessed 16 June 2018.

30. 非洲开放创新研究网络（Open AIR），2016年报：从项目到伙伴关系（2016）49 Open African Innovation Research network （Open AIR），*Annual Report* 2016：*From Project to Partnerships*（2016）49 www. openair. org. za/open-air-annual-report-2016 accessed 16 June 2018（2018年6月16日浏览）；Jeremy de Beer, et al. （eds.），*Innovation and Intellectual Property*：*Collaborative Dynamics in Africa*（创新及知识产权：非洲的协作动力）（UCT Press 2014，Cape Town）.

31. 联合国非洲经济委员（UNECA）会创新、竞争和区域一体化：非洲区域一体化评估第七期（2016）72 www. uneca. org/sites/default/files/PublicationFiles/aria7_eng_rev_30march. pdf accessed 16 June 2018.

32. 联合国非洲经济委员（UNECA）会创新、竞争和区域一体化：非洲区域一体化评估第七期（2016）73 www. uneca. org/sites/default/files/PublicationFiles/aria7_eng_rev_30march. pdf accessed 16 June 2018.

33. 重要的是要注意到，非洲区域知识产权组织 ARIPO 通过发布针对《马拉喀什条约》的指导已经给出了与版权相关的指南，该条约范围甚广，足以包括使用者各种权益的执行。参见非洲区域知识产权组织"ARIPO 针对采用《马拉喀什条约》的指南"（2016 年 2 月）www.aripo.org/publications/copyright-publications/item/150-aripo-guidelines-for-the-domestication-of-the-marrakesh-treaty, accessed 16 June 2018.

34. Ncube（n 16）51.

35. 泛非知识产权组织的章程于 2016 年 1 月获得批准。

36. 同上，86—90。

37. 非洲联盟使命，《2063 年议程：第一个十年执行计划 2014—2023》（2015），www.nepad.org/resource/agenda-2063-first-ten-year-implementation-plan-2014-2023 accessed 16 June 2018.（2018 年 6 月 16 日浏览）

38. 同上，65—66。

39. Gerhard Erasmus, 'The New Principles for Negotiating the CFTA'（综合经贸协定（CFTA）谈判的新原则）(2015) Tralac Trade Brief No. S15TB05/2015; Prudence Sebahizi, 'Scope of the CFTA Negotiations, Principles, Objectives and Institutional Frameworks'（综合经贸协定谈判、原则、目标及机构框架的范围）(2016) http://unctad.org/meetings/en/Presentation/ditc-ted-09032016-accra-ppt-UNCTAD.pdf accessed 16 June 2018.（2018 年 6 月 16 日浏览）

40. 进一步参考，(2013) 44 (8) IIC 特刊。

41. Ruse-Khan, et al.（n 3）.

42. de Beer（n 22）.

43. Caroline B. Ncube, "Decolonising Intellectual Property Law in Pursuit of Africa's Development"（寻求非洲发展的去殖民化知识产权法律）(2016) 8 (1) *WIPOJ* 34; Caroline B. Ncube, "Three Centuries and Counting: The Emergence and Development of Intellectual Property Law in Africa"（三个世纪的期待：非洲知识产权法的急迫性和发展）in Rochelle C. Dreyfuss and Justine Pila (eds.), *The Oxford Handbook of*

Intellectual Property Law（牛津知识产权法律手册）（Oxford：Oxford University Press 2018）（牛津：牛津大学出版社 2018），409-430；Tshimanga. Kongolo,"Historical Evolution of Copyright Legislation in Africa"（非洲产权立法的历史演化）（2014）5（2）*WIPOJ* 163，168-170；Tshimanga Kongolo,"Historical Developments of Industrial Property Laws in Africa"（非洲产权法的历史性进展）（2013）5（1）*WIPOJ* 105，115-116。

44. 参见 Peter K. Yu,"The Alphabet Soup of Transborder Intellectual Property Enforcement"（知识产权跨国强制执行的难题）（2012）60 *DLR* 16。

45. 参见"泛非洲知识产权组织急需一个新方向"，给非盟第五届非洲科技部长级理事会的信（2012—10—18），www.change.org/p/anew-course-for-the-pan-african-intellectual-property-organization-is-urgently-needed，accessed 16 June 2018.（2018年6月16日浏览）

46. de Beer（n 20）895-897。

47. de Beer, et al.（eds.）（n 23）374。

48. Erika Kraemer-Mbula and SachaWunsch-Vincent（eds.）, *The Informal Economy in Developing Nations：Hidden Engine of Innovation?*（发展中国家的非正规经济：创新的隐蔽动力?）（Cambridge：Cambridge University Press 2016）（剑桥：剑桥大学出版社 2016）；Jeremy de Beer, et al.,"The Informal Economy, Innovation and Intellectual Property：Concepts, Metrics and Policy Considerations"（非正规经济、创新和知识产权：概念、测量和政策考量）（2013），WIPO Economic Research Working Paper No. 10（世界知识产权组织经济研究工作报告第10号）www.wipo.int/edocs/pubdocs/en/wipo_pub_econstat_wp_10.pdf, accessed 16 June 2018（2018年6月16日浏览）；Jeremy de Beer, et al.,"Frameworks for Analysing African Innovation, Entrepreneurship, the Informal Economy and Intellectual Property"（分析非洲创新、创业、非正规经济和知识产权的框架）in de Beer, et al.（eds.）（n 23），33-58。

49. de Beer, et al.（eds.）（n 23），390。

第十一章　非洲大陆自由贸易协议中知识产权和创新的原则性方略

50. Chris Armstrong, Jeremy de Beer, Dick Kawooya, AchalPrabhala, and Tobias Schon-wetter, *Access to Knowledge in Africa：The Role of Copyright*（在非洲获取知识：版权的作用）（IDRC 2010, Cape Town）, 318 – 319.

51. Chidi Oguamanam, "Beyond "Nollywood" and Piracy：In Search of an Intellectual Property Policy for Nigeria"（超越"诺莱坞"和盗版：一项尼日利亚知识产权政策的探究）（2011）*NJIP* 3, https：//papers. ssrn. com/sol3/papers. cfm? abstract _ id = 2291267, accessed 16 June 2018.（2018 年 6 月 16 日浏览）

52. Nagla Rizk, "From De Facto Commons to Digital Commons? The Case of Egypt's Independent Music Industry"（从实际共有权至数字共有权？埃及独立音乐产业案例研究）in de Beer, et al. (eds.) (n 23), 171 – 202.

53. Joe Karaganis (ed.), *Media Piracy in Emerging Economies*（新兴经济体中的媒体盗版）（SSRC 2011）, http：//ssrccdn1. s3. amazonaws. com/crmuploads/new _ publication _ 3/% 7BC4A69B1C-8051-E011-9A1B-001CC477EC84%7D. pdf#page = 15, accessed 16 June 2018.（2018 年 6 月 16 日浏览）

54. Jeremy de Beer, "Evidence-Based Intellectual Property Policymaking：An Integrated Review of Methods and Conclusions"（基于事实的知识产权政策制定：方法与结论综合评论）（2016）19（5—6）*JWIP* 150.

55. 东南部非洲共同市场知识产权政策, COMESA IP Policy, www. ip-watch. org/weblog/wp-content/uploads/2013/05/Comesa-IP-policy-May-2013. pdf, last accessed 16 January 2017.（2017 年 1 月 16 日最新浏览）

56. 东非共同体（EAC）, 利用世贸组织（WTO）《与贸易相关的知识产权协定》（TRIPS）在公共健康方面提供的灵活性和同步采用国家知识产权立法的区域知识产权政策, www. cehurd. org/wp-content/uploads/downloads/2013/05/EAC-TRIPS-Policy. pdf, last accessed 16 January 2017.（2017 年 1 月 16 日最新浏览）

57. 三方自由贸易区，附录04，原产地规则 TFTA Annex 04，Rules of Origin，pp. 1 – 25，www. tralac. org/images/Resources/Tripartite_ FTA/TFTA%20Annex%2009%20IPR%20Revised%20Dec%202010. pdf，last accessed 16 January 2017. （2017年1月16日浏览）

58. 通过近期的一项调查可提供部分答案，这项调查是关于人权和目前及将来知识产权法律之间相互影响，及四个非洲国家政策改革进程，其目的是改善医药供给和增加获取 ASK 公正项目中知识的渠道，参见 http：//askjustice. org/ accessed 16 June 2018. （2018年6月16日浏览）

参考文献

African Union Commission，*Agenda* 2063：*First Ten-Year Implementation Plan* 2014 – 2023，（2015）www. nepad. org/resource/agenda-2063-first-ten-year-implementation-plan-2014-2023，accessed 16 June 2018.

ARIPO，'ARIPO Guidelines for the Domestication of the Marrakesh Treaty'（February 2016）www. aripo. org/publications/copyright-publications/item/150-aripo-guidelines-forthe-domestication-of-the-marrakesh-treaty，accessed 16 June 2018.

Armstrong，C. and Schonwetter，T.，'Conceptualising Knowledge Governance for Development'（2016），19 *AJIC* 1 http：//wiredspace. wits. ac. za/handle/10539/21749，accessed 16 June 2018.

Armstrong，C.，et al.，*Access to Knowledge in Africa*：*The Role of Copyright*（IDRC 2010）ASK Justice Project，http：//askjustice. org/ accessed 16 June 2018.

AU，'AU Member Countries Create History by Massively Signing theAfCFTA Agreement in Kigali'，*Press Release*（21 March 2018），https：//au. int/sites/default/files/pressreleases/34053-pr-pr_-_au_member_countries_create_history_at_the_afcfta_extraordinary_summit_in_kigali_f. pdf，accessed 16 June 2018.

第十一章 非洲大陆自由贸易协议中知识产权和创新的原则性方略

AUILR, 'Focus Issue: Intellectual Property Law Enforcement and the Anti-Counterfeiting Trade Agreement (ACTA)' (2011) 26 (13) *AUILR*.

AUILR, http://digitalcommons.wcl.american.edu/auilr/vol26/iss3/, accessed 16 June 2018.

AUILR, http://digitalcommons.wcl.american.edu/research/, accessed 16 June 2018.

Australian Government Department of Foreign Affairs and Trade, 'Regional Comprehensive Economic Partnership', http://dfat.gov.au/trade/agreements/rcep/Pages/regional-comprehensive-economic-partnership.aspx, accessed 16 June 2018.

Balsilie, J., 'Evidence to the Standing Committee on International Trade' 42nd Parliament of Canada, 1st Session, No. 15 (5 May 2016), www.parl.gc.ca/HousePublications/Publication.aspx?Language=e&Mode=1&Parl=42&Ses=1&DocId=8245091, accessed 16 June 2018.

Cho, S., 'The Demise of Development in the Doha Round Negotiations' (2010) 45*TILJ* 573. 'A Debate over U.S. Pharmaceuticals Is Snagging the Trans-Pacific Partnership Deal' *Washington Post* (10 August 2015), www.washingtonpost.com/opinions/a-hiccupin-trans-pacific-partnership-negotiations/2015/08/10/1c0a9584-3d37-11e5-9c2ded991d848c48_story.html?utm_term=.5b6a29473181, accessed 16 June 2018.

de Beer, J., 'Applying Best Practice Principles to International Intellectual Property Law-making' (2013) 44 *IIC* 884.

de Beer, J., 'Evidence-Based Intellectual Property Policymaking: An Integrated Review of Methods and Conclusions' (2016) 19 (5 - 6) *JWIP* 150.

de Beer, J., et al., 'Frameworks forAnalysing African Innovation, Entrepreneurship, the Informal Economy and Intellectual Property' in J. de Beer, et al. (eds.), *Innovation and Intellectual Property: Collaborative Dynamics in Africa* (UCT Press 2014, Cape Town), 33 - 58.

de Beer, J., et al., 'The Informal Economy, Innovation and

Intellectual Property: Concepts, Metrics and Policy Considerations' (2013) WIPO Economic Research Working Paper No. 10, www. wipo. int/edocs/pubdocs/en/wipo_ pub_ econstat_ wp_ 10. pdf, accessed 16 June 2018.

de Beer, J., et al. (eds.), *Innovation and Intellectual Property: Collaborative Dynamics in Africa* (UCT Press 2014, Cape Town).

Decision on the Draft Agreement Establishing the African Continental Free Trade Area (AfCFTA) (Doc. Ext/Assembly/AU/2 (X), 21 March 2018).

Drache, D. and Trew, S., 'The Pitfalls and Promises of the Canada-European Union Comprehensive Economic and Trade Agreement' (2010), https://papers.ssrn.com/sol3/papers.cfm?abstract_id=1645429, accessed 16 June 2018.

Drahos, P. and Braithwaite, J., *Information Feudalism: Who Owns the Knowledge Economy?* (Earthscan Publications Ltd 2002, London)

Electronic Frontier Foundation, 'Trans-Pacific Partnership Agreement', www. eff. org/issues/tpp, accessed 16 June 2016.

Erasmus, G., 'The New Principles for Negotiating the CFTA' (2015), tralac Trade Brief No. S15TB05/2015.

Erixon, F., 'After the Bali Agreement: Lessons of the Doha Round for the WTO's Post-Bali Agenda' (2014), ECIPE Policy Briefs No. 2/2014, www. ecipe. org/app/uploads/2014/12/PB02. pdf, accessed 16 June 2018.

European Commission, 'EU-Canada Comprehensive Trade and Economic Agreement (CETA)', http://ec. europa. eu/trade/policy/infocus/ceta/, accessed 16 June 2018.

Geist, M., 'Evidence to the Standing Committee on International Trade' 42nd Parliament of Canada, 1st Session, No. 15 (5 May 2016), www. parl. gc. ca/HousePublications/Publication. aspx? Language = e& Mode = 1&Parl = 42&Ses = 1&DocId = 8245091, accessed 16 June 2018.

IMF, 'World Economic Outlook Update' (19 July 2016), www. imf. org/external/pubs/ft/weo/2016/update/02/pdf/0716. pdf, accessed 16 June

2018.

Karaganis, J. (ed.), *Media Piracy in Emerging Economies* (SSRC 2011), http://ssrc-cdn1.s3.amazonaws.com/crmuploads/new_publication_3/%7BC4A69B1C-8051-E011-9A1B-001CC477EC84%7D.pdf#page=15, accessed 16 June 2018.

Kongolo, T., 'Historical Developments of Industrial Property Laws in Africa' (2013) 5 (1) *WIPOJ* 105.

Kongolo, T., 'Historical Evolution of Copyright Legislation in Africa' (2014) 5 (2) *WIPOJ* 163.

Kraemer-Mbula, J. and Wunsch-Vincent, S. (eds.), *The Informal Economy in Developing Nations: Hidden Engine of Innovation?* (Cambridge: Cambridge University Press 2016)

Miles, J., 'The EU-Canada Comprehensive Economic and Trade Agreement (CETA), Backroom Ministrations and Secret Negotiations' *Global Research* (3 November 2016), www.globalresearch.ca/the-eu-canada-comprehensive-economic-and-trade-agreement-ceta-backroom-ministrations-and-secret-negotiations/5554419, accessed 16 June 2018.

Ministry of Foreign Affairs of Japan, '22nd Round of Negotiations for Regional Comprehensive Economic Partnership' (25 April 2018), www.mofa.go.jp/press/release/press4e_002009.html, accessed 16 June 2018.

Mui, Y. Q., 'Withdrawal from Trans-Pacific Partnership Shifts U.S. Role in World Economy' *The Washington Post* (23 January 2017), www.washingtonpost.com/business/economy/withdrawal-from-trans-pacific-partnership-shifts-us-role-in-world-economy/2017/01/23/05720df6-e1a6-11e6-a453-19ec4b3d09ba_story.html?utm_term=.3320d7661378, accessed 16 June 2018.

Ncube, C. B., 'Decolonising Intellectual Property Law in Pursuit of Africa's Development' (2016) 8 (1) *WIPOJ* 34.

Ncube, C. B., *Intellectual Property Policy, Law and Administration in*

Africa: Exploring Continental and Sub-Regional Co-Operation (Abingdon, UK: Routledge 2016).

Ncube, C. B. , 'Three Centuries and Counting: The Emergence and Development of Intellectual Property Law in Africa' in Rochelle C. Dreyfuss and Justine Pila (eds.), *The Oxford Handbook of Intellectual Property Law* (Oxford: Oxford University Press 2018), 409 – 430.

Ncube, C. B. , et al. , 'Intellectual Property Rights and Innovation: Assessing Regional Integration in Africa (ARIA VIII)' (2017), Open AIR Working Paper 5 www. openair. org. za/wp-content/uploads/2017/05/WP-5-IPRs-and-Innovation-Assessing-ARIA-VIII. pdf accessed 16 June 2018.

A New Course for the Pan African Intellectual Property Organization Is Urgently Needed', Letter to African Union-AMCOST V (18 October 2012) www. change. org/p/a-new-course-for-the-pan-african-intellectual-property-organization-is-urgently-needed, accessed 16 June 2018.

Oguamanam, C. , 'Beyond "Nollywood" and Piracy: In Search of an Intellectual Property Policy for Nigeria' (2011) *NJIP* 3, https://papers. ssrn. com/sol3/papers. cfm? abstract_id = 2291267, accessed 16 June 2018.

Open African Innovation Research network (Open AIR), *Annual Report 2016: From Project to Partnerships* (2016) 49, www. openair. org. za/open-air-annual-report-2016, accessed 16 June 2018.

Rizk, N. , 'From De Facto Commons to Digital Commons? The Case of Egypt's Independent Music Industry' in J. de Beer, et al. (eds.), *Innovation and Intellectual Property: Collaborative Dynamics in Africa* (UCT Press 2014, Cape Town), 171 – 202.

Roffe, P. and Seuba, X. (eds.), *The ACTA and the Plurilateral Enforcement Agenda: Genesis and Aftermath* (Cambridge: Cambridge University Press 2015).

Ruse-Khan, H. G. et al. , 'Principles for Intellectual Property Provisions in Bilateral and Regional Agreements' (2013) 44 (18) *IIC* 878.

第十一章　非洲大陆自由贸易协议中知识产权和创新的原则性方略

Sebahizi, P. , 'Scope of the CFTA Negotiations, Principles, Objectives and Institutional Frameworks' (2016), http: //unctad. org/meetings/en/Presentation/ditc-ted-09032016-accra-ppt-UNCTAD. pdf, accessed 16 June 2018.

IIC (International Review of Intellectual Property and Competition Low), Special Issue of (2013) 44 (8) *IIC.*

UNECA, *Innovation, Competitiveness and Regional Integration: Assessing Regional Integration in Africa VII* (2016), www. uneca. org/sites/default/files/PublicationFiles/aria7_eng_rev_30march. pdf, accessed 16 June 2018.

UNECA, et al. , 'Assessing Regional Integration in Arica VIII: Bringing the Continental Free Trade Area About' *ECA* (2017), www. uneca. org/sites/default/files/PublicationFiles/aria8_eng_fin. pdf, accessed 16 June 2018.

Weatherall, K. , 'Politics, Compromise, Text and the Failures of the Anti-Counterfeiting Trade Agreement' (2011) 33 *SULR* 229.

Yu, P. K. , 'The Alphabet Soup of Transborder Intellectual Property Enforcement' (2012) 60 *DLR* 16.

缩略词

ACP	African, Caribbean and Pacific 非洲、加勒比和太平洋国家集团。
ACTA	Anti Counterfeiting and Trade Agreement 反仿冒贸易协定
ADB	Asian Development Bank 亚洲开发银行
AEC	African Economic Community or ASEAN Economic Community 非洲经济共同体或东盟经济共同体
AFAS	ASEAN Framework Agreement on Services 东盟服务业框架协议
AFCAC	African Civil Aviation Commission 非洲民用航空委员会
AfCFTA	African Continental Free Trade Area 非洲大陆自由贸易区
AfDB	African Development Bank 非洲开发银行
AfT	Aid for Trade 贸易援助
AFTA	ASEAN Free Trade Area 东盟自由贸易区
AGOA	African Growth and Opportunity Act 非洲增长及机会法案
AIDA	Accelerated Industrial Development of Africa 非洲加速工业化行动计划
ALALC	Latin American Free Trade Association 拉丁美洲自由贸易协会
ALBA	Bolivarian Alliance for the Peoples of Our America 美洲玻利瓦尔联盟
AMOT	African Ministers of Trade 非洲国家贸易部长会议

AMS	ASEAN Member States 东盟成员国
AMU	Arab Maghreb Union 阿拉伯马格里布联盟
APRM	African Peer Review Mechanism 非洲同行审议机制
APTA	ASEAN Preferential Trading Arrangement 东盟优惠性/特惠贸易安排协定
ARIA	Assessing Regional Integration in Africa 非洲区域一体化评估
ARIPO	African Regional Intellectual Property Organisation 非洲区域知识产权组织
ASEAN	Association of Southeast Asian Nations 东南亚国家联盟
ATIGA	ASEAN Agreement on Trade in Goods 东盟商品/货物贸易协定
ATISA	ASEAN Trade in Services Agreement 东盟服务贸易协定
AU	African Union 非盟
AUC	African Union Commission 非盟委员会
BEC	Broad Economic Categories 广义经济类别（分类）
BIAT	Boosting Intra-African Trade 促进非洲内部贸易
BITs	bilateral investment treaties 双边投资条约
CAK	Competition Authority of Kenya 肯尼亚竞争局
CARICOM	Caribbean Community 加勒比共同体
CEMAC	Central African Economic and Monetary Community 中非国家经济货币共同体
CEN-SAD	Community of Sahel-Saharan States 萨赫勒—撒哈拉国家共同体
CEPT	Common External Preferential Tariff 共同对外优惠关税
CETA	Comprehensive Economic and Trade Agreement 综合经贸协定
CLMV	Cambodia, Lao PDR, Malaysia, and Viet Nam 柬老马越
COMAI	Conference of African Ministers in charge of Integration 非洲一体化部长会议
COMESA	Common Market for Eastern and Southern Africa 东部和南部非洲共同市场

CPTPP	Comprehensive and Progressive Trans-Pacific Partnership 全面与进步跨太平洋伙伴关系协定
CTH	change in tariff heading 关税标题变更
CTSH	change in tariff sub-heading 关税副标题变更
CUTS	Consumer Unity and Trust Society 消费者团结与信托协会
DAC	Development Assistance Committee 发展援助委员会（经合组织）
DRC	Democratic Republic of the Congo 民主刚果（金）
EAC	East African Community 东非共同体
	东非共同体（简称东共体；英文：East African Community，EAC）是由肯尼亚、乌干达、坦桑尼亚、布隆迪、卢旺达和南苏丹六个东非国家组成的区域性国际组织。该组织于1967年首次成立，1977年解散；其后在2000年由肯尼亚、乌干达和坦桑尼亚在阿鲁沙重新组织成立，总部也设于阿鲁沙。2004年，三国签订条约，成立关税同盟，于2005年1月生效。2007年6月18日，布隆迪与卢旺达两国正式加入东非共同体，成员国增至5个[3]。东非共同体五国提出2015年合并成为统一的联邦国家（东非联邦）。该联邦将拥有共同的宪法、总统、议会和货币[4]。但目前仍未成立。2016年3月，世界上最年轻的国家南苏丹加入东非共同体获得批准，从此，东非共同体共有六个成员国。
EAI	Enterprise for the Americas Initiative 美洲企业方案
ECCAS	Economic Community of Central African States 中非国家经济共同体
ECLAC	United Nations Economic Commission for Latin America and the Caribbean 联合国拉丁美洲和加勒比经济委员会
ECOWAS	Economic Community of West African States 西非国家经济共同体
EFTA	European Free Trade Association 欧洲自由贸易协会

EME	Emerging Market Economies 新兴市场经济体
EPA	Economic Partnership Agreement 经济伙伴关系协定
ESCAP	United Nations Economic and Social Commission for Asia and the Pacific 联合国亚洲及太平洋经济社会委员会
EU	European Union 欧盟
FDI	Foreign Direct Investment 外国直接投资
FTA	Free Trade Agreement 自由贸易协定
FTAA	Free Trade Agreement of the Americas 美洲自由贸易协定
GATS	General Agreements on Services 服务贸易总协定
GATT	General Agreement on Tariffs and Trade 关税贸易总协定
GCI	Global Competitiveness Index 全球竞争力指数
GDP	Gross Domestic Product 国内生产总值
GNI	Gross National Income 国民总收入
GSP	Generalised System of Preferences 普遍优惠制
GVCs	Global Value Chains 全球价值链
HDI	Human Development Index 人类发展指数
HS	Harmonised System 协调制度
ICA	Infrastructure Consortium for Africa 非洲基础设施联合会
ICCPR	International Covenant on Civil and Political Rights （法）公民权利和政治权利国际公约
ICESCR	International Covenant on Economic, Social and Cultural Rights 经济、社会和文化权利国际公约
ICT	information communications and technology 信息通信和技术
IDB	Inter-American Development Bank 美洲发展银行
IGAD	Intergovernmental Authority on Development 政府间发展组织（伊加特）
IGADD	Intergovernmental Authority on Drought and Development 政府间干旱和发展管理局
IOC	Indian Ocean Commission 印度洋委员会
IP	Intellectual Property 知识产权

IPR	Intellectual Property Rights 知识产权
ISI	import-substituting industrialization 进口替代工业化
ITC	International Trade Centre 国际贸易中心
LDCs	Less Developed Countries 欠发达国家
LLDCs	landlocked developing countries 内陆发展中国家
LMICs	lower middle-income countries 中等偏下收入国家
LPA	Lagos Plan of Action 拉各斯行动计划
MERCOSUR	Common Market of the South 南方共同市场
MRAs	Mutual Recognition Agreements 相互承认协议
MRTAs	Mega-regional trade agreements 大型区域贸易协定
MSMEs	Micro, Small and Medium-Sized Enterprises 微型、中小型企业
MULPOC	Multinational Programming and Operational Centres 多国方案编制和业务中心
NAFTA	North American Free Trade Agreement 北美自由贸易协定
NC	change in heading 标题变更
NEPAD	New Partnership for Africa's Development 促进非洲发展的新伙伴关系
NSBs	National Standards Bureaus 国家标准局
NTMs	Non-Tariff Barriers 非关税壁垒制
OAPI	Organisation Africaine de la Propriété Intellectuelle 非洲知识产权组织
OAU	Organization of African Unity 非洲统一组织，非统
ODA	Official Development Assistance 政府开发援助
OECD	Organisation for Economic Co-operation and Development 经济合作开发组织
PAFTA	Pan-Arab Free Trade Agreement 泛阿拉伯自由贸易协定（17 国）
PAIPO	Pan African Intellectual Property Organisation 泛非知识产权组织

PAP	Pan-African Parliament 泛非议会
PIPA	Protect IP Act 保护知识产权法
PPP	Purchasing Power Parity 购买力平价
PRC	Permanent Representatives Council (Committee) 常驻代表委员会
PSC	Peace and Security Council 安理会
PTA	Preferential Trade Area of Eastern and Southern Africa 东南部非洲优惠贸易区
PTAs	Preferential Trade Agreements 优惠贸易协定
RCEP	Regional and Comprehensive Economic Partnership 区域和全面经济伙伴关系
REC	Regional Economic Community 区域经济共同体
RoO	Rules of Origin 原产地规则
RPP	UNCTAD Research Platform 联合国贸发会议研究平台
RTA	Regional Trade Agreement 区域贸易协定
S&D	Special and Differential Treatment 特殊和差别待遇
SACU	Southern African Customs Union 南部非洲关税同盟
SADC	Southern African Development Community 南部非洲发展共同体
SADCC	Southern African Development Coordination Conference 南部非洲发展协调会议
SCP	Special Compliance Program 特别合规方案
SDGs	Sustainable Development Goals 可持续发展目标
SMEs	Small and Medium-Sized Enterprises 中小企业
SOPA	Stop Online Piracy Act 禁止网络盗版法案
SPS	sanitary and phytosanitary 卫生和植物检疫
SVEs	small, vulnerable economies 小型脆弱经济体
TACB	technical assistance and capacity building 技术援助和能力建设
TBT	Technical barriers to trade 技术性贸易壁垒

TFA	Trade Facilitation Agreement 贸易便利化协定
TFTA	Tripartite Free Trade Area 三方自由贸易区
TK	Traditional Knowledge 传统知识
TMEA	TradeMark East Africa 东非商标组织
TMSA	TradeMark Southern Africa 南部非洲商标组织
TPP	Trans-Pacific Partnership 跨太平洋伙伴关系
TRALAC	Trade Law Centre 贸易法中心
TRIMS	Trade-Related Investment Measures 贸易相关投资措施
TRIPs	Trade-Related Aspects of Intellectual Property Rights 与贸易相关的知识产权协定
TTCA-NC	Northern Corridor Transit and Transport Coordination Authority 北部走廊过境与运输协调局
UDEAC	Union Douaniere et Economique de l'Afrique Centrale 中非经济与发展联盟
UDHR	Universal Declaration of Human Rights 世界人权宣言
UEMOA	Economique et Monétaire Ouest Africaine 西非经济货币联盟
UMICs	upper middle-income countries 中上收入国家
UN	United Nations 联合国
UNASUR	Union of South American Nations 南美国家联盟
UNCTAD	United Nations Conference on Trade and Development 联合国贸易发展会议
UNDP	United Nations Development Programme 联合国开发计划署
UNECA	United Nations Economic Commission for Africa 联合国非洲经济委员会
UNGCP	UN Guidelines on Consumer Protection 联合国消费者保护准则
VA	value addition 增值
VNOM	value of non-originating materials 非原产材料价值
WAEMU	West African Economic and Monetary Union 西非经济和货币联盟

WAMZ	West African Monetary Zone 西非货币区
WIPO	World Intellectual Property Organisation 世界知识产权组织
WTO	World Trade Organization 世界贸易组织